MW00562772

Eʟ DESPERTAR
DE LA FAMILIA

EL DESPERTAR
DE LA FAMILIA

Shefali Tsabary

Traducción de Gemma Fors Soriano

GRUPO ZETA

Barcelona • Madrid • Bogotá • Buenos Aires • Caracas • México D.F. • Miami • Montevideo • Santiago de Chile

Título original: *The Awakened Family*
Traducción: Gemma Fors Soriano
1.ª edición: enero 2017

© 2016, by Shefali Tsabary, Phd.
© Ediciones B, S. A., 2017
    Consell de Cent, 425-427 - 08009 Barcelona (España)
    www.edicionesb.com

Printed in Spain
ISBN: 978-84-666-6051-8
DL B 22124-2016

Impreso por QP PRINT

Este libro está dedicado a los hijos, que son nuestra bendición.

Inspirados por este amor, se nos brinda la valiosa oportunidad de despertar y, así, liberar a la humanidad.

El presente libro se basa en la idea de que cada niño debe vivir fiel a su verdadera identidad, pues adquiere este derecho al nacer.

El mandato de la familia que despierta

Ha llegado el momento de un nuevo comienzo
en que la familia ya no es una cadena que nos une
sino la tierra en la que florecemos
y el cielo en que aprendemos a volar.

No importa el tipo de familia,
todas empiezan con un padre o madre y un hijo o hija.
Una relación que reúne la energía del sol,
con poder para romper patrones y resucitar el espíritu.

La familia que despierta no espera a nadie,
empieza a curarse aquí y ahora.
Reconoce que estos vínculos sagrados
son capaces de revolucionar el planeta.

Despertamos cuando nos hacemos conscientes de quiénes somos *verdaderamente*. Esta consciencia conlleva darse cuenta de la medida en que nos libera ser auténticos, ser *reales*, en lugar de ser quienes creemos que debemos ser. Una vez que hemos conectado con nuestro espíritu soberano, crear el espacio para que nuestros hijos vivan en contacto con su propio espíritu se convierte en el objetivo esencial de su educación. Comprometida con la manifestación de la verdadera identidad de cada uno de sus miembros, la familia que ha despertado prepara el camino para que los hijos sean dueños, descubran y expresen su voz interior, a través de la cual favorecerán la conexión tanto con su propio ser como con los demás. A sabiendas de que este *derecho a expresar su propio espíritu* es el ingrediente clave para su resistencia y poder presentes y futuros, se volverá parte de la evolución de un mundo construido a base de compasión no violencia y prosperidad.

Unos padres despiertan cuando toman consciencia de que los paradigmas tradicionales de la educación, donde los padres se consideran *superiores* al niño, son obsoletos en el mundo moderno y provocan disfunción y desconexión en las familias. Entonces deciden convertirse en arquitectos de un nuevo modelo donde padres e hijos se consideran iguales, socios en el camino de crecimiento basado en una consciencia creciente.

En la familia que despierta, los padres comprenden que cada relación dentro de la familia existe para ayudar a cada miembro a crecer. Los padres ven a sus hijos como espejos que reflejan cómo deben madurar y desarrollarse ellos mismos. En lugar de pretender arreglar lo que consideran defectos en sus hijos, estos padres trabajan individualmente para aumentar su nivel de madurez y presencia. El enfoque se centra siempre en la consciencia de los padres y no en el comportamiento de los hijos. Esta es la idea en torno a la que gira el presente libro.

Cuando los padres son conscientes en el momento presente y aprenden y crecen junto a sus hijos, toda la familia prospera. Con la libertad de hacer realidad su destino individual, cada miembro de la familia vive libre de cargas y miedos. Con el poder que confiere la consciencia de ser uno mismo y de creer en uno mismo, y con la libertad de expresión, cada uno se siente libre para explorar, descubrir y manifestar su ser auténtico. Este es el mandato de la familia que despierta.

Primera parte

UN NUEVO DESPERTAR

1

Aprender nuevas formas

«No, mamá, ¡no quiero!», protestaba mi hija, muy independiente. «No tengo por qué ir a la aburrida fiesta de tu amiga.» Sabía que Maia no tenía ningún interés en lo que había planificado para aquella tarde, pero quería que viniera para hacerme compañía. Además, argumenté, acudir a este tipo de encuentros era «bueno para ella».

Reaccionó como solo pueden hacerlo los preadolescentes, con la combinación correcta de indignación, insistencia y descaro. Me dio la espalda, se fue a su habitación y cerró la puerta.

Me quedé allí, con la boca abierta. Al haberla educado para que fuera independiente, una parte de mí admiraba su asertividad. Pero otra parte de mí estaba disgustada al oírla hablarme así. «De vez en cuando, debería hacer lo que le pido», decía una voz en mi cabeza.

Imagine qué parte ganó. Sin más, entré furiosa en su habitación. «No me hables con este tono», grité. «No me faltes al respeto. Vas a pedirme disculpas y vas a venir a la fiesta.» Con esto, me di la vuelta, como había hecho ella unos momentos antes, di un portazo y me alejé de su habitación.

«Ja», me dije, «así aprenderá. No voy a permitir que una cría no me respete en mi propia casa. Hará lo que le digo y punto».

No era la primera vez que reñíamos últimamente. Cuando cumplió los doce años, se halló en medio de un remolino de emociones difíciles de comprender para ella. Como la mayoría de madres de chicas de esta edad, olvidé tratarla con calma y cariño, lo que necesitan, y me vi arrastrada por una marea de emociones yo también.

En esta ocasión, la causa de la pelea claramente procedía de mí. El mismo día, más tarde, me había calmado y la abracé para poner fin al altercado. Al comentar que tendíamos a provocarnos mutuamente, confesé a modo de disculpa: «No debería haberte presionado así, soy tu madre y una persona adulta.»

Con sorprendente claridad, me miró a los ojos y respondió: «¡Mamá! No debería haberte contestado mal. Yo también soy mayor, ¡tengo doce años!»

Resulta difícil admitirlo, pero una parte de mí sintió alivio al escuchar que ella también se sentía mal. Esta parte de mí incluso se alegró de no haber sido la única en perder los estribos y de no ser la única culpable.

Entonces me di cuenta de que en mi interior había dos partes contradictorias: la parte que comprendía el poder de Maia y estaba en profunda conexión con ella, y la parte que reaccionó en su contra de manera ciega e irreflexiva, creando antipatía y desunión. Una de estas partes, comprendí, era reflejo de cómo me sentía en realidad, mientras que la otra era mi lado irracional, la que con frecuencia llamo mi «ego».

Una vez que comprendí que la voz que me decía que Maia «debería hacer lo que le pido» era la de mi ego, no mi voz verdadera, dejé de escucharla. «Ya me has dicho qué debía hacer todo el día», susurré.

Al tranquilizarme y hallarme de nuevo a mí misma, fui capaz de admitir que el desagradable episodio había sido provocado por mi ego. Fiel a mí misma como madre cariñosa, no forzaría a mi hija a venir a un encuentro como el de aquel día si a ella no le apetecía. Había sido un gesto egoísta y un intento de ejercer control sobre mi hija.

A lo largo de los años he ido comprendiendo que mi ego, que a menudo adopta la forma de voz controladora, exigente y enfadada, no soy yo. No es nadie de nosotros. Más bien, es el hábito de reaccionar lo que se dispara: un aspecto de nuestra persona cargado de emociones al cual podemos domar cuando somos conscientes de su existencia.

Cuanto mejor domestiquemos a nuestro ego para acallar su voz —con frecuencia contradictoria y negativa, cargada de emociones irracionales— más capaces somos de relacionarnos desde nuestro verdadero ser. Este ser es nuestra esencia, quienes somos en realidad. Siempre está presente en nuestro interior, aunque muchas veces queda ahogado por el parloteo constante y las reacciones emocionales del ego. Un cliente una vez me preguntó: «¿Dices que el ego, nuestra parte que reacciona a ciegas, esta voz mental, no es quienes somos en realidad?» Sí, esto es exactamente lo que digo. Como explico en mi primer libro, *Padres conscientes*:

> Veo el ego más como una imagen de nosotros mismos que llevamos en la cabeza, una imagen que puede estar muy alejada de quienes somos en esencia. Todos crecemos con esta imagen. Empieza a formarse cuando somos pequeños y se basa en gran medida en nuestras interacciones con los demás.
>
> El «ego» al que me refiero yo es una interpretación artificial de nuestro ser. Es una idea que tenemos de nosotros mismos que se basa en gran parte en la opinión de otras personas. Es la persona que creemos que somos. Esta imagen de nosotros mismos se sobrepone a la persona que somos en esencia. Cuando se forma esta imagen en la infancia, tendemos a aferrarnos a ella de por vida.

La clave de la educación consciente consiste en conocer la existencia del ego, esta voz mental persistente y su manera de proceder. Para ser buenos padres es crucial darse cuenta de que el ego no *somos* nosotros. Entonces, cuando aprendemos a identificar esta voz y sus disparates, no reaccionamos a ciegas ante nuestros hijos, que es lo que pretende el ego.

La razón de que esta voz nos haga ser reactivos es que está

arraigada en el miedo. Si escucha usted las innumerables cosas que la voz le dice sobre sus hijos, descubrirá que en gran medida surgen del miedo. Tanto si alberga usted ideas exageradas o grandiosas acerca de sus hijos y de lo que lograrán en sus vidas, como si siente temor o decepción, todo surge en última instancia del miedo.

Por ejemplo, usted desea que sus hijos tengan éxito en la vida. Pero, ¿por qué es tan importante para usted? Si se para a pensar, verá que es porque ve el mundo como un lugar inhóspito, que da miedo, y le preocupa el futuro de sus hijos. O usted desea que sus hijos sean admirados y dotados de una o más maneras. Pero, ¿qué se esconde tras este deseo? ¿Se trata meramente de una apreciación de los valores de sus hijos? ¿O se trata de miedo a que no se adapten, tal vez a que se vuelvan ordinarios y no destaquen a los ojos de la sociedad?

A lo largo del presente libro, propongo que la mayoría de problemas que experimentamos al educar a los hijos radican en el miedo, una característica del ego. Nuestro miedo resulta extremadamente perjudicial para los hijos y acaba siendo la causa de muchos comportamientos no deseados. Al mismo tiempo, voy a demostrar que este miedo no se basa en nada y que, lejos de tener miedo, deberíamos darnos cuenta de que todo son motivos para creer en nuestros hijos y confiar en su futuro, porque vivimos en un universo con un propósito inteligente, que crea con nosotros las circunstancias de vida, y cada circunstancia está diseñada para nuestro crecimiento y expansión. Por supuesto, puede argumentar que algunas circunstancias y personas son malas. Pero en lugar de tomar esta perspectiva unidimensional que solo alimenta miedo y desconfianza, prefiero comprender estas fuerzas humanas con más matices psicológicos; por eso, en lugar de enfrentarnos a otros, logramos una mejor comprensión de su verdadera naturaleza y, con ello, de la nuestra.

El bien y el mal siempre han existido, y nos han empujado a hallar fuerza en nuestro interior para superar la tragedia. No existe una explicación lógica a la existencia de la violencia, excepto que surge de una infancia brutalmente usurpada de su conexión con el corazón. Esta ignorancia ciega ha existido siempre, razón de más para educar a los hijos con plena consciencia. Los niños aprenden la reactividad ciega en casa, lo cual provoca que la desaten en la sociedad. En consecuencia, la tarea de los padres consiste en domesticar los elementos reactivos del hogar para preparar el camino de una relación más consciente con uno mismo y con el mundo.

Solo cuando nos divorciamos de la reactividad ciega de nuestro ego como padres podemos enseñar a los hijos a crear armonía allá donde vayan. El camino hacia un mundo pacífico empieza con una infancia que resplandece con la sensación de reconocimiento y la libertad de ser fieles a nosotros mismos.

¿Cómo se desarrolló nuestro ego? Aunque suele aparecer de manera violenta —contra uno mismo o los demás— en realidad se desarrolla a partir de la desesperación silenciosa del espíritu. Se desarrolla a partir de la necesidad de protegerse de los elementos inconscientes de nuestra educación. Todos crecimos con una plétora de «deberías» y multitud de imposiciones dogmáticas sobre cómo ser, cosa que empezamos a confundir con nuestro auténtico ser. Así, por ejemplo, si nuestros padres o hermanos se burlaban de nosotros por llorar con facilidad, es posible que desarrolláramos una personalidad estoica, poco emocional. Mientras que nuestros sentimientos eran auténticos y fieles a nosotros mismos, nuestro estoicismo era el revestimiento del ego, que creamos aún pequeños para protegernos de las mofas de las personas a quienes queríamos. O tal vez nos educaron unos padres incapaces de apoyarnos cuando les necesitábamos, a causa de su propio caos, dolor y heridas interiores, lo cual nos hizo desarrollar una personalidad de obediencia o rebelión, creyendo que necesitábamos ser perfectos o hacernos ver para obtener la atención de los padres. Mi experiencia como terapeuta me ha mostrado infinitos ejemplos de niños obligados a ponerse el disfraz de la obligación o el desafío, no porque ellos fueran así sino porque se les forzaba a adoptar estos roles con su educación. La mayoría de nosotros hemos tenido que desarrollar maneras de hacer frente a nuestras realidades de la infancia, maneras falsas que empezaron para protegernos del dolor del rechazo de los padres y que acabaron convirtiéndose en las cadenas que nos mantenían todavía más atados a ellos.

Como el ego se formó hace tanto tiempo, cuando éramos demasiado pequeños para saber que se estaba formando, estamos muy acostumbrados a pensar que esta voz mental es nuestra identidad y no nos paramos a pensar que no representa para nada lo que pensamos ni sentimos, sino que es una personalidad falsa desarrollada para sobrevivir. A partir de esta mentalidad, centrada en la supervivencia y llena de miedo, llevamos a cabo nuestras acciones como padres. Esta identidad —nuestra falsa identidad— abona las primeras semillas de desconexión con los hijos, nos aparta de lo que las cosas *son* hacia lo que las cosas serían *si* o lo que las cosas *deberían* ser. Nos desviamos de la forma de ser natural de los hijos para imponerles nuestros condicionantes, creencias y miedos. Cuanto más nos alejamos de las identidades verdaderas de nuestros hijos, más nos alienamos de su espíritu verdadero. La negación de quienes son es nuestro máximo acto de traición hacia ellos, que se preguntan: «¿Por qué no me ve bien mi madre tal como soy? ¿Es que soy malo?» o «¿Por qué critica mi padre mi manera de ser? ¡No le debe parecer que valga nada!»

Yo misma, como madre, vivo innumerables situaciones en que lo que verdaderamente siento por mi hija se ve fácilmente eclipsado por la reactividad de mi ego. En lugar de relacionarme con ella del modo que ella necesita, empiezo a imaginar toda clase de situaciones que no suelen tener nada que ver con el momento presente.

Por ejemplo, el otro día, cuando me pidió que la dejara a solas, me hallé escuchando la voz que me decía que me estaba rechazando. No era más que mi ego. «¿Por qué no me necesita?», me preguntaba la voz. «¿No desea mi sabiduría ni mi presencia?» En lugar de ver la petición de mi hija como un deseo sano y natural de estar sola, me perdí en la historia de rechazo que la voz de mi cabeza me contaba.

Cuando nos dejamos cegar así por el ego, no podemos ayudar a los hijos. Nuestra verdadera identidad, que es la única que sabe estar presente junto a otra persona, ha sido secuestrada por el ego. Esta falsa sensación de quienes somos nos conduce naturalmente a perder de vista la identidad de los hijos, y a forzarles a desarrollar una falsa sensación de quienes son ellos para sobrevivir a nuestro lado. Entonces ellos también sufren la intrusión del ego.

En esta situación es también cuando puede ser inmensamente útil para nuestro crecimiento tener un hijo. Los niños tienen la capacidad de hacernos ver lo inconsciente que es nuestra actuación como padres. Esto es exactamente lo que hace mi hija en mi caso. Si estamos dispuestos a verlo, empezaremos a reconocer la enorme diferencia entre los pensamientos y emociones que fácilmente nos enredan, que emanan básicamente de nuestra propia sensación de impotencia y rechazo y que nos hacen reaccionar de diversas maneras —dar órdenes a gritos, repartiendo castigos, administrando «disciplina» sin haber reflexionado—, y sabremos lo que verdaderamente sentimos ante el comportamiento de los hijos o las situaciones que se presentan.

Al ser conscientes de esta actividad mental y emocional furiosa del ego, podemos aislarnos del mismo. Esto es esencial si deseamos ser unos padres conscientes. Una vez que somos conscientes de la manera en que el ego trastoca nuestra capacidad de estar presentes, somos capaces de plantearnos qué reacción sería la adecuada ante un comportamiento o circunstancia determinados, a partir de la conexión con las necesidades de nuestros hijos, en lugar de a partir del miedo.

EL RUGIR DEL EGO

Tras reconocer que era mi ego el que hablaba, pude explicar a mi hija cómo trabaja el ego con palabras que una niña de doce años pudiera entender.

«Cuando nos molesta o nos asusta algo, los demás no nos

comprenden», empecé, «nos convertimos en un tigre feroz para protegernos. Esto es lo que te ha pasado. Te has dado cuenta de que yo no intentaba comprenderte y, desesperada, me has enseñado los dientes y las zarpas. Por supuesto, debido a la forma en que me educaron a *mí*, yo he pensado "¡Qué maleducada!" y he soltado a mi propio tigre. Debería haberme parado a pensar que no me atacarías a menos que te sintieras asustada o atrapada».

Maia me escuchó y, suspirando de alivio, se me acurrucó más cerca. Descansando satisfecha a sabiendas de que la comprendía, me tomé un momento para reflexionar sobre la manera en que me había permitido reaccionar a ciegas. La había sermoneado, criticado y regañado desde el pedestal del ego, que cree que lo sabe y lo controla todo. Naturalmente, los instintos de protección de mi hija entraron en acción.

Es humano querer reafirmar el poder que tenemos. Y cuando no procede del ego sino de nuestro ser más profundo, sentirse con poder es sano. Con la expresión «ser más profundo» me refiero a la parte de nosotros mismos que no se ve afectada por el ruido y las maquinaciones constantes del ego reactivo de nuestro interior. Por ejemplo, vemos que empezamos a enfadarnos y aun así conseguimos mantener la calma y la determinación y pedir que se respeten nuestras necesidades sin perder el respeto por nosotros mismos ni nuestros hijos. O reconocemos que nuestro ego va a dispensar una amenaza o un castigo, pero nos resistimos a la tentación y encontramos otra manera de reafirmar los límites. Si nos paramos a prestar atención, *todos* podemos sentir que no actuamos en consonancia con la consciencia más evolucionada.

Cuando mi hija creyó que no aceptaba sus sentimientos, su ser poderoso por naturaleza se hizo escuchar. Pero cuando yo reaccioné a través del ego en lugar de hacerlo desde la calma de mi ser, provoqué a *su* ego, de modo que nos enzarzamos en una pelea de egos. En pleno fragor de la batalla, no se me ocurrió que mi hija no se estaba comportando como yo esperaba porque fuera «mala», sino a causa de una necesidad sana de *defen-*

derse de mi ego. Me hallaba tan inmersa en mi ego que no acerté a crear un espacio apropiado para que ella expresara su voz.

Es muy importante comprender esto. Cuando no damos a los hijos el espacio para expresar su voz auténtica, sino que les ahogamos con el rugido de nuestros intereses como padres, crecen angustiados y deprimidos. Muchos jóvenes se ven tan privados de nuestra aceptación —de ser simplemente *valorados tal como son*— que se autolesionan de diversas maneras. Se emborrachan, se drogan, mantienen relaciones sexuales inapropiadas, e incluso se cortan: todo ello son clamores para que les aceptemos. Son manifestaciones de un deseo profundo para ser vistos, aceptados y conocidos.

Muchos padres tal vez se juzguen a sí mismos duramente por sus errores pasados al leer esto. Lo que yo espero es que mis palabras les hagan sentir conscientes, no culpables. Una de las reacciones típicas de los padres que se inician en este camino de educación consciente es mirar atrás y sentir remordimiento y culpa. A estos padres les recuerdo que esta reacción, si bien es comprensible, es un ardid más del ego para crear parálisis emocional y desconexión del momento presente. Animo a los padres a darse cuenta de que ninguno de nosotros vamos a ser padres conscientes en todo momento. Todos experimentaremos momentos de reactividad ciega que causará confusión y nos dejará indefensos. Es parte intrínseca de la condición de padres. En lugar de regodearse pensando en lo que «deberíamos» haber hecho, debemos utilizar estos momentos de clarividencia como oportunidades de transformación. De este modo, nos entrenamos para ser conscientes y reaccionar ante nuestros hijos desde el momento presente sin dejarnos influir por nada del pasado que no sea relevante. Perdonarnos por nuestra falta de consciencia nos permite de inmediato vivir en el momento presente y crear el cambio necesario.

En la situación con mi hija descrita, si hubiera seguido creyendo que yo tenía la razón en lugar de corregir mi reacción, habría aplastado su inclinación natural, habría minado su determinación aún en ciernes y la habría encaminado hacia la devaluación de sí misma. Con ello, ella habría albergado en su interior un creciente resentimiento hacia mí, que a su vez nos habría distanciado, arruinando nuestra capacidad de conectar en el momento en que ella más lo necesita.

Por este motivo, es de gran valor practicar para ser consciente cada día. Con un mayor grado de consciencia, nos acostumbramos a identificar la diferencia entre el estado reactivo procedente del ego y el estado más calmado, más centrado de nuestro ser verdadero. Al aprender a observar nuestros patrones de reactividad emocional y ver cómo nos llevan a traicionarnos, resulta más fácil romper con una reacción que es una especie de trance —y, a su debido tiempo, nos resultará más fácil ya no caer en ella. Cuando notamos que reaccionamos, debemos detenernos y preguntarnos: «¿Cómo puedo dirigirme a mi hijo en conexión con él en lugar de dirigirme a él como la persona que creo que debería ser?»

Educar con consciencia no es algo que se cambie de la noche al día. Requiere práctica llegar a comprender cómo nos seduce el ego. Por suerte, los pasos hacia la consciencia, por pequeños que sean, pueden reportar cambios monumentales en la calidad de nuestra relación con los hijos. Todos los pasos que demos hacia una mayor toma de consciencia nos acercan exponencialmente al corazón y espíritu de nuestros hijos.

CÓMO EL MIEDO DIRIGE NUESTRA ANSIEDAD, ENFADO Y OTRAS REACCIONES HACIA NUESTROS HIJOS

Como todos hemos vivido la infancia, y bajo la premisa de que todos hemos tenido padres que básicamente no sabían cómo educarnos de manera que nos hiciéramos emocionalmente maduros, es casi seguro que sufriremos en mayor o menor grado de la inconsciencia de la que hablo. Incluso ya en la edad adulta, muchos de nosotros todavía no hemos aprendido a reaccionar de manera sensata y no inmadura. Por eso hay vacíos en nuestro desarrollo emocional, en especial vacíos que afectan a nuestros hijos porque evocan nuestras experiencias infantiles.

Una de mis clientas, Janet, sentía dolor por los vacíos en su desarrollo emocional de manera especialmente fuerte. Era madre y, a sus treinta y nueve años, se sentía asaltada por ecos de su infancia. «Estoy fracasando como madre», me dijo durante una sesión de orientación, mientras la voz le temblaba. «No sé comportarme como una persona adulta. Me siento como una niña pequeña. ¿Cómo voy a cuidar a mi hija de siete años si no sé actuar como adulta? Tiene problemas en el colegio con los amigos, me preocupo por ella todo el día. Mi ansiedad afecta a todos los aspectos de mi vida.»

Escuché a Janet mientras continuaba: «Cuando mi hija grita, yo grito más. Cuando se enfada, yo también. Cuando sus amigos la tratan mal, me lo tomo como si me trataran mal a mí. No sé qué decir ni cómo actuar. La mitad de las veces, me desentiendo. La otra mitad, voy pasando del pánico a la rabia.»

Mientras hablábamos, Janet repetía: «Estoy angustiada, creo que no soy capaz de hacerlo bien.» Es lo mismo que me dicen innumerables clientes. Educar a los hijos es una tarea que nos asusta, porque siempre tenemos miedo de estar haciéndolo «mal».

Como padres que intentamos hacer bien nuestro trabajo, no nos damos cuenta de que nuestro problema son precisamente nuestros temores por los hijos, que consideramos preocupaciones. Estos temores suelen mostrarse en forma de ansiedad por lo que ocurre a los hijos. Sea cual sea la manifestación de los miedos, estos minan nuestras buenas intenciones. El miedo es la razón por la cual nuestra tarea como padres tiene resultados que son exactamente lo contrario de lo que pretendíamos.

En lo concerniente a la situación de Janet, empezamos a explorar su pasado. Al poco, reveló dos enormes influencias que afectaron su vida antes de los seis años de edad. La primera fue que su padre perdió el empleo y la familia tuvo que trasladarse a casa de los abuelos, que vivían en otra ciudad. La segunda fue que sus padres empezaron a pelearse mucho a causa del estrés generado por el cambio. A partir de entonces, ya no se sintió segura. Como no tenía voz ni voto en los cambios que los adultos le imponían, se sentía indefensa.

«Cuando los hijos nos provocan», le expliqué, «pensamos que reaccionamos desde nuestra posición de adultos. Pero usted no lo está haciendo. A pesar de tener treinta y nueve años, regresa a los patrones de reacción aprendidos de pequeña y vuelve a ser la niña de seis años que no podía decidir ni expresarse. Es como si, emocionalmente, estuviera congelada en el tiempo. Por eso siente que no controla la situación, por un lado, y que está paralizada, por otro.»

Al tomar consciencia de estas emociones residuales y comprender lo que tenía lugar en su interior, Janet empezó a detectar cuándo una situación desencadenaba un patrón formado tiempo atrás. Mientras aprendía a distanciarse de la situación y tomar una decisión consciente en lugar de verse arrastrada por impulsos inconscientes, su reactividad emocional cesó. Cada vez fue más capaz de enfocar las situaciones con mayor calma y madurez, y descubrió que era capaz de aceptar su relación con su hija sin ser asaltada por el pasado.

Piense en una situación en que usted no pudiera dormir porque le preocupaba que su hijo suspendiera un examen del colegio. O una ocasión en que su hijo llorara desconsoladamente porque se sintiese atacado en el colegio y usted lo viviera con pánico. Enfado, ansiedad, culpa o vergüenza: de una forma u otra, todos experimentamos emociones negativas intensas en relación con los hijos, todas alimentadas por el miedo. En los momentos en que el miedo toma el control, perdemos la noción de seres adultos y nos comportamos de manera que nos sentimos fracasados como padres.

Experimentar miedo en forma de ansiedad es una de las maneras en que nos volvemos irracionales y esto afecta a los hijos. Catherine, otra clienta, me contó que solía perder los nervios y gritar a su hija. Todavía no había superado la primera vez que estalló con Cindy. La niña, que entonces tenía cuatro años, había dejado la cocina hecha un asco después de que su madre le hubiera dicho que no tocara nada. Era un asunto trivial, no obstante, afectó a Catherine, que enfureció.

Lo que la madre no podía olvidar del episodio era la expresión de sorpresa de Cindy. La niña quedó tan horrorizada al ver la transformación de su madre en una loca que su cara de terror detuvo instantáneamente la rabieta de Catherine. Cuando se dio cuenta de que había perdido los nervios de mala manera, se sintió fatal. Era como si se hubiera apoderado de ella una fuerza abrumadora llegada de la nada.

Di la razón a Catherine en que «una fuerza abrumadora» se había apoderado de ella, pero le expliqué que no venía «de la nada». La razón de que se sintiera provocada era similar a la de Janet, en cuanto a su relación con su propia infancia. Creció en un hogar en que sus padres la controlaban y creció aprendiendo un patrón que la hacía reaccionar ahora de la misma manera con su hija.

Cuando Catherine vio que su hija sufría, comprendió que era hora de ver qué pasaba. Al repasar su pasado, vio que lo que ella había vivido hacía tiempo ahora dirigía y destrozaba su presente. Sobre todo, vio que su hija estaba en su vida para que ella pudiera despertar y volver a ser la persona que había olvidado que era. Vio que los hijos llegan a nosotros para producir este despertar de nuestro ser. Por descontado, la responsabilidad de responder a la llamada para redescubrir quiénes somos verdaderamente es nuestra.

EL PAPEL QUE DESEMPEÑA EL PASADO

Todos debemos ser conscientes de que el pasado influye en nuestro presente. Una cosa es estar atrapado en el pasado, otra bien distinta es tomar consciencia de cómo nos afecta ahora. Regurgitar una y otra vez lo que nos pasó hace tiempo hace más hondo el agujero en que nos hallamos. Al mismo tiempo, en la medida en que somos inconscientes de la influencia del pasado en nosotros, nos será difícil comprender por qué reaccionamos con tanta intensidad ante nuestros hijos.

Las experiencias de la infancia crean una plantilla sobre la que construimos nuestra vida. A partir de esta plantilla emergen nuestros patrones actuales de comportamiento, que se parecen mucho a los de nuestras primeras etapas vitales. A menos que nos percatemos de ello, seguimos repitiendo estos patrones. De hecho, la mayoría de nuestras experiencias y relaciones de adultos obedecen a dichos patrones. Así, el grado de consciencia con que nuestros padres nos educaron es clave y determina lo adaptados que somos de mayores.

Tal vez más que ninguna otra cosa, ser padres nos ofrece la oportunidad de hacernos conscientes de los patrones establecidos en la infancia. Debido a la intimidad con nuestros hijos, ellos nos hacen de espejo. A través de ellos, nos vemos encarados a lo que debimos sentir de niños. Esto puede resultar doloroso. ¿Qué vamos a hacer con este dolor?

Mi clienta Connie expresó muy bien este dilema: «En estos momentos me siento indefensa. Cuando no me hago entender por mi hija de diez años y ella sigue llorando o rabiando, es como volver a estar ante mi padre, bajo su control. No lo soporto. Una parte de mí quiere ceder, como hacía de niña, y otra parte desea gritar y rabiar por el hecho de que se está repitiendo la situación. Por eso, puedo o bien ignorarla o bien castigarla. Voy a sentirme mal haga lo que haga, pero no sé qué hacer cuando pierdo el control así.»

Tendimos, cuando nos sentimos indefensos o angustiados, a controlar estos sentimientos atacando a los demás, a nuestros hijos en este caso. En términos psicológicos, estamos «proyectando» nuestro dolor en el otro, de manera que parece que el otro es la causa de nuestro dolor. En lugar de reaccionar contra los hijos por enseñarnos cómo somos, la reacción consciente debe ser mirarnos en el espejo que nos ponen delante y que nos permite vernos conscientemente y ver que seguimos comportándonos como niños.

Cuanto más inmaduros somos emocionalmente, más nos

vemos enfrentados a estos complejos, inseguridades y problemas de comportamiento a manos de nuestros hijos. Es su manera de decir: «Padres, estoy aquí para enseñaros que tenéis que crecer un poco. ¿Podéis hacerlo, por favor, para que yo pueda crecer también y ser la persona que debo llegar a ser? Os estoy haciendo un favor al enseñaros exactamente lo que debéis hacer para ser personas maduras. Cuanto antes lo hagáis, antes me libraré de la carga de ser vuestro espejo.»

Responder a la llamada al vernos en el espejo que nos muestran los hijos es lo que nos define como padres conscientes. Cada mirada al espejo nos brinda la oportunidad de liberarnos de los viejos patrones para no transmitirlos a nuestros hijos. Hace falta valentía para cambiar el guion, pero es la única manera de despertar a una conexión consciente con los hijos. Solo desde esta consciencia podemos ayudarles a florecer fieles a su identidad.

¿SE TRATA DE SU HIJO O SE TRATA DE USTED?

¿Alguna vez ha gritado enfadado a su hijo? Difícilmente habrá un padre o madre que en algún momento no haya actuado enfurecido con su hijo y luego se haya sentido mal por ello.

Cuando mostramos rabia ante un niño sentimos que hemos perdido el juicio. Solemos decirnos que el niño se ha portado mal y nos ha «sacado de quicio». Nos convencemos de que estaba molestando, nos estaba poniendo a prueba, nos provocaba o nos ha llevado «al límite». Tal vez justifiquemos nuestra ira diciendo algo como «Mira lo que me has hecho hacer». Del mismo modo, cuando nos angustiamos, preocupamos o asustamos, damos la culpa de estos sentimientos a lo que está pasando a nuestro hijo o a lo que está haciendo nuestro hijo.

Los enfoques educativos tradicionales siempre consideran que el niño es el culpable cuando los padres explotan, se angustian o sufren un ataque de pánico. «¿Por qué me haces esto?», exigimos cuando los hijos se comportan de tal modo que catalizan estas reacciones en nosotros.

Tradicionales también son los remedios recomendados en caso de tales comportamientos. Enviamos al niño al rincón de pensar o lo castigamos privándole de un privilegio o propinándole un cachete. Estas estrategias autocráticas son nuestra reacción por defecto cuando nos sentimos superados o abrumados por los hijos. Un cliente una vez me explicó lo que le había aconsejado su pediatra: «Su hija de dos años es una fuerza de la naturaleza. Mejor que la ate corta ahora, antes de que se convierta en su pesadilla. Empiece a plantearse enviarla al rincón de pensar y castigarla para controlarla.» Tenemos interiorizados estos métodos de la vieja escuela y nos llevan a creer que somos «malos» padres y que seremos ineficaces si no los adoptamos para educar.

Si nuestro enfoque es más contemporáneo, quizás utilizaremos un tono de voz neutro y elegiremos palabras que esperamos que no suenen a juicio. O, si nos sentimos provocados, es posible que seamos nosotros los que nos tomemos un momento para pensar y calmarnos apartándonos de la situación. ¿Quién de nosotros no ha utilizado la técnica de «contar hasta diez»? Para evitar que una situación empeore y se convierta en una pelea, hay una moda que aconseja ponerse una goma elástica en la muñeca y hacer que chasque para recordarse que uno está a punto de perder la compostura.

El problema tanto con el enfoque tradicional del castigo como con los métodos más contemporáneos es que el efecto es poco duradero. No suele pasar demasiado tiempo hasta que nos vemos lidiando de nuevo con el mismo problema, o peor todavía, una manifestación del problema que se ha ido escondiendo en forma de mentiras, ausencias del colegio o práctica de otros comportamientos prohibidos lejos de la vista de los padres.

La razón de que las reacciones tradicionales o contemporáneas a las provocaciones de los hijos no sean efectivas durante mucho tiempo es que no llegan a la raíz del comportamiento. Las diversas técnicas que los padres leen o aprenden de los expertos o de otros padres se centran en el comportamiento en sí, no en la dinámica que yace bajo el mismo. Estas técnicas siempre pretenden controlar a los niños para que sus acciones no nos provoquen. Nos decimos que si consiguiéramos que nuestro hijo «hiciera» o «no hiciera» determinadas cosas, no reaccionaríamos como lo hacemos. Es un juego en que tanto padres como hijos siempre están intentando ir por delante del otro. Ni que decir tiene, el juego acaba en enfado, ansiedad y con frecuencia decepción e incluso tristeza.

La educación consciente vuelve las tornas porque no pretende cambiar al niño, solo a nosotros como padres. Se basa en que una vez los padres crean las condiciones adecuadas, los hijos de forma natural cambian y evolucionan a una mayor consciencia. La cuestión radica, por supuesto, en que los padres sepan crear estas condiciones. La educación consciente corrige el miedo que se esconde tras muchas de las maneras en que reaccionamos, imaginando al mismo tiempo que estamos «haciendo lo que hay que hacer», además de corregir el hecho de reaccionar tan rápidamente con emociones intensas. Nuestra consciencia creciente de las maneras en que nuestra reactividad emocional empaña la capacidad de conectar con los hijos nos permite reflexionar sobre otras maneras de diseñar reacciones sensatas. Desde esta consciencia podemos trazar reacciones que nos permitan expresarnos plenamente tal como somos.

CÓMO LOS HIJOS NOS HACEN DESPERTAR

Puede que los niños sean pequeños y estén indefensos en lo concerniente a su capacidad de llevar una vida independiente, pero son poderosos en cuanto a potencial para despertarnos.

Me gusta la palabra «despertadores». Trasciende los clichés habituales que utilizamos para referirnos a los hijos —palabras como «amigo», «aliado», «socio», «musa»—. Se refiere directamente al potencial de los niños para iluminarnos y elevar nuestra consciencia. Cuando empecé a darme cuenta de que mi hija lo lograba, quedé asombrada.

El aspecto verdaderamente sorprendente de ello es que las enseñanzas que nos ofrecen los hijos no son epifanías sino más bien lecciones que encontramos en los momentos más normales y las situaciones más humildes. De hecho, con frecuencia, en momentos de conflicto es cuando se nos presenta más ampliamente la teatralidad de nuestro inconsciente. Por este motivo, en lugar de evitar el conflicto como hacen muchos padres, o incluso negar la existencia de desacuerdos en el hogar, yo les animo a aceptar la inevitabilidad del conflicto y utilizar estas enseñanzas que emergen del mismo para despertar al crecimiento que necesitan.

Ejercer dominación sobre los hijos es una enorme tentación para el ego, que desea sentirse poderoso y tener el control. ¿Podemos culparle, cuando creció en una autocracia y ahora es adicto a ella? Al fin y al cabo, ¿quién, si no, nos permite tener un control casi total sobre la vida? No podemos tenerlo en el trabajo. Tampoco con los padres, hermanos o amigos. A menudo, el ego piensa que la única relación en que puede ejercer un control completo es la relación con los hijos. Por eso trata tan desesperadamente de ejercerlo. Solo con los hijos nos erigimos como la persona que lo sabe todo, lo controla todo, es dictatorial. Si nos diéramos cuenta de que este tipo de control indica, de hecho una sensación débil de poder interior, tal vez nos lo replantearíamos.

Cuando ignoramos el comportamiento inmaduro que a veces mostramos con los hijos, que repetidamente ellos nos devuelven, rechazamos una de las mayores oportunidades de crecer. Si, al contrario, aceptamos el espejo de nuestra inmadurez que los hijos nos ofrecen, contamos con la posibilidad de un cambio profundo. Las interacciones cotidianas con ellos, incluso por temas diminutos, se convierten en catalizadores del cambio.

Tome como ejemplo la madre que se queja de que pierde los nervios cuando sus hijos no la escuchan por la mañana, cosa que significa que lleguen tarde al colegio. La reacción tradicional ante esta situación sería aconsejar a la madre que tomara alguna medida disciplinaria para que los niños aprendieran a escuchar. El problema es que los padres en tales situaciones repiten, «¿Me estás escuchando?» Y al cabo de un rato: «¿Qué te acabo de decir?» No tardan en ponerse a gritar, creyendo que si hablan más alto los hijos acabarán poniendo atención. Lo que no comprenden es que el niño no está aprendiendo a prestar atención. Ni mucho menos. El niño va almacenando resentimiento y por tanto cada vez va a ser más desafiante.

En lugar del enfoque tradicional de dar instrucciones con más insistencia y mayor frecuencia, ¿y si estudiamos si la madre es desorganizada y lenta? ¿Es incapaz de funcionar bien por la mañana? Ahora ya no nos centramos en lo que los niños tienen que cambiar sino en lo que la madre tal vez debería cambiar.

Mediante este enfoque distinto, las madres deben mirarse en el espejo y preguntarse: «¿Está reflejando mi hijo en cierto modo la manera en que *yo* tiendo a funcionar? ¿De alguna manera debería *yo* reestructurarme para ser más organizada?» En situaciones en que antes de tener hijos cierto nivel de desorganización nos habría parecido aceptable, ahora nos damos cuenta de que nuestra falta de organización está minando los patrones de comportamiento saludables que pretendemos enseñar a los niños. Es posible que hayamos sido capaces de manejarnos con cierto nivel de caos, pero su efecto en los hijos es destructivo.

Para la madre, un ligero caos en la rutina matinal puede parecer algo poco importante, pero es precisamente este tipo de patrón cotidiano lo que acaba regulando el comportamiento de los hijos, no las enseñanzas que les ofrecemos ni las órdenes que dispensamos. Hasta que aceptemos este problema, los hijos seguirán reflejando el hecho de que debemos crecer y madurar. Realmente, a menos que estemos dispuestos a aceptar el reto de crecer y madurar a la hora de organizarnos la vida, estas situaciones aparentemente poco importantes serán la semilla de muchos patrones disfuncionales en la familia.

Tomemos otro caso: un niño de doce años que, como resultado del acoso escolar, cada vez se volvía menos social. Se negaba a ir al colegio y a jugar con sus amigos, a pesar de la coacción, incitación y amenazas que sus padres empleaban al verse cada vez más desesperados. Acudieron a expertos para que «arreglaran» el problema, sin que sirviera de nada. En ocasiones, este tipo de intervenciones son necesarias, pero antes de buscar esta clase de ayuda, ¿qué tal si nos centráramos en los padres? Por ejemplo, ¿y si estudiamos su historial en relación con situaciones sociales?

Cuando repasamos el pasado de la madre, esta reveló que también había sido víctima de acosos y que se había encerrado en sí misma de pequeña. En consecuencia, se había sentido sola gran parte de su infancia. Pensando que era culpa suya que siempre se metieran con ella, experimentó una considerable vergüenza. El acoso, la soledad y la vergüenza hicieron de ella una persona extremadamente ansiosa. Cuando su hijo empezó a sufrir acoso, desató su ansiedad latente. Preocupada por él, sin darse cuenta coartó su confianza. En lugar de animarlo a poner en práctica su fortaleza inherente, a través de su ansiedad excesiva, le llevó a rendirse.

En terapia conmigo, la madre aprendió que la rendición de su hijo había sido una reacción contra sus propias reacciones de angustia, demasiado intensas para soportarlas, y que su angustia era un vestigio de los hechos de su infancia a los que no se había enfrentado. Con gestos cotidianos simples, además de gestos más profundos, nuestros hijos constantemente nos dicen: «Despierta, mírate, transfórmate. Hazlo por ti, para librarte de las cargas que arrastras.»

Unas veces los hijos nos despiertan a nuestra lentitud, otras a nuestras obsesiones y adicciones. Del mismo modo, nos hacen dirigir la atención a nuestra ansiedad, necesidad de perfección y deseo de control. Nos muestran nuestra incapacidad de decir sí o no, y que en realidad no queremos decir ni una cosa ni otra la mayoría de las veces. Hacen emerger problemas de control, nuestra tendencia a la dependencia y nuestros conflictos matrimoniales. Revelan nuestra incapacidad simplemente de quedarnos quietos un rato. Nos enseñan lo difícil que nos resulta estar completamente presentes al relacionarnos con ellos, lo complicado que es para nosotros mostrarnos abiertos, la gran amenaza que supone para nosotros ser espontáneos y juguetones. En especial nos hacen de espejo cuando mostramos que no somos auténticos. La manera en que los hijos actúan y reaccionan ante nosotros, y la manera en que nosotros actuamos y reaccionamos ante ellos es la clave —si lo deseamos— para ver nuestra inconsciencia. Al aprender a aceptar esta verdad, dejamos de enfrentarnos a los hijos cuando actúan de manera que nos resulta difícil, y en lugar de ello despertamos al hecho de que este reto se nos presenta porque algo de nuestro pasado está pendiente de solución.

UN CAMBIO DE ENFOQUE

El enfoque de la educación consciente cambia las tornas. Pasa de centrarse en el niño a centrarse en la transformación interior de los padres, de manera que alberga el potencial de despertar a las familias profunda y fundamentalmente. Integrar este cambio de enfoque en la vida diaria está lejos de ser fácil para los padres. Al poner un espejo que refleja nuestras reacciones poco sanas, nos desafía para que exploremos nuestro funcionamiento inconsciente interno y afrontemos aspectos de nosotros mismos que se esconden en las sombras. Al no permitirnos «hacer las cosas como se hacían en mi infancia», nos forzamos a descubrir nuevas formas de relacionarnos con los hijos, momento a momento, fabricando a medida nuestras reacciones para que encajen con el niño que tenemos delante. Eso nos obliga a preguntarnos: «¿Cómo puedo aprovechar este momento con mi hijo para aprender más de mí mismo?»

Mi clienta Jenna, madre de Anna, de cinco años de edad, estaba pasando una mala época con las rabietas de su hija. Incapaz de encontrar la manera de comunicarse con Anna, se desesperaba cada día. El momento decisivo llegó cuando, tras una noche en que Anna se había mostrado especialmente irritable e intranquila, Jenna no pudo evitar darle un bofetón.

Jenna se sintió mortificada por su falta de control e inmediatamente llamó para pedirme cita. Al repasar el incidente momento a momento, me di cuenta de cómo Jenna se había cavado su propia tumba. Me dijo: «Intenté conectar con los sentimientos de Anna cuando tenía la rabieta. Le pregunté por qué estaba enfadada y qué quería que hiciera. Pero en lugar de decírmelo, seguía llorando y rabiando. Seguí intentando calmarla, pero no dejaba de gritar. Al final, perdí la paciencia.» Como muchos padres y madres, Jenna pensó que estaba intentando conectar cuando en realidad estaba ensanchando el distanciamiento con su hija.

Le indiqué que se había dejado la parte más importante del rompecabezas. «Has olvidado incluir los detalles más significativos: tus pensamientos y sentimientos», dije. «¿Sabes decirme cuáles eran los pensamientos que te pasaban por la cabeza o lo que sentías?»

Jenna me miró perpleja. «No tengo ni idea», soltó tras unos momentos de silencio. «Estaba tan centrada en Anna que no presté atención a lo que yo pensaba o sentía.»

La reacción de Jenna es típica en muchos padres. Centrados en el comportamiento del niño, reaccionan ciegamente al momento, sin pensar en la fuerza que impulsa la reacción. Naturalmente, a menudo reaccionan inconscientemente, cosa que complica más las cosas. Cuando Jenna empezó a prestarse atención a sí misma y a centrarse en su paisaje interior, se dio cuenta de la medida en que había contribuido al caos que su hija experimentaba. Lo más importante es que recuperó el poder de provocar cambios.

«Estabas pasando por numerosos sentimientos al reaccionar», le comenté. «Te sentías indefensa y sin control, frustrada y enfadada. Todas estas emociones en realidad son manifestaciones del miedo. No te das cuenta, pero el verdadero desencadenante de tus reacciones era tu propio miedo, no el comportamiento de tu hija.»

Jenna fue comprendiendo poco a poco lo que significa centrar la atención hacia uno mismo. En un momento de reflexión en silencio, dijo: «¡Vaya! No tenía ni idea de ser yo más que ella la que precisaba desenmarañarse. No prestaba ninguna atención. Con mi deseo de calmarla, estaba reaccionando a ciegas. Tienes razón: me sentía asustada, por eso perdí los nervios.»

Como la educación consciente se centra en las raíces del comportamiento —*nuestro* comportamiento *como padres*, no el comportamiento de los hijos— evita soluciones rápidas y recetas. En lugar de ello, *como madres y padres* nos sometemos a una transformación. Con el acto repetido de la confrontación con nosotros mismos, al ver reflejadas a través de los hijos las necesidades de crecimiento, nos convertimos en los padres asombrosos que podemos llegar a ser: la clase de padres que todos los niños del mundo merecen.

2

Cómo la cultura provoca el fracaso de los padres

Los niños no necesitan que les conduzcamos a un despertar porque ya están despiertos. Nuestra tarea consiste en fomentar su consciencia, proporcionándoles un contexto en el cual florecer. Para conseguirlo, la educación debe pasar de controlar a los hijos, un comportamiento basado en el miedo que impide su progreso, a apoyar el desarrollo de sus capacidades físicas, emocionales y mentales.

Los hijos necesitan que les alentemos para capitanear su propia nave de manera apropiada a su edad. Necesitan que les animemos a practicar sus habilidades innatas de navegación a cada oportunidad. No necesitan que nuestros miedos cuestionen su individualidad. Debemos confiar en que, cuando se hagan cargo de su propia vida, alcanzarán espontáneamente la plena expresión de su propio ser y encontrarán todo lo necesario para que así sea.

El movimiento sutil pero profundo para sustraerse a los intentos de motivar mediante el control, a causa del miedo, y animar a los niños para que se conviertan en individuos motivados, les llena de alegría de vivir. Como su motivación nace en el interior, de forma natural desarrollan la autodisciplina necesaria para llevar a cabo sus objetivos. De esta manera, cada niño se convierte en una expresión singular de la consciencia en que se basa la vida inteligente.

Como padres, es vital que comprendamos que mientras nuestros hijos estén en contacto con su ser interior, con sus recursos inagotables, se sentirán motivados más allá de lo que podríamos imaginar. Nuestro rol en su vida consiste en ayudarlos a expresar su motivación siguiendo los caminos de su propio ser. Esto es algo que solo podemos conseguir en la medida en que les enseñemos el camino hacia su interior, para que aprendan a escuchar sus propios deseos en lugar de dejar que sean otros los que influyan indebidamente en sus decisiones. Por supuesto, nuestra capacidad de ayudarlos es directamente proporcional a la manera en que nosotros hagamos lo mismo en nuestra propia vida.

Sé lo extremadamente difícil que resulta a los padres confiar en que simplemente con facilitar a los hijos su realización como personas, en lugar de presionarlos para que se ajusten a nuestra idea de quiénes deben ser, lograrán que florezcan. Como va en contra de nuestros condicionantes, que nos enseñan que la vida es precaria y por tanto necesitamos «hacer» cosas constantemente, aceptar el rol de facilitador puede ser algo incómodo al principio. Es posible también que nos sintamos como si abdicáramos del papel de padres. Eso es porque la mayoría de nosotros fuimos educados con el mantra «somos lo que hacemos». Pensamos que si no intentamos controlar o provocar un resultado deseado, no estamos haciendo lo que debemos. Los padres se obsesionan con la actividad como antídoto imaginario al miedo. Tratamos a los hijos como si fueran objetos y les empujamos hacia un futuro que imaginamos para ellos. Solo cuando dejamos de escuchar la voz de nuestra cabeza y dejamos de obsesionarnos, y consideramos a los hijos seres soberanos capaces de enfrentarse al reto de ser los autores de su propia vida, ellos llegan a reunir el vigor y la valentía que es su estado natural.

CUANDO EL CARIÑO SE VIVE COMO CONTROL

Es muy difícil dejar de controlar. Si lo intenta, su ego le bombardeará con mensajes de miedo recordándole todas las razones por las que quería el control. Pero estos mensajes no tienen nada que ver con la realidad, con quién es su hijo ni lo que realmente acontece en el momento presente.

Para ilustrar lo que digo, deje que le explique la historia de Tonya, de catorce años, y su madre, Karla, que vinieron a mi consulta y no pararon de discutir. Karla enumeró una lista de cosas que su hija no hacía:

- *No estudia.*
- *No hace la colada.*
- *No hace ejercicio físico.*
- *No come bien.*
- *No saca sobresalientes.*
- *No hace nuevas amistades.*
- *No trabaja voluntariamente.*
- *No dedica tiempo al perro.*

La lista seguía y seguía. Cada vez que Tonya intentaba defenderse, su madre continuaba despotricando. Era como si Tonya no pudiera hacer nada bien. Renunciando a defenderse, se hundió más en el sofá, hasta que se alienó por completo. La barrera entre madre e hija era gruesa y edificada con resentimiento por parte de la hija y simple histeria por parte de la madre.

«Veo hasta qué punto sientes pánico en este momento», dije a Karla. «¿Puedes identificar lo que te da tanto miedo?»

«Me aterra que Tonya no sea aceptada en la universidad y se quede atrás», confesó Karla, mientras rompía a llorar. «Tengo miedo de que no encuentre una buena carrera y no sea capaz de mantenerse. A mí me costó años encontrar la mía y no quiero que le pase lo mismo.» Suspirando profundamente, añadió: «Tonya piensa que le doy la lata constantemente, pero solo pretendo asegurarme de que alcanza el éxito. Me gustaría que se diera cuenta de lo que me preocupa en lugar de pensar siempre que soy el enemigo.»

Expliqué a Karla que como consecuencia de su necesidad de control, su cariño se estaba quedando enterrado bajo un montón de órdenes. A lo largo de las sesiones siguientes, la ayudé a cambiar su enfoque y la ayudé a abandonar su tendencia a dar órdenes basada en el miedo, que se interpretaba como desesperación.

A medida que Karla iba comprendiendo que su ansiedad minaba el liderazgo que deseaba que Tonya desarrollara, además de anular su capacidad de estar presente en la vida de su hija de manera que pudieran conectar, Tonya empezó a abrirse. Empezaba a entender que su madre no actuaba con intenciones negativas, como imaginaba antes. Al contrario: era evidente que la quería profundamente. Al tiempo que Karla seguía despojándose de sus inseguridades, reconociendo que surgían del miedo que enraizaba en su infancia, su conexión con Tonya mejoró hasta el punto que empezaron a compartir conversaciones sinceras y sentidas.

Como he observado tantas veces con clientes, cuando los padres eliminan la ansiedad de la ecuación, los hijos dan un paso adelante y se convierten en autores de su vida. Tonya se puso en marcha de la manera que su madre deseaba desde hacía tanto tiempo. Pero solo fue capaz de hacerlo cuando su madre dejó de controlar su vida. Irónicamente, su madre obtuvo exactamente lo que quería abandonando el control que pensaba que necesitaba para ayudar a su hija.

EL CHOQUE DE LAS ZONAS HORARIAS

Karla está, como muchos padres con los que trabajo, atrapada en una cultura que exige acción, creen que la única manera de vivir una vida de éxito consiste en mantenerse constantemente ocupados y tener el control. A su vez, este era el mensaje que Karla transmitía a Tonya.

El éxito en una sociedad como la nuestra se mide con criterios culturales, de modo que nos educan para pensar que la vida se trata de presionarnos, optimizarnos y lograr cosas. En cuanto a los hijos, nos centramos en que obtengan notas más altas, alcancen resultados mejores y encajen con las personas «correctas»: todo con la esperanza de que acaben ganando un sueldo bien abultado.

Obsesionados como estamos con obtener resultados y la promesa de un futuro «feliz» para los hijos, constantemente microdirigimos las vidas de nuestros jóvenes. Por si la presión académica no fuera suficiente, les presionamos para que se impliquen en el deporte, actividades sociales, baile, canto o música, entre otras aficiones o clubes, mientras que al mismo tiempo los medios e Internet también les roban atención. Rodeados de actividad, crecen en un mundo centrado en *hacer*.

¿Por qué nos esforzamos tanto para enzarzar a nuestros hijos en este frenesí? Simplemente porque tenemos miedo de que vayan a «perderse algo» y en consecuencia no lleguen a ser lo que esperamos que lleguen a ser: un éxito en el mundo definido por los estándares de la sociedad. O porque desearíamos haber tenido nosotros estas oportunidades de pequeños y queremos dar a nuestros hijos todo lo que no tuvimos.

Cuando las personas están ocupadas saltando de una actividad a otra como muchos de nosotros y nuestros hijos, lo que pasa en *este* momento empieza a verse como inadecuado, incluso no deseado o inaceptable, y por tanto inválido. Nos programamos para pensar que lo que cuenta es la *siguiente* actividad, no la que ahora nos ocupa. Entonces nos preguntamos por qué a los hijos les cuesta tanto concentrarse o practicar algo durante un tiempo largo.

De hecho, si me preguntara usted cuál creo que es la raíz del conflicto entre padres e hijos, le diría que es el choque de zonas horarias. Los padres están orientados hacia el futuro, llegar allí donde imaginan que van. Los hijos, por el contrario, cuando se les deja hacer, habitan el presente. Gran parte de la desconexión entre padres e hijos se reduce a esta ruptura entre una vida que se disfruta momento a momento y otra que se centra en avanzar.

Es posible que piense que ignorar el futuro sería una irresponsabilidad, y estoy de acuerdo con ello. Lo inteligente es planificar bien. Al fin y al cabo, no se puede coger un avión si no se compra un billete con antelación y se lleva la documentación necesaria. Pero esto es diferente a centrarse en el futuro *en detrimento del presente*.

Cuando hablo de la capacidad de un niño de vivir el «presente», me refiero a que se concentra en lo que esté haciendo en este momento, aunque no sea nada en particular. Esto es algo natural en los niños pequeños, hasta que les enseñamos a desconectar del presente para apresurarlos de actividad en actividad hasta el punto de no dejarles ninguna oportunidad de simplemente «ser».

Cuando se permite a los hijos disfrutar de cada momento sin seguir una agenda constantemente, dan rienda a su inteligencia nativa, sus deseos sentidos y sus inclinaciones e intereses naturales. Estos nacen de la idea natural del niño de que es maravilloso sentirse vivo y de la creencia de que la vida es una magnífica aventura, no del miedo de tener que rendir o de que la vida va a pasar. Esto es así porque el universo nos concedió la vida a partir de una potencialidad que desde entonces ha seguido expresándose en numerosas manifestaciones, vertiendo más y más energía en su viaje creativo.

En consecuencia, mientras cedamos a los hijos el espacio para que sus inclinaciones surjan, ellos solos explorarán el mundo desde un estado de curiosidad inherente. Este es el motivo por el cual cuando algo les interesa quedan absorbidos en lo que hacen hasta el punto de sentir casi que el tiempo se detiene. Rara vez se aburren, porque cuando acaban una tarea nunca pasa mucho tiempo antes de que la chispa de la fascinación encienda una nueva energía. Incluso cuando están siendo perezosos, gozan de la experiencia de relajarse y no sienten culpa por no hacer nada, por limitarse a ser, totalmente en conexión con su auténtica naturaleza.

Un niño educado así no necesita que le presionen para vivir una vida plena y con un propósito. No hace falta imponerle ningún objetivo para motivarlo, no hace falta colgar una zanahoria frente a él. Todo lo que hay que hacer como padres es proporcionar un contexto seguro en el que disponga de tiempo y espacio para despertar a sus propias inclinaciones a través de las que expresará su espíritu singular: como el propio universo que, en multiplicidad de formas, ha surgido de la calma y el silencio del espacio y el tiempo.

La noción de tener que motivar a los hijos para que alcancen su potencial es errónea. Forzar a un niño, recompensarlo o utilizar «amor con mano dura» para obligarlo a actuar produce beneficios a corto plazo pero acaba saliendo el tiro por la culata. El resentimiento que sigue no va de modo alguno a estimular ni inspirar. Lo que se consiga va a estar, en consecuencia, muy lejos del potencial del niño.

LO QUE NECESITAN VERDADERAMENTE LOS HIJOS

¿Qué imagina que sus hijos quieren más de usted? ¿El último modelo de iPhone? ¿Zapatos nuevos o ropa de marca? ¿Un viaje a Disney World? ¿Estudios en una escuela privada de élite? A todos los niños les gusta que les compren cosas o les lleven a un parque temático emocionante. Pero lo que todos los niños anhelan es mucho más profundo. No se trata de ropa cara, del último dispositivo electrónico, de un viaje ni de una educación elitista.

Creo que la mayoría de nuestros errores como padres se deben a la falta de comprensión de lo que los hijos necesitan de nosotros para vivir felices. Todos los niños desean saber tres cosas:

- *¿Me ven?*
- *¿Me valoran?*
- *¿Les importo?*

Cuando los hijos sienten que se les ve, creen que se les valora y deducen que nos importan por *ser* las personas que son y no por conseguir lo que consigan, son capaces de disfrutar del poder que sienten que poseen. Esto se traduce en entusiasmo genuino por las cosas que llamen su atención y exijan su concentración. En otras palabras, su *amor natural por sí mismos* se manifiesta como *amor por la vida*.

Cuando empiezan a vivir, su consideración de seres merecedores de cariño, su dignidad y su mérito son inevitablemente frágiles. Todavía no han tenido ocasión de sedimentar su autoestima y autoexpresión, lo cual naturalmente requiere tiempo y experiencia. A causa de ello, en particular en la primera infancia, necesitan que reflejemos su gran capacidad de logros y de dirigir su vida. La cantidad de poder que poseen se afirma por lo que *nosotros* vemos en ellos, lo que *nosotros* sentimos por ellos. En otras palabras, nuestra conexión con ellos es crucial en esta etapa de su desarrollo. Es lo que les garantiza que son válidos tal como son. En consecuencia, si nos centramos excesivamente en su rendimiento, las cosas que a veces dicen, o aspectos de su comportamiento, perdemos la oportunidad de cumplir con la principal tarea como padres a esta edad: reforzar su sentido de identidad innato. Cuando esto no ocurre, van contra su individualidad y desarrollan una falsa, el ego.

Los padres debemos estar en contacto con nuestra propia vida interior rica para llevar a cabo este rol con éxito. Debemos estar despiertos a nuestros propios deseos, ser conscientes de nuestras propias preferencias, en consonancia con nuestro propósito y lugar en la tierra. Si no, vamos a sentirnos desconectados, aburridos y seguramente solos.

El resultado es que seremos dependientes, cosa que precisamente hace que fácilmente acabemos utilizando a los hijos para cumplir nuestros *propios* sueños. En lugar de animar a los hijos a hacer lo que desean en la vida, los desviamos para aliviar nuestra sensación de ineptitud, nuestros deseos no cumplidos y nuestra soledad. Cuando les necesitamos tan desesperadamente, ¿cómo podemos reflejar con precisión el valor que poseen?

Todo lo que podemos ofrecerles es una distorsión basada en la visión distorsionada de nosotros mismos. Por supuesto, a través de todo ello nos reafirmamos, ya que nuestra cultura nos ha enseñado que debemos hacerlo, que todo lo que hacemos es porque estamos dedicados a «servir» a los hijos.

Como los niños desarrollan la idea de su identidad cuando los demás ven y afirman quiénes son intrínsecamente, resulta vital que conectemos con cada niño no como si fuera nuestro clon, sino como individuo singular. Por tanto, es a través de nuestra mirada y valoración, nuestra presencia auténtica y nuestra atención —*no* indulgencia— que crecen con una idea firme de quienes son. Les comunicamos su importancia con cada una de las interacciones con ellos.

«¿Me ves?» Es la principal pregunta que formula su hijo cada día. «¿Me valoras tal como soy, diferente de tus sueños y expectativas para mí, aislado de tu agenda para mí?»

Nuestros hijos anhelan que les comprendamos al nivel más profundo posible, su esencia —el ser que son, el individuo que son antes de «hacer» nada—. Cuentan con nosotros para hallarles entre los escombros de su comportamiento a veces irracional y verles como individuos prístinos. Necesitan que afirmemos su intrínseca bondad, independientemente de las cosas feas que puedan decir o hacer en ocasiones. Es así como su fe innata en sí mismos se convierte en base sólida en lugar de quedar enmascarada por el ego.

La idea del mérito de los hijos florece en su interior cuando nuestra manera de mirarles, de escucharles y de hablarles reflejan lo merecedores que son de amor. Así es como les otorgamos poder: como sacamos de su interior la idea de su propia identidad, y esto es lo que les paseará con éxito por la vida. Solo cuando podemos distinguir entre nuestras fantasías acerca de los que *deberían* ser nuestros hijos y quiénes son realmente, podremos hacer justicia a su esencia natural y educarles para que esta esencia florezca.

3

Los desencadenantes invisibles
de nuestras reacciones

«Pero ¿cómo iniciar este proceso de ser más conscientes como padres y educar hijos conscientes?» Esta es una de las preguntas que con más frecuencia me formulan. Los padres quieren saber: «¿De qué necesito hacerme consciente? ¿Y exactamente cómo tomo consciencia de ello?»

Una cosa es decir que se quiere cambiar y ser consciente de lo que pasa en el momento presente, pero otra cosa es saber cómo hacerlo en la práctica. El problema es que como el camino hacia la consciencia es un proceso interno, identificar principios universales es un reto que desconcierta a muchos a la hora de saber qué pasos iniciar.

Como el camino del despertar es complejo e idiosincrático, siempre aconsejo: «Empezar con lo que se observa que ocurre en este momento, con lo que se ve momento a momento.»

Con tal fin, un ejercicio que realizo habitualmente con los padres consiste en preguntarles lo que les hace saltar. Les pido que elaboren una lista de las cosas que más les molestan. Naturalmente, piensan que les hablo de las cosas que les molestan de sus *hijos*, de modo que enseguida anotan multitud de problemas como:

- «*Me enfurece que mi hija no recoja.*»
- «*Me molesta que mi hijo pegue a su hermano.*»
- «*Me angustia que mi hija nunca vaya a encajar en ningún sitio.*»

Estas quejas comunes entre los padres ilustran cómo pensamos automáticamente en el comportamiento de los *hijos* como el punto de inicio de nuestras interacciones negativas con ellos. Entonces les reto: «¿Han notado que señalan a su hijo con el dedo cuando yo he preguntado por las cosas que les hacen saltar a *ustedes*? ¿Ven lo rápidos que son a la hora de culparlos a ellos por sus reacciones?»

«Bueno», suelen replicar los padres, «¿voy a fingir que mis hijos no me hacen saltar?»

No culpo a los padres por su confusión. Los modelos educativos tradicionales han condicionado a los padres para creer que si saltan a causa de sus hijos, es naturalmente culpa de los hijos. Aun así, no aflojo cuando hablo de ello con los padres. Si una persona se niega a tomar la responsabilidad de haber transformado una pregunta dirigida a ellos en una pregunta sobre sus hijos, no será capaz de educar conscientemente, ya que esto alude a la base de la educación consciente.

El condicionamiento en la infancia de nuestras familias y cultura nos conduce a reaccionar a la vida de manera robótica. Yo afirmo incluso que nuestros hijos *nunca* nos hacen saltar. Lo que nos hace saltar está *siempre* en nuestro interior, en nuestras heridas pasadas y luchas de la infancia. El comportamiento de los hijos es la ráfaga de aire que revive las llamas de las ascuas de nuestro interior.

Los padres casi se caen de la silla cuando les digo esto. «¿Qué significa que no nos hacen saltar? ¡Todo el mundo sabe que los niños están programados para hacernos saltar!» Comprendo la indignación de los padres. Al fin y al cabo, todos los libros sobre educación refuerzan la idea de que los hijos saben cómo sacarnos de nuestras casillas. Hasta hace poco, yo también lo creía. Al reflexionar en mayor profundidad me di cuenta de que me había dejado llevar por este sutil pero trascendental error que afirma que los hijos a propósito se portan como lo hacen para incitarnos.

Explico a los padres que «Nuestros hijos hacen de niños. No les interesa provocarnos, enfurecernos ni causarnos sensación de culpa o ansiedad. Al contrario: funcionan siguiendo su propio estado interior, que no suele tener nada que ver con nosotros. No obstante, como llevamos tanto equipaje emocional, inevitablemente a veces encienden un fuego en nuestro interior. Nada de esto es intencionado, sino que es el resultado de nuestra falta de integridad. Lo que nos hace saltar no es su comportamiento, sino nuestros problemas emocionales sin resolver».

Apartarse de la ilusión de que nuestros hijos pretenden maliciosamente hacernos saltar es un paso importante hacia el despertar. Cuando nos atrevemos a soltar la idea generalizada de que nos sacan de quicio a propósito, despertamos a la verdadera extensión de nuestra inmadurez. Sin poderles culpar a ellos a ningún nivel, ahora nos vemos obligados a enfrentarnos a nuestras carencias interiores y descubrir las razones por las que existen.

La asunción cultural ciega de que el niño es el culpable cuando los padres saltan proporciona a los padres la autoridad de «arreglar» a sus hijos, controlarlos hasta el punto de que no lo vuelvan a hacer. La idea simplista es que si se cambia el comportamiento del niño, el padre ya no va a perder los nervios.

La realidad es que mientras nos centremos en cambiar a los hijos —o a otras personas que no seamos nosotros mismos— descubriremos que es como pretender vaciar el océano con una cucharilla de café. Como creemos que la educación funciona así, repetimos sin más las mismas acciones una y otra vez. Pero del mismo modo que las olas del océano siguen llegando a la orilla, también el comportamiento del niño sigue haciéndonos saltar. El problema no es el comportamiento del niño sino por qué nos hace saltar. A menos que examinemos la razón por la que el comportamiento nos hace reaccionar negativamente, nunca cambiaremos los patrones de interacción entre nosotros y nuestros hijos: y esto vale para cualquier otra relación íntima.

Cuando Lena vino a verme por problemas en su relación con su hija de dieciséis años, estaba exasperada. «Me molesta lo maleducada que es. No soporto su tono de voz.»

Le propuse describir lo que quería decir con «tono de voz». «Ya sabes, la manera de hablar de los jóvenes de hoy», me explicó. «Utilizan este tono de voz lleno de exigencia con que parecen morderte.»

La presioné más. «Necesito saber las palabras exactas que te hacen estallar. A menos que sepas definir la llamarada externa provocada por la activación interna, no podrás averiguar por qué causa en ti una reacción tan negativa.»

Finalmente, Lena dijo: «Cuando me ordena que haga cosas sin demostrar la menor gratitud, me hace sentir como su criada.»

Por fin, Lena había descubierto la raíz del problema con su hija. Le expliqué: «El problema no es el tono de voz de tu hija. Es tu sensación interior de que te obliga a servirla de algún modo. Cada vez que te habla en un tono que te suena a control, tu "criada" interior se activa y se rebela. ¿Y si tu hija no pretendiera esclavizarte, sino que estuviera simplemente reaccionando a sus necesidades y sentimientos interiores? Si pudieras ver sus sentimientos, tal vez no interpretarías su tono como una provocación.»

En cuestión de segundos, los ojos de Lena se llenaron de lágrimas. «Esto tiene mucho sentido. Crecí con una madre controladora, y eso hace que reaccione mal ante cualquier forma de control o dominación. Enseguida me pongo a la defensiva, igual que hacía con mi madre de adolescente.» Al descubrir lo que la hacía saltar, Lena se dio cuenta de que su hija no tenía la culpa, cosa que la tranquilizó.

El hecho es que, si no arrastramos dolor en nuestro interior de la infancia, no reaccionamos inconscientemente. Solo cuando nos hemos sensibilizado de alguna manera internamente, saltamos por una acción externa. Por esta razón, expliqué a Lena: «Tienes un guion interior que te dice que debes tener el control, como lo tenía tu madre. Este guion se ha convertido en tu mantra. Cada vez que crees que tu hija posee más control que tú, reaccionas. Al despertar de lo que realmente ocurre, empezarás a ver que tu hija solo refleja un aspecto de tu ser.»

Es así como los hijos nos muestran lo que llevamos dentro. Nuestra voluntad de mirar hacia dentro crea el impulso del cambio en la relación a nivel externo. La educación consciente nos empuja a ver las reacciones de nuestros hijos como un aviso para que miremos hacia dentro. Entonces, en lugar de actuar en base a los sentimientos nacidos de nuestra programación pasada, es decir, estallar contra los hijos, optamos por reprimir las emociones y reflexionar con calma acerca de lo que estamos experimentando. Esta reflexión nos permite desvincularnos de la seducción abrumadora a reaccionar desde la ceguera, dirigida por el pasado, y en su lugar estamos totalmente presentes a las necesidades del niño que está frente a nosotros.

LAS RAÍCES DE LOS DESENCADENANTES

Con el fin de llegar a la raíz de lo que nos hace saltar, no basta con explicaciones como «Aquel día estaba cansado» o «El jefe me presionaba en el trabajo y descargué mi frustración en mi hijo». Ni es suficiente decir: «Es un problema con la rabia que debo solucionar.»

«Pero, ¿cómo lo hago?», preguntan los padres. «¿Por dónde empiezo?»

Empezamos tomando consciencia, que es la base de la educación consciente. Consciencia de nuestros pensamientos, sentimientos, acciones: todo lo que aportamos en cada momento a la vida de nuestros hijos.

La consciencia requiere que miremos a través de una lente doble, una dirigida hacia el interior y otra hacia el exterior. La mayoría de nosotros estamos educados solo con la segunda, de modo que nos centramos en *hacer* cosas. Este libro busca infundir en nuestras acciones la gracia y sabiduría de la acción de ser. Necesitamos ambos elementos en la vida: hacer *y* ser, el comportamiento *y* la consciencia detrás del comportamiento, la acción *y* la comprensión de la misma. En la confluencia de ambos es donde surge la verdadera consciencia.

El camino a la educación consciente es una experiencia que se vive y se descubre por una curiosidad voluntaria y comprometida. Nadie puede *hacer* a otra persona más consciente. Se trata de un proyecto personal silencioso y profundo que emprende la persona que entiende que la única manera de regularse a sí misma con equilibrio y ecuanimidad consiste en aprender a ser consciente de cómo piensa y cómo tiende a expresar su emoción. Al fin y al cabo, es de nuestros pensamientos y emociones de donde brota todo. La mente, entonces —es decir, las creencias por las que nos regimos que condicionan gran parte de lo que pensamos y sentimos— es el lugar donde realmente empieza el cambio.

Solo cuando me embarqué en el proceso de examinar las creencias que albergaba sobre la educación fui capaz de iniciar los cambios en mi vida. Al principio me resultó difícil incluso descubrir cuáles eran mis creencias, ya que creía que esto era lo que pensaba todo el mundo, o al menos debería pensar todo el mundo. Al empezar a sentarme en silencio a solas, respirando y permaneciendo quieta —en una especie de meditación— comencé poco a poco a desprenderme de mis pensamientos y vi que los había adoptado falsamente para definir quién soy. Todavía recuerdo mi primera revelación, que ocurrió cuando asistí a un seminario de meditación para aprender más acerca de cómo permanecer en silencio a solas. Comenté a mi compañera de habitación: «¡No puedo creer que no sea mis pensamientos ni mis creencias!»

Cuando me di cuenta de que mis creencias eran simples constructos y que me hallaba de hecho viviendo la vida ideal para mi ego, experimenté una especie de minimuerte. Sentí que me desmontaba. Todo lo que guardaba con cariño, todos los pilares en que apoyaba mi vida, todas las limitaciones que creía reales ahora se desmoronaban bajo el escrutinio de mi consciencia creciente.

Una vez escarbé específicamente mis creencias sobre la educación. Me sorprendió lo rígidas, arcaicas y tóxicas que eran. No solo estaban diseñadas para reprimir mi creatividad y crecimiento como ser humano, sino que iban dirigidas a mellar la capacidad de mi hija de ser original y creativa. Más adelante descubrí que este era el caso también de cada cliente con quien trabajaba.

Nuestros pensamientos son neutros. Veamos algunos pensamientos comunes: «Está lloviendo», «Son las siete de la tarde». Se trata de afirmaciones y, por tanto, son neutrales. Sin embargo, si van seguidas de una retahíla de creencias, empiezan a cargarse de valencia positiva o negativa. Por ejemplo, el pensamiento «Está lloviendo» puede ir seguido de la creencia «Se arruinarán todos nuestros planes» y «Vamos a tener un día nefasto». Observe que un pensamiento neutro rápidamente produce un estado de ánimo y emocional. O tomemos el pensamiento «Son las siete de la tarde». De nuevo, sin más es un pensamiento neutro. Pero si le añadimos unas cuantas creencias, incluso este pensamiento benigno ahora puede cargarse. Creencias como «Estoy cansado y agotado» y «Tengo que hacer demasiadas cosas y me siento abrumado» enseguida llevan el pensamiento neutro al reino de los sentimientos negativos.

En consecuencia, como nuestras creencias controlan nuestro comportamiento, es aquí donde hay que empezar si hay que cambiar. Aquí emprendí la misión de estudiar mis ideas sobre la educación y sustituirlas por la consciencia. Deseé no dejarme dirigir más por las plantillas estereotípicas de generaciones pasadas. Inicié un camino donde *yo* me hacía responsable de cómo quería vivir y educar a mi hija. Tomé el pincel e hice mías las pinceladas que empezaba a crear. Ahora era la creadora de mi destino, la diseñadora de mi presente. Aunque al principio asusta, el camino se va iluminando sin esfuerzo y sin fisuras. Uno solo necesita el mapa adecuado, que descubrimos que siempre hemos llevado: el que se dirige a la individualidad verdadera, con la pregunta que nos guía: «¿Qué es verdad para mí y para mi hijo en este momento?»

VENENO PARA LOS PADRES

Todas nuestras creencias sobre la educación emergen de una única fuente, el consumo de una dosis potente de lo que yo denomino «veneno para los padres». Este veneno se presenta en forma de siete mitos que la cultura mantiene en relación con la educación efectiva. Tal vez no se dé usted cuenta, pero cuando salta, está consciente e inconscientemente permitiendo que uno o más de estos mitos le haga reaccionar.

Estos mitos están tan generalizados y tan arraigados a la sociedad en la manera de hacer las cosas correctamente que nunca se nos ocurre cuestionarlos. El aspecto insidioso de los mitos es que en el preciso momento en que intentamos relacionarnos y comprender al niño, trabajan a la contra y nos impiden establecer conexión con él.

¿Es posible que lo que nos han enseñado a pensar sobre la educación sea de hecho la raíz de todas las disfunciones que experimentamos con los hijos? ¿Podría ser que la manera que interminablemente nos han dicho que es la correcta para educar a los hijos no lo sea? Y, sobre todo, ¿nos atrevemos a entrar en el armario donde guardamos estas creencias y deshacernos de todas las que son tóxicas y todas las que son innecesarias?

A pesar de la resistencia que podamos experimentar a la hora de cambiar las creencias como padres, no podremos evitar el hecho de que cada padre vive una relación profunda con estos mitos culturales. Los mitos definen cómo «deberían ser» los hijos, lo cual a menudo no tiene nada que ver con la realidad de cómo son los niños. Esta diferencia entre lo que la sociedad afirma como ideal y lo que son los niños individualmente es lo que verdaderamente causa tanta desconexión entre padre e hijos. Esta diferencia que también alimenta nuestro miedo de que los hijos no vayan a triunfar o incluso fracasen, nos hace presionarles tanto.

Por desgracia, estos mitos reciben el apoyo no solo de los canales oficiales de la sociedad, como el gobierno, las instituciones religiosas y el sistema educativo, sino también de aquellos cuyas vidas personales se cruzan con las nuestras. Todos hemos tomado veneno para padres: nuestros familiares, nuestros amigos, nuestros maestros, clérigos y gran parte de la industria educativa.

Estos mitos, reforzados durante generaciones, nos seducen para que nos sometamos a los dictados de la sociedad en lo concerniente a la manera en que deberían ser educados los niños y cómo se supone que deben ser. La psique parental colectiva que resulta de ello es, en efecto, un trance en el que todos hemos caído. Yo he dado conferencias en todo el mundo y, tanto si me hallaba en la India como en Canadá, México o Estados Unidos, encontraba padres bajo el mismo hechizo de estos dictados culturales. Casi universalmente, actuamos de acuerdo con las creencias de la sociedad sin examinarlas. Gran parte del tiempo ni somos conscientes de hacerlo.

Si en alguna ocasión vislumbramos el problema de estas creencias, es posible que nos asustemos. Tememos que si hacemos las cosas de otra manera nos quedaríamos aislados. El pensamiento de desviarnos de lo establecido no solo nos asusta sino que, como he dicho antes, también nos da miedo que pueda pasar con los hijos. Nos damos cuenta de que podríamos pagar un alto precio en manos de una sociedad que dispone de innumerables formas de castigar la falta de ortodoxia.

Hablemos del precio de la falta de ortodoxia. Por miedo al aislamiento seguimos la corriente prevaleciente: en este caso, los mitos de lo que significa ser «buenos padres». Si creemos que el coste de la falta de ortodoxia es demasiado elevado, esto indica que estamos desconectados de nuestra abundancia interior. En tal caso, este coste puede verdaderamente ser excesivo. No obstante, cuando nos conectamos con el poder interior, nos damos cuenta de que cuando seguimos la corriente y la obedecemos ciegamente es cuando en realidad pagamos el mayor precio: el precio de la autenticidad.

A pesar de su miedo, he descubierto que la mayoría de padres desean un nuevo enfoque educativo. El mundo necesita un cambio desesperadamente, y el mejor lugar para iniciarlo es el hogar. Es aquí donde los niños reciben las plantillas para quererse a sí mismos y a los demás, resolver conflictos, cuidar del mundo que les rodea. El hogar es el semillero para todo lo que crecerá después. Si no se plantan las semillas adecuadas, los niños tendrán dificultades.

Para que el cambio se produzca en nuestra manera de educar, debemos ser radicales. Necesitaremos abandonar las prácticas educativas arcaicas que han producido generaciones de humanos no realizados.

A veces me preguntan: «¿Cómo esperas que salga tu hija?» Esta pregunta esconde la ilusión de que poseemos control sobre lo que los hijos llegan a ser. Inocente en la superficie, alimenta el deseo de los padres de microdirigir a los hijos y convertirlos en productos de su elaboración.

Mi respuesta siempre es la misma: «Mi objetivo como madre es educar a mi hija fiel a su individualidad, segura de su validez inherente, capaz de expresarse con autenticidad y conectada en su relación conmigo.» En otras palabras, simplemente no me importa la carrera que elija o el estilo de vida que decida seguir, siempre y cuando sea fiel a sí misma. Los intentos de la sociedad de convertirla en algo diferente a lo que es no tienen ningún peso para mí.

Los niños que crecen siendo auténticos inevitablemente serán miembros útiles de la sociedad porque sentirán la necesidad de cuidar de sus semejantes y del planeta en el que viven, dado que es así como tratan a su propio corazón, mente y cuerpo. Una persona que se ama a sí misma protegerá los derechos de los demás.

Cuando nos libramos del trance parental colectivo y vemos los mitos educativos de la sociedad tal como son, abrimos paso a la visión de nuestros hijos tal como son. Este es un gran descubrimiento. Empezamos a conectar con lo que nuestros *hijos* desean ser en lugar de lo que la sociedad nos dice que deberíamos querer que fueran. Al conectar con ellos de una forma que no hemos sido capaces de conectar hasta ahora porque no les veíamos como eran, les comprendemos en base a su temperamento, necesidades, luchas y deseos singulares. Pero antes debemos comprender estos mitos con el fin de librarnos de ellos.

Nuestros hijos, nuestro despertar

En mi ilusión pensaba que iba a educarte
para que fueras un ser entero, completo y valioso,
educado, amable y sabio,
un líder, con autoridad y libertad.

Me engañé al pensar que lo sabía todo,
traicionado por mi edad y poder.
Pensé que lo tenía todo controlado,
dispuesto a enseñarte, inspirarte y cambiarte.

Es ahora, tras tantos momentos
contigo
cuando me doy cuenta de lo estúpidas que eran mis ideas,
sin base y pomposas.

Ahora lo entiendo...
Eres tú el que está aquí para enseñarme,
guiarme, dirigirme, cambiarme y elevarme,
transformarme, despertarme e inspirarme
a mí.

Ahora me doy cuenta de lo equivocado que estaba,
todo al revés e invertido,
tú eres el clarín diseñado a la perfección
para despertarme a mi verdadero ser.

SEGUNDA PARTE

MITOS SOBRE LA EDUCACIÓN DE LOS HIJOS

4

MITO NÚMERO 1

La educación se centra en el niño

Una pregunta que formulo con frecuencia en los talleres es: «¿En qué debe centrarse principalmente la educación?» La respuesta rotunda llega al instante: «En el niño, por supuesto.»

Llegado este punto, usted ya se habrá dado cuenta del problema de esta respuesta. Los asistentes a los talleres suelen preguntarse por qué hago esta pregunta cuando la respuesta es tan evidente. Entonces protestan cuando les explico que el enfoque de nuestra sociedad centrado en el niño es la raíz de decepciones, preocupaciones y disfunciones en las familias.

«¿Cómo es posible?», pregunta el público atónito. «¿Cómo es posible que centrarnos en los hijos sea algo malo? ¿No debemos apoyarlos y ofrecerles todas las oportunidades que podamos?»

Antes de que los padres se me echen al cuello, les explico que no propongo que se vuelvan narcisistas obsesionados consigo mismos, de manera que se centrarían en ellos en detrimento de los hijos. Al contrario: defiendo un enfoque educativo que ofrece el máximo beneficio para el niño.

Gran parte de la educación consciente es enormemente contraintuitiva. Al principio, no resulta fácil. No obstante, una vez he explicado por qué el viejo paradigma educativo no funciona, los padres empiezan a ver las ventajas de este nuevo enfoque.

EL PROBLEMA DE LA EDUCACIÓN CENTRADA EN EL NIÑO

Hoy, cada vez somos más los que estamos convencidos de que debemos educar a los hijos para que sean *excepcionales*. De hecho, la industria educativa —formada por un panteón de expertos que incluyen autores, psicólogos, psiquiatras, educadores, empresas, tutores, asesores, compañías farmacéuticas y blogueros— se nutre de la obsesión equivocada de los padres con la educación de niños excepcionales.

En mis talleres a menudo pregunto a los padres: «¿Qué objetivos tiene para su hijo?» Enseguida salen los típicos: que sea feliz, con éxito, amable, respetuoso. Sin darse cuenta, los padres transmiten el mensaje de que su hijo está en falta de algún modo, que estas cualidades no están ya presentes en el niño.

La realidad es justo lo contrario. Los padres no son capaces de ver que sus hijos ya poseen estas cualidades. Desde la perspectiva de la sociedad, el niño necesita desarrollar estas cualidades para el futuro, mientras que yo afirmo que los niños ya las poseen, si bien a veces enmascaradas. La visión de la sociedad se centra en el futuro. La educación consciente nos mantiene firmes en el presente.

La palabra «objetivos» implica por sí misma la imposición de planificar el futuro y «crear» la infancia como si se tratara de un proyecto con un resultado especificado. La presión por llevar a los niños a una meta provoca toda clase de tensiones que inevitablemente se convierten en reacciones, que en ocasiones suben la temperatura del hogar hasta el punto de ebullición. Solo cuando somos capaces de conectar con los hijos como son en el momento presente, verlos como lo que necesitan ser en este preciso momento, entonces podemos proporcionarles la educación que precisan. El movimiento sísmico de pasar de hacer encajar a nuestros hijos con una fantasía a hacer encajar nuestros deseos en relación con ellos con las personas que realmente son es lo que define la educación consciente. En lugar de alinear al niño con el método, alineemos el método con el niño.

Mis clientes Raphael y Tess constantemente presionaban a su hijo Gavin para que lograra objetivos que era incapaz de alcanzar. Con un temperamento singular, Gavin era incapaz de seguir la «curva normal del desarrollo» de sus compañeros. Profesores y asesores educativos presionaban a los padres para hacer equiparar al niño con la clase.

Naturalmente, el ambiente familiar estaba plagado de peleas y desarmonía. Cuanto más presionaban los padres, más testarudo se volvía Gavin. Al irse frustrando más y más, la frecuencia de las rabietas en casa y en el colegio aumentaba exponencialmente. Inevitablemente, llegó la recomendación de medicar a Gavin. Huelga decir que ante esta sugerencia, los padres se angustiaron. ¿Qué era lo mejor para su hijo? Si se negaban a medicarlo, ¿conllevaría esto un mayor riesgo? Sin saber adónde dirigirse y en busca de una nueva perspectiva, llegaron a mi consulta.

Cuando los padres cargan el peso de tanto estrés, como Raphael y Tess, hay que comenzar desestresándoles. Les expliqué que la presión sobre Gavin para alcanzar los marcadores típicos del desarrollo estaba volviendo loca a toda la familia. A menos que cambiara la energía en el hogar, corrían el riesgo de hacerle sufrir problemas psiquiátricos. Al fin y al cabo, nadie es capaz de vivir en una olla a presión mucho tiempo.

Pedí a los padres que dejaran de presionar a Gavin durante un período de tres meses. No les propuse que aflojaran en cuanto a límites y horarios en casa, solo que la presión emocional se redujera. También les pedí que reevaluaran sus expectativas respecto a su hijo y a ellos mismos.

En las sesiones siguientes de terapia, esta pareja empezó a darse cuenta de cómo habían presionado a Gavin más allá de sus capacidades. Estaban tan obcecados en su objetivo de llevarlo a un sitio diferente, que habían perdido la conexión con él en el lugar donde se encontraba. A medida que comprendían quién era su hijo en este momento en lugar de quién «se suponía» que debía ser en el futuro, comenzaron a notar cambios destacables, no solo en Gavin, sino en el ambiente del hogar. Al final lo cambiaron a un colegio que le proporcionaba el entorno más afín a la persona que él *es*. A día de hoy, sigue bien sin medicarse.

Pero ¿qué tiene de malo educar al niño para que destaque?

¿Se ha dado cuenta de cuántos niños crecen angustiados en la actualidad? Los niños modernos sufren tanta ansiedad que diagnosticar y medicar a niños incluso pequeños se ha convertido en algo normal.

Además de la ansiedad, la depresión afecta a muchos niños, no solo adolescentes sino también niños de educación primaria. Cuando los hijos cargan con el peso de ser de una determinada manera para agradar a los padres, no pueden evitar sentir un elevado grado de ansiedad. En lugar de sentirse libres para desarrollarse de forma natural y espontánea en consonancia con su identidad auténtica, invierten sus esfuerzos en una lucha por ganar la aprobación de los padres y ganarse su cariño. Estos niños sufren la presión de amoldarse para adaptarse a los estándares de sus padres y culturales.

¿Imagina cómo se sentiría si creyera constantemente que debe vivir a la altura de la idea de otra persona sobre cómo debe ser usted? Si recuerda cómo le hacía sentir esto de pequeño, podrá comprender el sentimiento. Quizás encontraría formas de esconder su verdadera identidad ante sus padres, a sabiendas de que no iban a entenderle por quién era.

Hace poco, mi hija de doce años me contaba lo que sentía por un chico de su clase que le gustaba. Su amiga estaba con nosotras. Me dirigí a su amiga y le pregunté: «¿Qué te aconseja tu madre cuando habláis de chicos?»

Respondió: «Oh, nunca hablo de chicos con mi madre. No me entendería. Piensa que no ha de gustarme ningún chico hasta que cumpla los dieciocho.» Me supo mal, no solo por ella, sino también por su madre, al darme cuenta de que ninguna de las dos experimentaba la deliciosa conexión que solo madre e hija pueden compartir cuando comentan asuntos del corazón.

Me viene a la memoria el caso de otra madre, una clienta que presumía de su hija de catorce años: «Tengo la suerte de que a mi hija no le interesan los chicos y es una estudiante de sobresalientes. Es tan madura como una chica de veinte años.» Cuando la hija oyó estas palabras, abrió los ojos espantada.

En la siguiente sesión, le pregunté por qué había puesto aquella cara. Contestó: «Mi madre cree que no me interesan los chicos y no puedo traicionarla. Por favor, no le digas que hablo de chicos contigo. Se moriría si supiera que tengo novio. Está totalmente en contra.» Le aseguré que le guardaría el secreto y le dije que era normal que le gustara alguien a su edad. Pero notaba el peso que sentía al pensar que estaba traicionando la fantasía idealizada que se había forjado su madre de ella y en cierto modo se sentía fracasada.

Pregunte a cualquier niño y seguro que expresará libremente, excepto los límites adecuados, lo mucho que está resentido al estar sujeto a los dictados de los padres. Su espíritu, que intuitivamente sabe que debería autogobernarse, está ofendido al verse obligado a ajustarse a la idea que otro tiene de su expresión. Este resentimiento es lo que puede conducir al niño a convertirse en un adolescente que se rebela y se aliena de la autoridad parental. Cuanto mayor sea el desajuste, mayor será el desafío y el aislamiento. Resulta imperativo que los padres nos demos cuenta de que creamos un abismo entre nosotros y los hijos.

LA TIRANÍA DE «DEMASIADO»

Como vimos en el caso de Gavin, cuanto más pretendemos microdirigir el progreso de nuestros hijos, más nos empuja la sociedad a depender de los «expertos» para «arreglar» a los niños si su ansiedad se vuelve abrumadora o si no rinden a cierto nivel. Por tanto, se ha convertido en algo normal que los padres alberguen el miedo de que algo pueda ir «mal» en relación con el desarrollo social y académico del niño.

Por ejemplo, muchos padres se preguntan si su hijo es:

- *Demasiado tímido.*
- *Demasiado callado.*
- *Demasiado precoz.*
- *Demasiado agresivo.*
- *Demasiado impulsivo.*
- *Demasiado desprendido.*
- *Demasiado desmotivado.*
- *Demasiado despreocupado.*
- *Demasiado meticuloso.*
- *Demasiado impresionable.*
- *Demasiado distraído.*
- *Demasiado perezoso.*

Yo lo denomino la tiranía del «demasiado». Estas y otras muchas más expresiones de «demasiado» son manifestaciones de preocupación, decepción e incluso culpa por parte de los padres que sienten que no cumplen bien su cometido. Debajo de todas se halla el miedo.

Estas preocupaciones pueden ser especialmente agudas si la familia se enfrenta a una situación en que el niño se resiste al control. En estas situaciones, el miedo se convierte en alarma. Me doy cuenta de que solo otra persona en el mismo contexto puede comprender la sensación de indefensión —y a menudo de terror— que experimentan los padres. Incapaces de entender lo que ocurre, se sienten desesperadamente solos. Esto es especialmente cierto si, tanto si es pequeño como si ya es un adolescente, el niño parece irse desentendiendo de la familia.

Evidentemente, hay que preocuparse cuando surge un problema alarmante de veras. Si no está seguro de los pasos que debe tomar para salvar la situación, es acertado buscar ayuda en los educadores, terapeutas y a veces psiquiatras. No obstante, cuando los niños crecen en un entorno despierto y consciente, las situaciones de este tipo deberían ser raras excepciones. Cuando se convierten en la norma, es porque se ven perpetuadas por el enfoque desviado de los padres.

El hecho es que lo que solía ser una excepción se ha convertido en la norma precisamente porque la obsesión de la sociedad con el «éxito» futuro del niño, definido según lo que pensamos que debería definirlo, supone una enorme carga para los jóvenes que se ven persiguiendo estándares imposibles y un nivel de excelencia inalcanzable. Dicha carga es psicológicamente nociva para el niño.

Escuchando la radio, un día oí que un padre había llamado al decano de una prestigiosa universidad para pedirle consejo con la solicitud de admisión a la institución de su hija de nueve años. ¿Imagina la presión para esta niña? Especialmente si al final no es capaz de alcanzar las expectativas de los padres. Puede parecer un caso extremo, pero es una manera de ilustrar el fenómeno de la educación centrada en el niño que en la actualidad está haciendo estragos en la vida de muchos niños.

Muchas de las expectativas de los padres son silenciosas. A pesar de no decirlo con palabras, los niños intuitivamente notan que deseamos que sean algo que no son, notan que queremos que cumplan con nuestras fantasías acerca de quiénes son y qué deben lograr. Sí, algunos niños alcanzan las metas y tienen éxito. Pero por cada niño que lo consigue, existen muchos otros que ceden a la presión.

Si los hijos no logran alcanzar el ideal de quienes deberían ser, ya sea porque su temperamento interior no se lo permite o porque sus deseos innatos son fundamentalmente diferentes, la decepción de los padres puede causarles un impacto dañino. Innumerables niños sufren porque se sienten culpables y en muchos casos viven avergonzados, porque son incapaces de rendir lo bastante para satisfacer a los padres. Esto puede llevarlos a buscar maneras de deshacerse de la culpa que sienten por no ser adecuados. Pueden empezar a mostrarse distraídos en el colegio, experimentar brotes de ira o incluso volver su rabia contra ellos mismos en forma de autolesiones de algún tipo.

Cuando los niños experimentan estos sentimientos, no pueden evitar desconectar con su interior. Al fin y al cabo, imagine que le digan constantemente que debe ser diferente a como es. ¿Cómo se sentiría? Naturalmente, se sentiría confuso. Pronto, esto crea una barrera entre el niño y el padre o la madre y se produce una desconexión que, al presionar aún más para que el niño sea quien no es, puede llegar a hacerse tan grande que resulte imposible de reparar.

Si no va a quedarse más que con una cosa del presente libro, esta es la lección más fundamental: crear expectativas en relación con el niño en lugar de dejar que sus inclinaciones naturales surjan espontáneamente puede provocar un Gran Cañón emocional entre usted y su hijo. A medida que crece la separación, una inundación de ansiedad la llenará, ansiedad no solo por el niño sino por usted mismo.

SER PADRES, ¿ES *REALMENTE* UN ACTO DE GENEROSIDAD?

Otro aspecto del mito de que la educación se centra solo en el niño es la manera en que nos conduce a creer que lo que hacemos por los hijos es por generosidad y, por tanto, deben estar agradecidos.

Si bien existen elementos de generosidad en la paternidad, no es del todo preciso afirmar que educar hijos sea un acto desinteresado. De hecho, hay poco de altruista en el viaje de la paternidad. Puede ser peligroso decirnos que estamos siendo generosos, ya que esto crea una sensación de rectitud por nuestra parte. Entonces ejercemos de padres con una visión de estar en lo «correcto» que resulta devastadora para el desarrollo sano del niño.

En lugar de ser un acto desprendido, traer un niño al mundo tiende a empezar con una buena dosis de ego. La decisión de tener un hijo acostumbra a surgir del deseo de cumplir un deseo íntimo que imaginamos que quedará cumplido con la fantasía de lo que va a representar formar una familia y ser padres.

Por supuesto, la cultura no piensa que el deseo de formar una familia tenga nada que ver con el ego. Al contrario, dibuja un halo de mártires alrededor de los padres, les seduce para que se imaginen ennoblecidos por el acto de dar a luz a una criatura. Es este aspecto de ser padres, producto de nuestro ego, lo que conduce a la sensación de poseer al niño. Por eso oímos decir a los padres, cuando surge un tema como el daño que supone pegar al niño: «¡Nadie va a decirme lo que puedo y lo que no puedo hacer con mi hijo!»

Por desgracia para sus hijos, muchos padres creen firmemente que pueden hacer con sus hijos lo que les parezca necesario porque al fin y al cabo lo hacen por generosidad. Cuando el mismo niño más adelante se subleva contra la tiranía parental, los padres se sienten victimizados, como si el niño les atacara. También esperan que la sociedad repare los daños de su sistema de educación inconsciente, normalmente en forma de ayuda psicológica. El hecho es que la familia nuclear no es un universo cerrado, y el resultado de las acciones de los padres afectan a un amplio espectro de otros miembros de la sociedad. Por este motivo corresponde a los padres dejar a un lado las creencias del ego sobre su derecho a educar a los hijos como les plazca y en lugar de ello buscar la mejor información disponible para que les ayude en esta complicada tarea.

Los niños que se sienten presionados para proteger a sus padres de la decepción renuncian a su auténtica voz para complacerles. Este abandono de su autenticidad puede conllevar consecuencias de gran alcance, en ocasiones un comportamiento obstinado. Estas consecuencias negativas pueden evitarse solo si los padres son conscientes de lo egoístas y obsesionados que están con el cumplimiento de sus planes secretos en la educación de su hijo.

Cambiar nuestra relación con este mito es primordial para

cambiar la ecuación y pasar del poder y el control al cariño y la afinidad verdadera. Esta alteración permitirá a los hijos librarse de la carga de pensar que necesitan que nosotros les «eduquemos» o les «arreglemos». Liberados de tal carga, volarán tan alto como deseen y cosecharán las recompensas que merezcan.

ATRÉVASE A EDUCARSE PRIMERO *A SÍ MISMO*

Cuando creemos el mito de que la educación se centra en el niño, nos otorgamos el mérito de una educación maravillosa cuando los hijos cumplen nuestras expectativas, mientras que les culpamos a ellos cuando no lo hacen.

Educar conscientemente significa darle la vuelta a este enfoque. El enfoque se basa en que son los padres a los que hay que «educar». En otras palabras, *nosotros* nos ponemos bajo escrutinio en lugar de poner a los hijos. Esto es porque, como hemos visto antes, la mayoría de nosotros hemos sido educados con un alto grado de inconsciencia, lo cual ha provocado daños emocionales en nuestra psique. También es porque la persona que controlamos y sobre la que podemos influir somos nosotros. Ser padres suele ser más efectivo cuando nos concentramos en nosotros en lugar de los hijos. Así es como se consiguen los mejores resultados.

Plagados ellos mismos de problemas y complejos sobre la educación, nuestros padres no estaban en conexión con nuestra identidad cuando éramos niños. Yo periódicamente oigo a mis clientes adultos describir su infancia diciendo: «Mi madre no me veía tal como yo era» o «Mi padre siempre se enfadaba conmigo porque no salí como imaginaba». Ser educado con una plantilla de invalidación inevitablemente da forma a la visión que uno tiene del mundo. La carencia interna con que vivimos tiñe cada experiencia. A pesar de tener entre treinta y cincuenta años, estos clientes siguen arrastrando el recuerdo de sentirse rechazados e invalidados, y en consecuencia llevan esta inseguridad a sus relaciones presentes.

Que no nos vean tal como somos alimenta las ganas de validación, aprobación y pertenencia. El vacío interior duele. Cuando el dolor no se cura, o tal vez ni se le presta atención, crece. El dolor crea más dolor. La inconsciencia crea más inconsciencia. El dolor es como llevar una segunda piel, hasta el punto de que no nos percatamos de que se ha convertido en quienes somos. Simplemente pensamos: «Esto es lo que significa ser humano.»

Es importante aclarar que el dolor que hemos experimentado nunca desaparece a menos que lo tratemos directamente llevándolo al plano consciente. Solo cuando despertemos al hecho de que estamos recreando patrones de nuestra infancia podremos empezar a corregir la causa de nuestra infelicidad presente.

Aquí es donde tener un hijo desempeña su papel. Como adultos, y ahora padres, nos hallamos inesperadamente provocados por una experiencia con el niño que nos hace saltar. Lo que ocurre es que se reactiva el dolor del pasado. Lo que enterramos hace mucho tiempo porque no sabíamos cómo gestionarlo ahora aflora con todo el furor de un animal hambriento que se niega a pasar más penurias. Este dolor residual es lo que nos hace reaccionar de manera inapropiada, a menudo sin darnos cuenta de ello.

La provocación más potente que experimentamos ocurre en nuestras relaciones más cercanas, especialmente con los hijos. La educación consciente insiste en que los hijos actúan como espejo de lo que no vemos de nosotros mismos. Hacen aflorar el dolor que no hemos procesado pero que ahora nos hace reaccionar con fuerza, y con frecuencia irracionalmente, ante su comportamiento. A menos que nos tomemos en serio lo que nos enseñan sobre el daño que se nos ha hecho —y que nunca nos hemos visto realmente enfrentados a este daño— les educaremos para que encarnen el mismo comportamiento inmaduro que refleja nuestro dolor no curado. Esta es la esencia del intenso viaje de la paternidad.

En lugar de centrarnos en los defectos reales o percibidos

de los hijos, el verdadero reto para nosotros consiste en tomar las riendas del proceso de transformación, conocedores del hecho de que la manera de comportarse de los hijos es un reflejo directo de nuestro propio comportamiento. En lugar de intentar «arreglar» a los hijos, se nos pide que miremos hacia nuestro interior y examinemos lo que nuestra propia psique debe resolver.

Para hacernos una idea de lo que esto implica, vamos a asistir a reuniones imaginarias de un maestro con algunos padres. El maestro dice: «Señora Davis, como su hijo debería concentrarse más, le recomiendo que usted y su esposo realicen un programa de tres meses en que aprendan lo que significa ser consciente. Este programa les ayudará a calmarse, lo cual influirá en el estado emocional de su hijo.»

O imagine lo siguiente: «Señor Jones, le recomiendo que consulte con un especialista para aprender a gestionar mejor su tiempo y desarrollar habilidades organizativas. He notado que tiene problemas para llegar a la hora a las reuniones escolares y queda claro que sus hábitos están influyendo en su hijo negativamente. Parece perdido en el estado caótico de su vida familiar.»

«¡Pero si soy un padre consciente!», responden muchos clientes, indignados ante la insinuación de que deben hacerse responsables de parte del comportamiento de su hijo. «Estoy tranquilo la mayor parte del tiempo, y procuro estar siempre a su lado.»

Ansiosos por que nos consideren «buenos», la mayoría de nosotros defendemos desesperadamente nuestra manera de educar. Pero no se trata de ser «buenos» o «malos» padres, esto son meras etiquetas. Se trata de la consciencia permanente de que los hijos reflejan nuestra energía constantemente, de modo que «arreglarlos» a ellos significa antes arreglarnos a nosotros. Una vez que los padres comprenden que la consciencia no es una identidad sino una *manera de ser*, son capaces de entender que no existe la consciencia perfecta, solo existe aspiración y desarrollo continuo.

La educación consciente es una práctica, un compromiso diario. No se trata de la etiqueta en absoluto, se trata enteramente del estado interior. Nuestro ser interior nos pide que sepamos adónde dirigimos la atención. ¿Hacia fuera o hacia dentro? La calibración constante de la atención es lo que diferencia a los padres conscientes del resto. Los padres conscientes pueden cometer tantos errores como los demás, pero la diferencia es que son capaces de enfrentarse a los errores y preguntarse: «¿Qué me dicen estos errores de los aspectos que debo madurar?»

En lugar de centrarnos en nuestro interior, parece que no somos capaces de dejar de ver a los hijos como un proyecto que debemos arreglar y gestionar. Entran en la sala e inmediatamente juzgamos su pelo, pulcritud, zapatos o lo que sea. Pueden estar sentados en silencio, ocupados, e invadimos su espacio y empezamos a microdirigirlos y darles instrucciones. A nuestro parecer, estamos siendo cariñosos, mientras que los niños se sienten asaltados y obligados. Nuestra insaciable necesidad de dirigir, animar, mejorar y gestionar arruina los momentos maravillosos de intimidad potencial.

¿No resulta interesante que los padres necesiten señalar el comportamiento negativo de los hijos, pero rara vez encuentren el lado positivo de su comportamiento normal? Estamos tan programados para concentrarnos en nuestro propio comportamiento negativo que por naturaleza hacemos lo mismo con los hijos.

Siempre pregunto a los padres: «¿Cuál es la principal característica del mal comportamiento de su hijo?» Pueden responder que es el enfado, la falta de respeto o la ansiedad. Los consejos para padres suelen aconsejar que se combatan estos comportamientos directamente. En lugar de ello, reto a los padres a centrarse en el antídoto de esta energía que, por supuesto, se halla en su interior. Les pregunto: «¿Cuál es el antídoto de la energía que su hijo expresa?» Contestan que puede serlo la alegría, la ayuda, el respeto, la valentía. Entonces les pido que se fijen en el comportamiento que se corresponda con este antídoto y no presten atención a los demás.

«Pero ¿y si mi hijo casi nunca exhibe este comportamiento?», protestan los padres. Les aseguro que esto es simplemente imposible. Solo cuando vemos a los hijos con miedo en la mirada, preocupados sobre su futuro, no podemos ver lo maravillosos que son. Todos los niños, al menos durante unos momentos al día, se muestran respetuosos, calmados o cualquiera que sea el rasgo identificado como antídoto de su comportamiento negativo. La tarea de los padres consiste en detectar estos momentos y amplificarlos. Enseguida, el comportamiento deseable pasa a primer término, mientras que el no deseable se desvanece.

Esto no resulta tan fácil como creer que meramente centrándose en algo se consigue cambiar su expresión. La estrategia no va por aquí, sino que nos hace dar cuenta de cómo cambia nuestra propia energía cuando nos centramos en el comportamiento que deseamos ver en lugar de centrarnos en lo que no nos gusta.

Cuando nos concentramos en lo que deseamos, nuestro estado mental cambia. Los niños sienten que estamos más calmados, más libres. Como un girasol que reacciona a la luz solar al girarse hacia el sol, los hijos se nos acercan. Aunque al principio sea imperceptiblemente, hay que confiar y se observará que el cambio se inicia casi inmediatamente. Poco a poco, la calidad de nuestras interacciones en el hogar varía. En lugar del conflicto constante que se deriva de nuestra atención hacia el comportamiento negativo, empezamos a disfrutar mutuamente de nuestra compañía.

Cuando dedicamos tiempo a diario a «ser» con el corazón abierto, permitimos a los hijos a sentir que formamos parte de su equipo como socios, no como jefes. En lugar de decir: «Tienes que hace esto, aquello y lo otro», decimos: «Te oigo, te veo, quiero ayudarte. ¿Me ayudas a ayudarte?» En lugar de decir: «Eres malo por esto, aquello y lo otro», decimos: «Debes de sentirte mal, ¿no? ¿Qué puedo hacer de otro modo para ayudarte mejor?»

¿Cuántas veces ha bombardeado a su hijo con preguntas en cuanto llega al coche o a casa tras un largo día de colegio? Cuando le responde con monosílabos, se lo toma como algo personal y se siente rechazado. Tal vez no diga nada enseguida, pero subconscientemente se guarda esta sensación de dolor en el bolsillo. Al cabo de unas horas y más cansados, a la mínima cosa que el niño dice, surge esta sensación de dolor enterrada y ambos se preguntan cómo han llegado al punto de ebullición tan rápidamente. ¿Y si, en lugar de hacerle mil preguntas y poner las bases del fracaso, simplemente se le acerca, le descarga de la mochila y le da un rápido masaje en la espalda? ¿Y si, en lugar de pedirle algo, es usted quien ofrece algo, le tranquiliza, le da cariño? ¿No cambiaría esto la dinámica instantáneamente?

Cuántos padres han aguantado horas de lucha con los hijos que podrían haberse resuelto en un momento si les hubieran preguntado: «¿Puedo cambiar algo para cubrir tus necesidades? ¿Cómo puedo ser mejor para ti?»

Lo irónico es que cuando más desarraigados e inseguros nos sentimos, más insensibles, rígidos y rectos nos solemos volver. Tiene sentido, ¿verdad? Al fin y al cabo, ¿cómo vamos a estar en sintonía con los hijos si estamos inmersos en nuestras preocupaciones y miedos? El apego a nuestros métodos rígidos y basados en el miedo siempre interfiere con la conexión. Por naturaleza, la vida exige que nos la tomemos «tal cual», sin expectativas. De lo contrario, seguro que nos vamos a decepcionar.

Los hijos llegan a nuestra vida para brindarnos la oportunidad de madurar, de crecer. Por tanto, cada momento de su proceso educativo nos sirve de despertador. La promesa de este despertar es fantástica, porque libera a los hijos de los grilletes de nuestras expectativas y les da poder para desarrollarse y ser su auténtica identidad.

Cuando desviamos el enfoque para educarnos nosotros a la luz de lo que el comportamiento de los hijos nos muestra sobre nosotros, no solo liberamos a los hijos de nuestro equipaje, sino que nos liberamos a nosotros de la carga de creer que siempre debemos hacer de policías y dirigir su vida. Nos damos cuenta de que es una locura cargar con estas creencias. Entonces, empezamos a aprovechar el proceso educativo para por fin dejar atrás el pasado y librarnos de las expectativas imposibles sobre el futuro de los hijos.

Afirmaciones para crecer

Acepto totalmente que educar significa educarme a mí, no a mi hijo.

Me doy cuenta de que la responsabilidad del cambio es únicamente mía, no de mi hijo.

Soy consciente de que mi lucha es un reflejo de mis conflictos internos.

Transformaré cada situación en la pregunta: «¿Qué dice esto de mí?»

5

MITO NÚMERO 2

El niño con éxito está en posición de ventaja

«Pondremos a su hija en la clase de principiantes», me informó la secretaria de la prestigiosa academia de ballet del barrio. Estuve encantada.

«¡Fenomenal! Le encanta bailar y estará contentísima», me entusiasmé pensando en mi hija de ocho años. Entonces la secretaria me explicó en voz baja: «Sepa que la mayoría de niños de la clase tienen seis años. Espero que no le suponga un problema.»

Pensé que no la comprendía. «¿Seis años?», repetí. «No, no lo entiende. Tiene ocho años. ¿No hay una clase para principiantes de ocho años?»

La mujer me miraba con comprensión mientras me explicaba pacientemente: «La mayoría de nuestros alumnos hacen danza desde el parvulario. A los ocho años, están muy avanzados. Si quiere apuntar a su hija aquí, tendrá que empezar con niños más pequeños.» Quedé sin palabras. Mi hija solo quería bailar. ¿Ya iba retrasada *dos años*? ¿Cómo era posible?

Como madre y como psicóloga, la experiencia fue una revelación. Mientras que había procurado que mi hija jugara con el barro en el parque del barrio y había cultivado su creatividad construyendo túneles de cartón en la sala, al parecer había fracasado a la hora de sincronizar mi programa educativo con el de otras madres: un programa que implica convertir a los hijos en profesionales a los seis años de edad.

Estaba a punto de descubrir que Maia iba con retraso no solo con las actividades sociales, sino también las académicas. Mientras yo me había complacido exponiéndola a actividades de «enriquecimiento» como hacer galletas y recortar orejitas de conejo con plastilina, mis vecinas habían apuntado a sus hijos a clases de matemáticas y lenguaje de signos. Sin duda habían aprendido «cómo educar a un genio», mientras yo había ocupado las horas de mi hija con tonterías.

¿Cómo es posible que la diversión y las aficiones, tan esenciales para los primeros años del desarrollo, se hubieran convertido en la búsqueda de una profesión? ¿Por qué se ha reducido la infancia a una carrera alocada para ocupar las primeras posiciones?

DIVERSIÓN CON INTENCIONES OCULTAS

Cuando mi clienta Erin expresó su frustración al apuntar a su hijo al parvulario, pensé que estaba siendo dramática.

«No puedo creer que se espere que mi hijo sea un genio a los cuatro años. Tiene que pasar unos ridículos exámenes y entrevistas de admisión para entrar en el parvulario. Un parvulario que me va a costar 30.000 dólares», se quejaba. «No solo está bajo presión para entrar, sino que al haber nacido en agosto y ser de los pequeños de la clase, me aconsejan que le apunte el año que viene. Mis amigas me dicen que va a perder posiciones y me siento insegura. Todas me miran con pena cuando les cuento que nació en verano. Al parecer, me perdí la lección sobre cuándo hay que concebir, porque todas las otras madres siguen un horario sexual para concebir y tener los mejores candidatos para ser aceptados en el parvulario.»

Aunque Erin estaba afectada emocionalmente, no decía nada que no fuera verdad acerca de la perturbadora práctica de demorar la entrada del niño al jardín de infancia (denominada *redshirting* en inglés), especialmente los varones, para que tengan ventaja sobre sus compañeros en aspectos deportivos y académicos. En el entorno de los colegios privados prefieren utilizar términos más benignos como «reclasificación». Los motivos que dan los padres para retrasar el ingreso de sus hijos al parvulario es que no quieren que se sientan inseguros o en desventaja.

Al racionalizar los motivos para mostrar que el propio bien del niño es lo que prima, los padres juegan a ser Dios con el sistema y el entorno para cubrir lo que ellos ven como las «necesidades» de sus hijos. No las necesidades naturales, sino «necesidades» basadas en un estándar imaginado por la sociedad, que los padres aceptan. Maria Montessori, que apoyaba la mezcla de edades en el aula para que los niños mayores pudieran ayudar a los pequeños, y la resistencia a través del fracaso, debe de estarse retorciendo en la tumba.

Los padres apuntan a los hijos ya a los dos o tres años de edad a actividades que se supone que son «divertidas» y «exploratorias» pero que enseguida se vuelven competitivas. Excesivamente supervisados y formados en demasía, los niños se han convertido en sujetos de empresas rigurosas dirigidos por un ejército de padres y maestros dispuestos a erradicar la maravillosa falta de objetivos de la infancia. Nociones adultas de orden, organización y optimización pasan por delante de la manera natural del niño de aprender y desarrollarse.

¿Cómo deciden los padres que sus hijos de dos años necesitan actividades estructuradas con el fin de vivir días plenos? La mayoría de las veces, apenas podría descifrar lo que le gustaba a mi pequeña. Cuando empecé a preguntar a los padres cómo habían decidido qué actividad, colegio o afición eran los más adecuados para sus hijos, las siguientes son algunas de las respuestas que recibí:

- *«Para mí, era de cajón. Creo firmemente que el parvulario es la etapa más formativa para los niños, por eso apun-*

tarles a uno privado valía la pena, aunque el coste se acerque a lo que costaron mis estudios en la universidad.»

- *«Decidí que mi hija debía tocar un instrumento, de modo que elegí uno.»*
- *«Todos los niños deberían practicar un deporte, especialmente los varones. Elegí el que más me gusta.»*
- *«Enviar a mi hija a un parvulario privado le permitirá que la preseleccionen para un buen colegio de primaria y le dará ventaja para entrar a la universidad.»*
- *«Soy profesor de plástica, y, como es natural, quería que mi hijo aprendiera arte.»*

Cuando la educación presta menos atención al niño y su experiencia de la infancia y más a la idea de los padres de lo que la infancia debería ser, hemos traspasado lo que significa educar a un niño.

Como padres, naturalmente sentimos la presión para que a los hijos les vaya bien. Por supuesto, esta presión no comenzó con nuestra generación. En épocas pasadas, si uno era el zapatero del pueblo, quería que su hijo fuera tan buen zapatero como él. La diferencia radica en la actualidad que no nos contentamos con que al niño le vaya «bien». Queremos que destaquen, que sean niños de los que podamos presumir ante familiares y amigos, además de en Facebook.

Tal vez no piensa usted que siga la filosofía del niño trofeo. No obstante, cada vez que cuelga una foto de su hijo cuando ha ganado una medalla pero no la cuelga cuando ha perdido un partido, alimenta el mito del niño destacado. La presión de educar a un niño prodigioso es tan contagiosa que todos nos ahogamos en ella. Los padres se angustian, los maestros se estresan y los niños que educamos se apartan más y más de su auténtica naturaleza.

Un amigo que es entrenador de tenis en un club privado de Manhattan me dijo: «No soporto enseñar a niños que no quieren venir, pero vienen porque los padres les obligan. Lo pasan mal, y no disfruto en absoluto enseñándoles. Además, nunca llegan a ningún sitio.»

La profesora de violoncelo de mi hija casi rompe a llorar cuando le dije: «Quiero que mi hija disfrute del proceso de aprender el instrumento. No lo necesita para el currículum ni un doctorado. Solo pido que se concentre usted en el amor al proceso.» Como si le hubiera recordado su propio amor al instrumento, suspiró y confesó: «Agradezco su visión. Solo recibo presión de los padres para que convierta a sus hijos en Yo-Yo Ma.»

Presionar al niño para que triunfe suele responder al ego de los padres, que quieren que se les reconozca por su tarea educativa y desean un trofeo de carne y hueso para su propio éxito como padres que todos vean. El ego no se preocupa de la auténtica naturaleza del niño, solo con la visión que los demás tienen del niño. Para el niño, esto puede crear aislamiento y ansiedad, justo lo contrario de lo que los padres piensan que están fomentando. Vivir en una olla a presión de competitividad exagerada no sirve para que los hijos se sientan cerca de nosotros. Los hijos notan nuestra ansiedad, la absorben y la interiorizan, y esto les conduce a creer que el mundo es un lugar estresante. Las consecuencias van desde problemas de sueño hasta migrañas y dolores de estómago. Los niños pequeños de seis y siete años de edad sufren ataques de pánico. Algunos ya a los ocho años llevan la etiqueta de «oposicionista desafiante», mientras que cada vez son más los que a diversas edades reciben un diagnóstico de TDAH u otros trastornos. Si bien muchos síntomas son orgánicos, algunos de ellos se agravan debido al enfoque educativo que se basa en el miedo o el futuro en lugar de la confianza en el momento presente.

LA POSICIÓN DE VENTAJA SE MUESTRA EN TODAS PARTES

Muchos padres se dejan seducir por la idea de que el mérito de un niño se mida por su rendimiento. Que un niño se halle en posición de ventaja se ve como indicador de una buena educación paterna. A medida que los niños crecen, la presión para ser aventajados se vuelve más y más feroz. Como ejemplo, observe la cantidad de colegios para niños «dotados y talentosos» solo en la ciudad de Nueva York.

A medida que los niños pasan de cursos, muchos padres buscan reconocimiento extracurricular y las oportunidades de obtener becas para niños que sobresalen en el deporte, el arte, el ajedrez o el debate. Es como convertir al niño en un caballo de carreras por el que se apuesta como ganador. Se empieza a identificar al niño con las oportunidades económicas que puede alcanzar en el futuro.

Antes he contado lo que pasó cuando mi hija decidió aprender a bailar. La reacción que obtuvo por culpa de su edad no afectó a su deseo de bailar. Pero en demasiados casos, esto es exactamente lo que ocurre cuando convertimos algo que debería ser divertido en una empresa seria. Recuerdo un cliente de catorce años que decidió que quería apuntarse a clases de tenis en el colegio. Se había enamorado del deporte al asistir a un partido profesional. Su esperanza era desarrollar suficiente agilidad para competir con su equipo. Cuando intentó apuntarse en el club de tenis, le dijeron que no podía porque no tenía nivel. Su madre se enfureció. «¿Cómo que no tiene nivel?», preguntó al entrenador. «¿Esto es un club o son las pruebas del torneo de Wimbledon?»

El entrenador, avergonzado, le explicó que para apuntarse al club, los alumnos debían llevar tres o cuatro años jugando. «No podrá seguir el ritmo», avisó a la madre. «La mayoría de alumnos llevan compitiendo desde los ocho o nueve años.» Esto acabó con el deseo de mi cliente de aprender a jugar al tenis. Abandonó la idea y se negó a seguir probando, incluso cuando su madre le ofreció empezar con un programa de lecciones en grupo. Al ver menguar el interés de su hijo, la madre se sintió fracasada.

No hay área en que la presión de estar al frente se muestre con más fuerza que en la académica, a menudo con consecuencias adversas. Una de las jóvenes de diecisiete años más brillantes que conozco llevaba años sufriendo reflujo ácido. La afección de Stella últimamente había empeorado y ahora padecía de úlceras y quistes. Los médicos le dijeron con acierto que todo era causa del estrés. Tenía el listón académico tan alto que un resultado del 98 por ciento la decepcionaba. Las consecuencias fisiológicas eran inmediatas. Su identidad estaba tan atrapada en el papel de alumna ejemplar que no era capaz de tolerar la ansiedad de ser menos que la más brillante y la mejor. En efecto, si no podía ser perfecta, creía que estaba fracasando. ¿Se da cuenta de que hallarse en ventaja al final no significa nada y de que ella era un desastre emocional como resultado de sus intentos por gestionar la presión?

Como Stella era la primera de la clase, con resultados excelentes en casi todas las pruebas, naturalmente todos imaginaban que su éxito era algo fácil. También pensaban que sus padres eran afortunados por tener una hija tan estudiosa. No tenían ni idea de las confesiones que me hacía Stella acerca de sus logros académicos. «¿Crees que me resulta fácil sacar un resultado del cien por cien en un examen?», me preguntó un día. «Cuando veo el resultado del cien por cien, lloro por dentro. Lo odio. No disfruto de haber sacado una buena nota porque enseguida llega la presión para repetir la misma nota en el siguiente examen.»

En relación con el hecho de que sus padres empezaran a preocuparse por su salud, prosiguió: «Es natural que mis padres se preocupen. Saben que en parte es culpa suya. Ellos son los que de pequeña me presionaban para mejorar. No se daban cuenta de que iba a llevarlo al extremo.»

Stella es como millones de otros niños que sienten que su mérito depende de las notas que saquen, de si les aceptan en la universidad y de qué universidad les invita a matricularse en ella. Cuando el plan no sale bien, se desmoronan. Es triste que nuestros hijos aprendan a definirse con identidades superficiales, sin darse cuenta de que no necesitan tomar prestada una identidad en absoluto porque ya tienen la suya propia.

EL ARMA DE DOBLE FILO DE «APROVECHAR EL POTENCIAL DE CADA UNO»

La palabra «potencial» es un arma de doble filo. Si bien suena, bueno, llena de potencial, existe el peligro de utilizarla sin comprender sus implicaciones subyacentes. Para muchas personas, potencial significa «todavía no vales nada».

Cuando decimos a un niño que no desarrolla su potencial, le comunicamos que la persona que es en este momento no solo no es la que puede llegar a ser, sino que no es la que «debería» ser. De nuevo, en lugar de centrarnos en la abundancia de la gracia presente en el niño aquí y ahora, nos centramos en la tierra prometida de mañana, fijados en una idea sobre quién debería llegar a ser basada en nada más que nuestra fantasía.

Debo insistir en que mientras todos podemos mejorar si lo deseamos, esto no es lo mismo que la noción de albergar cierto «potencial», que solo sirve para echar al niño por una pendiente resbaladiza que empieza y acaba en la cabeza de los padres. Cuando esta es la mentalidad de los padres, se mina la expresión espontánea de la individualidad del niño en el momento presente. La identidad real del niño se niega por no darle importancia en comparación con la identidad que el niño poseerá en un futuro imaginado que los padres consideran importantísimo.

Piense en esto en el contexto de su propia vida. Imagine que está preparando una cena para un grupo de amigos. Planifica el menú meticulosamente y prepara la comida poniendo en ello su cuerpo y alma. La mayoría de sus amigos comentan efusivamente lo buena que es la comida, excepto uno, cuyos comentarios son escasos y reticentes. Usted se pregunta qué pasa. ¿No le gusta la cena? Al final, el invitado habla: «Ya veo que has intentado preparar una buena comida. Pero, sinceramente, creo que no has alcanzado todo tu potencial.» ¿Cómo se sentiría usted? ¿Motivado para cocinar de nuevo? ¿Con ganas de abrazar a este amigo? No, se sentiría molesto y se lo pensaría dos veces antes de invitarle de nuevo.

Cuando aparecí en el programa televisivo *Oprah's Lifeclass*, uno de mis comentarios llegó a muchos telespectadores y más adelante recibí muchos mensajes electrónicos. Expliqué que estaba segura de que regresaría a casa y vería una reposición del programa, casi con la certeza de que me reprendería a mí misma por no haberme expresado tan bien como debería. Criticaría no haberlo hecho suficientemente bien y no haber alcanzado todo mi potencial. Sin embargo, seguí explicando que sabía más allá de toda duda que estaba haciéndolo tan bien como sabía con la consciencia que poseía en aquel momento. Como estaba en contacto con el hecho de estarme esforzando, sabía que dispondría de argumentos contra la voz interior que iba a hacerse oír a su debido tiempo.

Casi puedo oírle protestar: «Bueno, ¿y si no se hubiera preparado adecuadamente? ¿Y si no se hubiera esforzado lo suficiente? ¿Cómo reaccionaría entonces?»

Aunque un enfoque consciente tiene en cuenta el pasado, se trata en gran medida de una experiencia del momento presente. En consecuencia, no nos permite encallarnos con vergüenza o sentimiento de culpa por los fallos de consciencia pasados. En lugar de ello, siempre centrados en el ahora, nos desafía a preguntarnos: «¿Cuáles eran mis obstáculos internos para prepararme? ¿Cómo puedo hacerme responsable de no haberme esforzado? ¿Qué puedo hacer en el momento presente para cambiar mi destino?»

Un momento de introspección como este puede despertar la motivación por lo que hacemos, y permitirnos descubrir si estamos verdaderamente en contacto con los deseos de nuestro corazón, en cuyo caso debemos seguirlos, o si tal vez, inconscientemente, nos estamos autosaboteando. En otras palabras, somos conscientes de que tenemos opciones. O bien nos deprimimos por lo ocurrido, o bien decidimos que a partir de ahora haremos las cosas de otra manera. Al enfrentarnos así a nosotros mismos, nos decimos: «He aprendido de esta experiencia. Mi falta de esfuerzo es cosa del pasado. Ahora es ahora. ¿Qué puedo hacer ahora para asegurarme de mantener un estado de consciencia?» Con esta perspectiva, no hay fracaso, solo la oportunidad de evolucionar un poco más.

Todos nosotros deseamos no solo que nos validen sino también que nos honren por lo que somos en el momento presente. Cuando nuestra verdadera identidad parece invisible e inaudible porque estamos constantemente siendo comparados con un estándar externo, como la noción de otra persona sobre nuestro potencial, nos sentimos frustrados y, si esto continúa, resentidos. Nuestros hijos especialmente se sienten heridos y ninguneados cuando no los vemos por lo que son. Por este motivo, es importante que examinemos si estamos imponiendo nuestras expectativas a nuestros hijos y, al hacerlo, alejándolos del momento presente hacia un estado de desconexión donde quieren ser alguien que no son.

EL NIÑO «SIN POTENCIAR»

¿Sabe cómo sus hijos se sienten acerca de los diversos aspectos de su vida? ¿Está seguro? El hecho es que la mayoría de padres, no.

Tomemos como ejemplo a Marcus, de nueve años de edad, que empezó a pellizcarse la piel. Se convirtió de tal manera en un hábito que sus padres me lo llevaron a la consulta para tratarlo. Le describieron como un niño dotado que tristemente era incapaz de alcanzar todo su potencial.

Pero ¿cómo se sentía Marcus? Él describió su vida con estas palabras: «Me ha caído la maldición de ser dotado. Todo el mundo me dice siempre que soy dotado, pero ni siquiera sé lo que significa. No soporto ser dotado. Siempre es como si no fuera lo bastante bueno. Todos quieren que sea mejor cuando hago las cosas porque soy dotado, pero no sé cómo hacerlas mejor. Mi vida es un asco.»

Marcus no era el único en conflicto con sus talentos. Sus padres todavía los vivían con más conflicto porque sus maestros les enviaban notas constantemente quejándose: «Hoy Marcus no se ha esforzado lo bastante» o «Sabemos que Marcus es capaz de rendir más». Es decir, los padres se sentían como si *ellos* no cumplieran *su* potencial como padres presionando más a su hijo.

Como también vimos en el caso de los padres de Stella, innumerables familias experimentan lo mismo que esta familia. Creyendo que necesitan «optimizar» a sus hijos, se sienten culpables si no les presionan: todo a causa de una idea inculcada y basada en el miedo de que nuestros hijos deben alcanzar su «potencial» imaginario.

La idea de alcanzar el propio potencial debe redefinirse. En vez de ver el potencial como algo de futuro, que suponga las personas que llegarán a ser nuestros hijos, debemos descomponer la palabra y llegar a su significado de raíz. La palabra «potente» es el eje central. La potencia no es algo futurista, sino que se refiere al poder que los hijos ya poseen y que les impulsará hacia un mañana mejor. Lo que llegue después se fundamenta en lo que ya abunda en el niño, no en algo que tratamos de inculcar en él. Busque en el diccionario la palabra «potencia» y hallará sinónimos similares a «vigor», «capacidad», «energía», «poder» y «arrojo». Cada una de ellas habla de la abundancia de vitalidad en el niño aquí y ahora. Por tanto, si deseamos enfatizar el potencial del niño, debemos centrarnos en sus poderes *inherentes* aquí y ahora, no en los que deseamos que un día «lleguen a ser».

Cuando se trata de vivir el ahora, los niños pequeños son gurús. Tal vez sea su falta de lenguaje, especialmente los primeros años de vida, lo que les permite sumergirse en la realidad, en cuerpo y alma. Su capacidad de estar en el momento presente, desconectados de «lo que era» y de «lo que podría ser», con todos los pavorosos «y si...», es un recordatorio firme de cómo vivir la vida en la franja horaria en que verdaderamente nos encontramos.

Cuando pasamos de definir el potencial como algo futuro al reconocimiento de la potencia de cada niño aquí y ahora, tomamos consciencia de que todos los niños son dotados y ordinarios al mismo tiempo. Quizá presentemos una reacción visceral ante el hecho de ser del montón u ordinario, porque esta idea conjura sentimientos profundamente arraigados de deficiencia. Nuestra cultura occidental especialmente quiere que cada niño se sienta «especial». Esto difiere de muchas culturas orientales, en que ser único y diferente es un anatema. No obstante, debemos darnos cuenta de que todos los extremos son peligrosos para los niños. Como ambos proceden del ego, no tienen en cuenta *quiénes son realmente nuestros hijos.*

Nuestros hijos no poseen únicamente una cualidad, sino que son capaces siempre y con fluidez de diversas expresiones, incluido el talento y la normalidad. Siendo este el caso, necesitan libertad para expresarse sin sentirse agobiados por la presión de agradarnos. Yo digo a los padres: «Sí, su hijo es singular y debería usted tratarle como alguien especial, pero el mundo debe tratarlo como a todos los demás.»

Muchos padres se sienten indignados si su hijo no recibe un tratamiento especial, pero siempre les digo: «Su hijo es feliz siendo normal. Es su sentido de carencia lo que quiere etiquetarlo de extraordinario. El niño no presenta esta necesidad, es el ego de los padres.»

Cuando somos capaces de aceptar el momento presente como poderoso y lleno de valentía, no sentimos la necesidad de proyectarlo en el futuro. Desprovistos de la desesperación por crear la «versión futura» de nuestro hijo, podemos deleitarnos con su versión presente. Imagine cómo se siente un niño que sabe que sus padres lo ven bien en lugar de ver que le falta algo.

Tristemente, esta manera de ver a los hijos no siempre es la que se produce. Este enfoque consciente de la educación requiere una cantidad desorbitada de coraje y resolución, frente a la oposición de familiares, amigos y la cultura, ya que constantemente nos medimos y comparamos con los estándares externos imposibles.

Cuando los padres vienen a mí quejándose: «Pero cuesta mucho ser el único que no se centra en las notas o no presiona a su hijo», les respondo que comprendo totalmente estas presiones. Entonces les explico que si desean educar un espíritu verdaderamente libre, necesitan estar dispuestos a ir contracorriente. En lugar de acatar los dictados de la sociedad en relación con la manera de educar a su hijo, deberían conectar con el espíritu de su hijo, ya que allí es donde encontrarán todas las respuestas.

VER LAS COSAS EN PERSPECTIVA

Me gusta pensar en nuestras prioridades como padres como si se tratara de una mano en que cada dedo representa un aspecto importante del desarrollo del niño. Asigno los logros externos como notas, rendimiento deportivo y similares, al dedo meñique. Los otros cuatro dedos representan la conexión: primero con uno mismo, luego con la familia, con la comunidad y finalmente con un propósito. Por desgracia, dedicamos demasiado tiempo reforzando al dedo meñique como si fuera toda la mano, e ignoramos el rol vital de los otros cuatro dedos.

Esta comprensión me condujo a no apuntar a mi hija a una sola actividad estructurada hasta que cumplió los seis años. Mis amigos me advertían que iba a quedarse retrasada y sabía que tenían razón. Respondía que aunque Maia tal vez llegaría tarde al escenario del mundo en que todos deseaban que sus hijos actuaran, el momento era perfecto en términos de desarrollo de la resistencia emocional que le permitiría vivir una vida con significado. «Mi hija primero necesita conocer quién es, no quién quiero que sea, antes de apuntarla a un sinfín de actividades», expliqué. «Esperaré a que surja este conocimiento en su interior y dejaré que ella me dirija.»

Este enfoque es muy diferente al de una familia que conocí en el avión de Nueva York a California. El hombre y la mujer sentados a mi lado tenían un adorable bebé de seis meses. Al entablar conversación con ellos, supe que ambos eran policías que se habían conocido en el trabajo. Él me dijo: «Vaya, no tenía ni idea de que los niños suponen tanto trabajo. Estoy acostumbrado a llevar el control y esto ha sido un cambio difícil.»

«Esperad a que crezca», respondí. «Ahora es la etapa fácil.»

«Le dejo esta parte a mi esposa», dijo. «A ella le interesa el tema de la vinculación. Es la parte que le gusta. Yo estoy esperando a que crezca para poder hacer cosas que me gustan con él.»

«¿Qué cosas?», pregunté.

«Pues jugar al béisbol», dijo con naturalidad. «Mi hermano y yo jugábamos cada fin de semana y estoy impaciente por hacer lo mismo con mi hijo.»

«Espero que le guste el béisbol», dije. «Pero, ¿y si no le gusta?»

Sin palabras, se me quedó mirando como si nunca se hubiera planteado aquella idea tan absurda.

«A veces pasa, ¿sabes?», dije. «Solo porque sea un niño no significa que le vayan a gustar los deportes.»

«Esto no pasará con mi hijo. En mi familia, nos gustan los deportes desde hace generaciones. Lleva el béisbol en los genes.»

Miré al bebé descansando satisfecho en el regazo de su padre, ajeno al hecho de que su destino estaba decidido. Ni siquiera tenía medio año de vida y su padre ya lo había definido como deportista —jugador de béisbol— a quien sin duda desearía complacer y se sentiría decepcionado si no lo hiciera.

Cuando damos un paso hacia atrás y esperamos que la individualidad del niño se manifieste, le damos el inestimable regalo de poder desarrollar la autoconsciencia. Esto permite al niño aceptarse tal como es. Con la confianza de ser quienes son, los hijos se hacen cargo de lo que quieren hacer con su vida. Como llevan sus postes indicadores internos donde apoyarse en cada situación, disfrutan de ser amos de sus decisiones.

Esto es particularmente importante cuando se trata de un tema que surge en terapia más que cualquier otro: la disciplina. El enfoque tradicional avala toda clase de técnicas y estrategias para controlar el comportamiento de los niños. Por supuesto, lo importante es hacerles llegar a un determinado lugar presionándolos. En lugar de apoyar a los hijos en su descubrimiento de su capacidad de autogestión, les reprendemos con un bastón o les premiamos con zanahorias, creyendo que el miedo o los incentivos acabarán ayudándoles a interiorizar la diferencia entre el bien y el mal. En mi libro *Sin control* explico cómo la disciplina se ha convertido en otra manera de controlar a los hijos. Al hacerlo, ha perdido su cometido original de enseñarles con directrices sabias.

En vez de aplicar la siguiente intervención disciplinaria, hay que dirigir la atención de nuestros hijos hacia su interior para ayudarlos a conectar con sus sentimientos y motivaciones. Si crecen en consonancia con su identidad, empezarán a hacerse responsables de sus decisiones. Cuando sus decisiones son suyas, se crea una reacción en cadena. Como preparamos el camino para que tomen sus decisiones, dentro de unos límites razonables, se desarrollan de forma natural como autores de las mismas. Este cambio de control externo a control interno les permite reflexionar sobre sus opciones en lugar de verse empujados a obedecernos.

Al vernos como sus partidarios fieles y leales, los hijos se apoyan en nosotros de manera saludable, en busca de nuestra conexión y en ocasiones para hacerles de tabla de salvamento. Esto fortalece la conexión que compartimos con ellos, que fomenta su autoconfianza y su opinión de sí mismos. La reacción en cadena sigue hacia fuera a medida que su creencia en su propio valor como personas alimenta su creatividad, iniciativa y un sentimiento de poder. Todos estos efectos positivos emergen de una única decisión por parte de los padres: librarnos de las proyecciones de quiénes deberían llegar a ser los hijos y permitirles que descubran lo que significa ser auténticos por sí mismos.

La idea de ganar ventaja sobre los demás proclama que ser mejor y acumular más logros, definidos por otra persona, lleva al éxito y la felicidad. Pero no es así. No garantiza ni el cariño ni la seguridad. Por otro lado, puede ser el camino hacia una pérdida de identidad, acompañada de una disminución de la confianza natural que disfruta una persona que se conoce y se quiere a sí misma.

Afirmaciones para crear nuevos objetivos

Me atrevo:

- A redefinir el éxito y medirlo menos como logro y más como estado de ánimo.
- A permitir que mi hijo sea el amo de su vida, y la dirija según sus intereses y motivaciones.
- A permitir que mi hijo disfrute de la infancia con el menor número de imposiciones posible sobre su tiempo y espacio.
- A exponer a mi hijo a aficiones divertidas y espontáneas sin convertirlas en acontecimientos competitivos.
- A enseñar a mi hijo que el camino que debe seguir es el que emana de su propio espíritu.
- A dejar que mi hijo sea normal.

6

MITO NÚMERO 3

Hay niños buenos y niños malos

A todos nos han influido los cuentos de hadas y mensajes culturales que nos dicen que algunos niños son «buenos» y otros son «malos». Cuando doy seminarios en todo el mundo, a menudo pido a los padres que definan estos términos. Inevitablemente se les ocurren las mismas enumeraciones.

La sociedad considera «buenos» niños aquellos que no causan demasiado revuelo y que preferiblemente son educados y se controlan. Los niños buenos son los obedientes y estudiosos, capaces de sentarse quietos y prestar atención. En otras palabras, cuando nos fijamos, vemos que la «bondad» del niño se mide según la facilidad con que su comportamiento encaja en *nuestra* vida. Del mismo modo, los niños se etiquetan de «adaptables» porque se adaptan a *nuestra* vida. Los niños que «se dejan llevar» son elogiados porque se dejan llevar por *nosotros*. Es natural que nos resulte más fácil estar con niños obedientes. Por este motivo, a menudo sin darnos cuenta, nos sentimos atraídos por los niños que no nos suponen un reto ni desafían nuestras creencias profundamente arraigadas. Nos gustan los niños «buenos» porque nos permiten mantenernos al control. Como no nos obligan a enfrentarnos a problemas incómodos, les recompensamos con un trato preferente.

En oposición a los niños «buenos», los niños que consideramos «malos» son hiperactivos, distraídos, ruidosos y con frecuencia desafiantes. Cuando estos niños no obedecen, las cosas se ponen feas. Los niños que «no escuchan», pegan o son «irrespetuosos» reciben castigos. El comportamiento violento nunca es adecuado y los padres deben corregirlo. Pero se suele acabar con este tipo de comportamiento con métodos extremos que provocan resentimiento y más problemas. Por supuesto, la razón por la que los padres con frecuencia actúan exageradamente es porque el comportamiento del niño no responde a su plan secreto o perturba su sentido del orden.

Ya al año de edad se espera que el niño se «comporte adecuadamente». Cuando cumple dos años, el mero hecho ya se considera un problema y se etiqueta esta edad como «terrible». Los niños pequeños crecen sintiendo que su desarrollo normal, que en ocasiones se expresa en forma de resistencia, rabietas e incluso desafío directo, es un inconveniente y por tanto deben avergonzarse de él.

«Bueno» y «malo» son palabras que describen típicamente el comportamiento de los hijos, aunque no son las únicas. Como el ego siempre está categorizando, disponemos de numerosas etiquetas que se basan en parte en el comportamiento del niño, pero en gran medida en cómo nos hacen sentir a nosotros. Etiquetas como «perezoso», «dulce» o «tímido», por ejemplo, poseen el potencial de marcar intensamente al niño que todavía no se ha formado una idea de sí mismo.

Sin duda cada uno de nosotros recuerda una etiqueta de la infancia que lleva colgada alrededor del cuello como un nudo corredizo que le ahoga de vergüenza años después de que se la pusieran. Elena, una de mis clientas adultas, me confesó que todavía recuerda que la madre de una amiga la llamaba «Miss Piggy». Todavía la persigue la vergüenza que sentía entonces. Por desgracia, conservamos las etiquetas negativas durante décadas y descartamos rápidamente las cosas más enriquecedoras que se han dicho de nosotros. Esto ocurre porque el valor que nos damos ha sido minado desde tan tierna edad que la vergüenza nos resulta inmediatamente familiar y nuestra psique la interioriza sin reflexionar. Si en lugar de ello nos hubieran educado padres conscientes, la vergüenza no habría encontrado terreno abonado para crecer en nuestros cimientos emocionales. Cuando los demás proyectan comentarios de este tipo en nosotros, somos capaces de desecharlos conscientemente con facilidad porque no los reconocemos como algo familiar.

El otro día, mi hija, Maia, me dijo que sus amigas se reían de ella porque llevaba los pantalones de yoga al colegio en lugar de unos de marca. Su respuesta fue: «No me importa lo que opinéis de mí. Me encantan los pantalones de yoga.» Si se hubiese sentido mínimamente insegura acerca de su aspecto y sentido de la moda, estos comentarios le habrían hecho daño y se habría avergonzado. En lugar de ello, fue capaz de ver que los comentarios de sus amigas eran solo sus opiniones y no tenían nada que ver con la manera en que necesitaba vestirse. Esto ilustra el hecho de que poseer unos cimientos interiores robustos es clave para defendernos de las proyecciones inconscientes de los demás.

Como a todos nos educaron más bien con vergüenza e inseguridad como plantillas interiores, las etiquetas y opiniones de los demás nos pesan mucho. Las etiquetas de la sociedad no solo afectan al niño sino que pueden tener un enorme impacto en los padres. Por ejemplo, si un maestro etiqueta a un niño de «poco cooperativo», y el maestro se queja a los padres de que deben controlar a su hijo, los padres sienten la presión de arreglar a su hijo. Tal vez incluso se les aconseje que busquen tratamiento.

Jamie aún se acuerda de lo desencajada que se quedó cuando el maestro le dijo que su hijo no iba a triunfar en la vida si no se medicaba y seguía una terapia de comportamiento. Deprimida ante la perspectiva para el niño, se culpó y pensó que era una madre inefectiva. Cuando me trajo a Adam, de doce años, a terapia, vi algo bien distinto. Un chico enérgico y brillante, Adam tenía la necesidad física de moverse y realizar ejercicio físico. Admitió que le costaba quedarse quieto sentado, pero con razón protestó: «Mis notas son bastante buenas. Mis padres están contentos. Estoy en dos equipos deportivos. Simplemente me aburro cuando llevo sentado mucho rato. ¿Es un crimen?»

Adam tenía razón para sentirse indignado. Cansado de que los maestros le llamaran la atención constantemente por su energía, incluso se había planteado la educación en casa. «No es justo. Me va mejor que a la mayoría de mis amigos, pero siempre soy yo el que se mete en líos porque no presto atención o porque garabateo el libro.» Adam es uno de los muchos chicos que, indefensos, sienten resentimiento por las etiquetas que les ponen los maestros. Desean que se les vea tal como son, sin etiquetas despectivas.

Si bien es posible que a los niños les falten ciertas habilidades y precisen ayuda para adquirirlas, va en su detrimento que alguien piense que puede definir el temperamento del niño con una etiqueta, especialmente cuando incluye la palabra «bueno» o «malo». Cuando los maestros caen en estos pensamientos inconscientes, nos toca a nosotros asumir el rol de defensores. Inevitablemente, hacerlo nos hace revivir la ineptitud que sentimos de estudiantes en el sistema escolar. Del mismo modo que el niño se siente nervioso y asustado ante la desaprobación cuando lo llaman al despacho de dirección, nosotros sentimos algo parecido, que nos puede paralizar en lugar de animarnos a hablar francamente con los maestros de nuestros hijos.

Jamie empezó a ponerse en contacto con su propia inseguridad interior y fue capaz de ver claramente por qué la había afectado tanto el comentario del maestro. Al ir despegándose de su vulnerabilidad interior, pudo enseñar a su hijo a no identificarse con las etiquetas impuestas por la cultura que le rodea. Como Adam ya estaba intentando hacer esto, reaccionó rápidamente, seguro de sí mismo, y aceptó que era diferente pero no limitado. Jamie poco a poco le ayudó a canalizar su energía más adecuadamente, y pasó de culparse y avergonzarse a celebrar la vitalidad de su hijo.

Todos los padres desean la aprobación de la sociedad, especialmente de los maestros de los hijos. Cuando la visión de nuestros hijos es desfavorable, nos sentimos personalmente difamados. Al contrario, es posible que nos sintamos avergonzados de nuestras habilidades como padres o enfadados con los hijos por no comportarse. Sea como fuere, la presión externa afecta a nuestra capacidad de conectar con los niños por lo que son y ayudarles a desarrollar las habilidades necesarias para crecer fieles a su identidad.

¿ES DESAFÍO O ACTITUD DEFENSIVA?

Un niño obstinado, testarudo y desafiante nos reta a evaluar nuestras creencias. Por supuesto, es más fácil etiquetar al niño que cuestionar nuestras asunciones. Cuando los niños nos enfrentan a nosotros mismos, nos gusta enviarlos al rincón de pensar o al dormitorio.

Irónicamente, muchos de estos niños no son para nada obstinados ni desafiantes. Solo son personas fuertes, y su fortaleza choca contra la nuestra. Gran parte de las veces, el problema es que, encerrados como estamos en nuestro ego, somos nosotros los que no queremos ceder cuando nos retan con razón. Como la cultura ha asignado el poder de la relación padres-hijos a los supuestamente omniscientes padres, el niño es el que recibe la etiqueta y el castigo.

Mika, una chica movida de trece años, siempre se metía en líos por ser «ruidosa» o «desafiante». Cuanto más la castigaban sus padres para intentar apaciguar su actitud, más resistencia presentaba. Cuando la trajeron a terapia era porque la vida familiar había alcanzado un momento crítico. Mika salía con los compañeros inadecuados del colegio y experimentaba precozmente con comportamientos aún alejados de su desarrollo emocional.

Tras trabajar con su familia durante unos meses, quedó claro para mí que Mika se sentía desencajada y sin apoyo emocional. Sus padres ponían normas estrictas sobre lo que estaba bien y mal. Como estas normas funcionaban con su hijo menor, John, asumieron que eran normas correctas. Pero Mika siempre recibía riñas porque no seguía las normas como su hermano. A los padres no se les ocurrió que la diferencia en la reacción de los dos chicos a las normas radicaba en el hecho de que John era de temperamento más tímido e incluso algo más dócil. O tal vez había aprendido a adaptarse más al observar cómo trataban los padres a su hermana.

Cuando los padres de Mika comprendieron la importancia de escucharla y validarla, cambiaron de enfoque. Primero modificaron la manera de contemplar su comportamiento. En lugar de verla como una persona desafiante, ahora se daban cuenta de que se estaba defendiendo. Solo este pequeño cambio de perspectiva ya les permitió relacionarse con ella de una manera totalmente distinta. Ahora ya no le daban toda la culpa, sino que se preguntaban: «¿Por qué nuestra hija necesita ponerse tan a la defensiva? ¿Qué podemos hacer para ayudarla?» Al examinar su parte en el asunto, fueron capaces de aliviarla de la carga de ser «la desafiante».

Contemplar las acciones de Mika desde un nuevo ángulo permitió a los padres reconsiderar su comportamiento. En lugar de castigarla por intentar pasarse de los límites, aprendieron a interpretar su reacción como un deseo de ser autónoma. En lugar de reaccionar con reprimendas como «¡No te pongas así!» o «¡Deja ya de comportarte mal!» tomaron consciencia de su necesidad de dirigir su vida sola. Pasaron a decir cosas como: «Comprendemos que ahora te sientes limitada por nuestras normas. Sentémonos y busquemos la manera de ponernos de acuerdo. No queremos que te sientas controlada pero no queremos pensar que no podemos hablar de lo que sentimos nosotros.» Al ver que se mostraban más abiertos a su necesidad de controlar su vida, paulatinamente bajó la guardia y se abrió más con ellos.

Al tiempo que los padres de Mika disminuyeron sus exigencias, ella disminuyó su resistencia. Al apartarse ellos, ella empezó a acercarse. A menudo describo esa energía como una danza, en que una parte dirige y la otra sigue. La parte que dirige no es necesariamente mejor bailarín, simplemente es el que dirige en este momento. Ambas partes son necesarias para el baile, pero no pueden dirigir al mismo tiempo. Uno debe ceder y el otro debe dirigir con claridad.

Cuando los padres ven que sus hijos desean tomar las riendas, deben prestar atención a la llamada, retirarse y dejar espacio. Esto no significa que consientan a sus hijos, solo que reconocen que su propia energía crea más caos que claridad. Chocar frontalmente con la energía de los hijos solo empeora la situación.

Los padres de Mika se sorprendieron del modo en que pequeñas modificaciones conllevaron grandes cambios en su relación con ella. Cuantas más oportunidades le daban de hacer oír su voz y cuanto más validaban sus sentimientos, menos sentía ella la necesidad de expresarse de manera arriesgada. Comprender que su hija no era «mala» cuando no obedecía, sino que de hecho tenía las ideas desmesuradamente claras y era muy capaz, abrió los ojos a estos padres. El cambio de enfoque alteró la dinámica familiar al completo y la hizo mucho más armoniosa.

Cuando los hijos llegan a nuestra vida, esperamos que simplemente encajen. Si el temperamento de un niño lo permite, nos complace el resultado y damos el mérito a nuestras habilidades como padres. Pero muchas veces el temperamento de un niño no permite que se adapte como nos gustaría. Estos niños poseen una fuerza inherente que les empuja a luchar por sí mismos y tomar las riendas de su vida. Los padres no suelen estar preparados para ellos. Etiquetados como niños que se portan «mal», crecen pensando que son un problema. Esto les conduce a sentirse innecesariamente culpables e inseguros.

Los niños que ponen a prueba los límites, rompen las reglas y crean desorden a menudo se sienten ignorados y desatendidos de alguna manera. Cuando los padres aprenden a interpretar estos comportamientos como una petición de mayor conexión, son capaces de alejarse del rol autoritario que impone disciplina y en su lugar convertirse en los abogados de sus hijos.

DOBLE MORAL

Cuando nos concentramos en el comportamiento de los niños como medida de su bondad o maldad, no les hacemos ningún bien. Imagine que un amigo le dice a usted que ha olvidado su cumpleaños porque es desconsiderado o porque es cruel. O imagine a su pareja diciéndole que es usted «malo» e «impresentable» porque estaba cansado y se echó un rato antes de lavar los platos.

El hecho es que esperamos más de nuestros hijos en cuanto a comportamiento se refiere de lo que exigimos de nosotros mismos, nuestra pareja o los amigos. ¡Eso es doble moral! Cuando los hijos meten la pata, algunos nos apresuramos a calificarlos de mala manera, a veces degradándoles. Cuando no nos obedecen, les regañamos. Cuando olvidan la bolsa del almuerzo, los deberes o la autorización firmada, actuamos como si fuera el fin del mundo. No recordamos las veces que hemos perdido nosotros las llaves, hemos olvidado devolver una llamada telefónica o nos hemos pasado una fecha de entrega.

Esta doble moral afecta enormemente a los niños. Si somos honestos, reconoceremos que cometemos errores y tomamos decisiones equivocadas constantemente. No obstante, cuando lo hacen nuestros preadolescentes y adolescentes, creemos que sus acciones son inadmisibles. Cuando pagamos tarde una factura o cuando nos ponen una multa de tráfico, lo racionalizamos argumentando que estamos estresados. Pero si nuestros hijos entregan tarde un trabajo escolar, no estudian lo bastante para un examen o les castigan en el colegio, nos entra el pánico. La realidad es que nos aterra que si no cumplen todas las expectativas de ser «buenos», vayan a fracasar en la vida. Imaginamos que si fueran tan «buenos» como pueden ser, siempre conseguirían los mejores resultados. Todo esto no es nada más que nuestro miedo que asoma su feo rostro y nos hace comportar no solo irracionalmente sino también de manera extremadamente injusta.

No importa los problemas a los que nos enfrentemos, los padres debemos preguntarnos: «¿Cómo puedo cambiar las condiciones en casa para ayudar a mi hija a gestionar su facilidad de distracción?» o «¿Cómo puedo aportar más calma a nuestra vida diaria para que mi hijo aprenda a concentrarse?» Estas son preguntas a las que vale la pena buscar respuestas. Tienen el poder de cambiar por completo la dinámica que experimentamos con los hijos.

A medida que crece nuestra consciencia, vemos la importancia de apartarnos de etiquetas como «bueno» o «malo». En lugar de centrarnos en la obediencia y el cumplimiento, además de la imagen que nuestros hijos dan de nosotros, empezamos a centrarnos en cuestiones como estas:

- *¿Mi hijo se ha expresado libremente?*
- *¿Mi hijo ha escuchado su voz interior?*
- *¿Mi hijo se ha concentrado en sus propias necesidades y ha encontrado maneras de cubrirlas?*
- *¿Mi hijo se atreve a cometer errores y hallar maneras de corregirlos?*
- *¿Mi hijo se siente seguro para decir la verdad sin miedo ni vergüenza?*
- *¿Mi hijo sigue los dictados de su corazón sin interferencias mías o de otras personas?*

Cuando el énfasis pasa de las apariencias externas a fomentar la autoexpresión auténtica, las riñas y reprimendas se sustituyen por conexión con el alma del niño. En lugar de centrarse en cómo corregir el comportamiento, nos volvemos conscientes de los sentimientos que están detrás del comportamiento, seguros a sabiendas de que una vez que se reconocen y expresan los sentimientos, el comportamiento se corrige solo.

En otras palabras, cuando nos desprendemos de la dualidad del bien y el mal, junto con el miedo que va vinculado a estas etiquetas, nos adentramos en el presente con nuestros hijos. Disfrutamos de una relación real con ellos.

Pasar de la «bondad» a la autenticidad

En lugar de:

- Obsesionarme con la obediencia, el comportamiento perfecto y las apariencias, fomentaré la genuinidad de mi hijo.
- Felicitar el cumplimiento, felicitaré la valentía de ser auténtico.
- Exigir obediencia, fomentaré la autoexpresión.
- Definir el futuro de mi hijo en base a su rendimiento, lo definiré en base a su fortaleza de espíritu.

7

MITO NÚMERO 4

Los buenos padres lo son por naturaleza

Quizá porque ser padres es algo relacionado con la biología, creemos que es un fenómeno natural. Se ha considerado parte de la vida, sin demasiada reflexión acerca de sus consecuencias a largo plazo. No obstante, si relacionáramos la forma en que educar a un niño inconscientemente tiene efectos devastadores tanto en la familia como en la sociedad, nos daríamos cuenta de lo ingenuo que resulta pensar que estamos equipados de manera natural para ser padres.

Con frecuencia me pregunto por qué los cursos para padres no son obligatorios. Al fin y al cabo, para casarnos necesitamos una licencia de matrimonio, para conducir hay que aprobar un examen, para ser peluquera hay que formarse y obtener un empleo requiere pasar entrevistas. Entonces, ¿por qué para convertirse en padres no hace falta más que dos adultos realicen el acto sexual?

Si algún aspecto de nuestra vida precisa la mayor capacidad de hacerse presente, con los pies en la tierra y emocionalmente regulado, es la educación de los hijos. Estas habilidades, entre otras, pueden enseñarse, pero pueden integrarse en el comportamiento a largo plazo únicamente cuando existe cierto nivel de consciencia.

Tomemos como ejemplo la acción de gritar. Todos los padres saben que no deberían gritar a sus hijos. A pesar de saberlo, todos los padres son culpables de gritar en algún momento. ¿Por qué? Porque saber una cosa intelectualmente es distinto a integrarla en la vida de uno. Lo primero requiere conocimiento, mientras que lo segundo requiere sabiduría y práctica. Ser padres requiere el conocimiento de las herramientas y estrategias, por un lado, y cierto grado de madurez emocional para implementarlas de manera útil y efectiva, por el otro. En resumen, educar implica el compromiso de por vida de cambiar y crecer a cada momento.

O quizá porque ser padres suele ir vinculado a nuestras relaciones con esposos o parejas, se contempla como algo privado y, en consecuencia, fuera de controles regulatorios. Tal vez porque se trata de algo que las personas llevan haciendo desde siempre, lo consideramos una de aquellas cosas que simplemente sabemos hacer. No obstante, es erróneo imaginar que los padres sabrán instintivamente qué decir, qué hacer y cómo sentirse respecto a sus hijos en todo momento. Es igualmente equivocado imaginar que educar a los hijos es fácil, divertido y gratificante. Si bien algunos aspectos de la paternidad son todas estas cosas, creo que esta idea culturalmente extendida supone un estrés considerable para los padres.

PASAR DE LA FANTASÍA DE LA EDUCACIÓN A LA REALIDAD

Las madres especialmente idealizamos lo que significa la maternidad. Imaginamos días dichosos amamantando a nuestro bebé o pasando horas pintando obras maestras con nuestro hijo pequeño. Con los hijos mayores, imaginamos con jovial serenidad sus altibajos de humor y cambios hormonales. Los padres también fantasean sobre las cosas que enseñarán a sus hijos, esperando con ilusión el día en que crecerán y les harán sentir orgullosos, como vimos en el caso del padre que estaba seguro de que a su hijo le iba a gustar jugar al béisbol.

No solo muchos de nosotros imaginamos que tener hijos será la experiencia más bonita de nuestra vida, sino que incluso la contemplamos como la ocasión de enmendar los errores y decepciones de nuestro pasado. No nos damos cuenta de hasta qué punto educar a un niño es complicado. Hay que tomar decisiones a diario, decisiones que suelen confundirnos, o incluso abrumarnos. ¿El moratón de nuestro hijito es solo un moratón o un brazo roto? ¿La negativa de la hija adolescente a ir al entreno de básquet es algo que hay que hablar o viene de su individualidad profunda y debería dejarlo?

Es posible que se pregunte: «¿Algún día disfrutaré de mi hijo como se me prometió?» Especialmente cuando los niños no salen en absoluto como imaginábamos. ¿Y si no sabemos conectar con ellos o simplemente no les comprendemos? ¿Y si su temperamento choca con el nuestro? ¿Y si no son como nosotros de niños? No hay que dar por hecho que padres e hijos van a caerse bien de forma natural, ni mucho menos disfrutar de la compañía mutua. Los genes no vienen con este tipo de garantía.

Cuando la diferencia entre nuestras fantasías y la realidad es demasiado grande, puede parecer que se nos cae el mundo encima. Cuando nos enfrentamos a las dificultades de la paternidad y nos damos cuenta de lo poco preparados que estamos para el juego de tira y afloja, nos sentimos en tierra de nadie. ¿Por qué no nos avisó nadie? ¿Por qué nadie nos dijo que este viaje no solo requería superpoderes físicos, como aguantar sin dormir los primeros años, sino que además exigía un grado elevado de sabiduría de estilo budista? Al comprobar con estupor cómo cambiará nuestra vida para cumplir con este reto, es posible que nos sintamos estafados. Al irse cayendo las fantasías una a una, el ego queda derrotado.

Todavía recuerdo las fantasías que albergaba antes de ser madre. Me veía como una santa, en un pedestal de superioridad, educando a mis hijos, que eran prodigiosos. Mis hijos en mi fantasía me empujaban por el Louvre pidiéndome ver más cuadros. Por supuesto, también eran grandes meditadores y yoguis, y me reclamaban que les enseñara espiritualidad.

Cuando finalmente fui madre y me di cuenta de que estas fantasías no iban a hacerse realidad, vi lo mal preparada que estaba para este viaje. La única madre que estaba preparada para ser era la de mis fantasías. No sabía ser la madre de la niña que tenía delante.

Ojalá me hubieran informado de que los primeros años de la infancia implicaban una curva de aprendizaje enorme durante la cual iba a experimentar una inmensa tensión psicológica, física y económica. Pensaba que era la única que me sentía así. La vergüenza que siguió rebotaba en mi interior y me hacía aislar y esconder lo que experimentaba. Decidí que no era una persona adecuada para ser madre, por no decir totalmente inadecuada para tan sobrecogedora responsabilidad. No tenía ni idea de que estaba pasando por algo normal y que mis experiencias eran muy comunes.

La burbuja de idealismo que especialmente las madres imaginan porque les da miedo que las consideren limitadas debe estallar. Es momento de compartir nuestras experiencias sinceramente y permitir que la siguiente generación de padres inicie este viaje apropiadamente preparada para lo que requiere.

El hecho es que la paternidad no es natural. No es algo que vayamos a saber cómo hacer. Existe la visión equivocada —relacionada con la moralidad— de que si uno es buena persona, será buen padre. Si fuera así de sencillo. Ser buenos padres no tiene nada que ver con lo agradables o buenos que seamos como personas. Es una habilidad que se tardan años en adquirir. Del mismo modo que la forma física requiere un compromiso diario y ser consciente de la alimentación y obligarse a realizar ejercicio físico de manera regular, la paternidad también requiere compromiso. Debemos hacer conscientes a los futuros padres de la profundidad de este compromiso para que no se hagan ilusiones acerca del trabajo que cuesta educar hijos conscientemente.

En lugar de decirnos que ser padres sale de forma natural, sería más útil que nos dijeran que es como llegar a un país extranjero donde nadie habla nuestro idioma. En lugar de asumir que vamos a experimentar una conexión instantánea y un gran amor por nuestro hijo, debemos saber que construir los cimientos para la conexión y aprender a amar requiere su tiempo, puede resultar complicado e implica altibajos emocionales junto con momentos en que uno se tiraría del pelo.

Los futuros padres sacarían provecho de saber que los hijos no llegan al mundo para hacernos sentir bien, sino que gran parte del tiempo hacen todo lo contrario.

Incluso cuando un segundo o tercer hijo llega a la familia, cada uno requiere que los padres se desprendan de asunciones basadas en las experiencias con los hijos mayores, porque lo que funciona con un niño puede no funcionar con el siguiente. Igual que lo que funcionó en nuestra infancia no necesariamente funcionará hoy. Solo cuando somos capaces de aceptar los aspectos de desaprendizaje y reaprendizaje de la paternidad estaremos listos para educar a los hijos tal como su individualidad merece.

Pasar de la fantasía a la realidad

Haré el cambio de:

- Creer que debería saber cómo hacer de padre o madre de forma natural, y en su lugar comprenderé que me sentiré novato gran parte del tiempo.
- Desear la perfección en mí o en mi hijo, y en su lugar me centraré en el crecimiento.
- Querer que la paternidad sea fácil y previsible, y en su lugar aceptaré que es natural encontrarla estresante, abrumadora y agotadora.
- Presionarme para saberlo todo intuitivamente, y en su lugar darme cuenta de que la educación consciente es un músculo que debo ejercitar.

8

Mito número 5

Los buenos padres son cariñosos

Todavía recuerdo a mi abuela diciéndome que sería una gran madre porque tenía muy buen corazón. Me convenció de que el cariño y la sinceridad eran los ingredientes clave para educar a los hijos. En consecuencia, antes de ser madre, asumí que si un niño se comportaba mal, era simplemente porque no venía de un hogar afectuoso.

Después de años trabajando con familias, y luego convirtiéndome yo misma en madre, me he dado cuenta de que mis asunciones no solo eran simplistas sino seriamente erróneas. Desde entonces, he redefinido mi comprensión de lo que es el amor, además de mi comprensión de lo que significa ser una madre cariñosa y dedicada.

El amor es sin duda el elemento vinculante entre los humanos. A menos que nos pasara algo en el pasado que nos impida experimentar sentimientos naturales hacia los hijos, el amor con toda seguridad va a caracterizar nuestra conexión con ellos. Aunque, como hemos visto, no siempre es desinteresado, el amor parental desafía fronteras, por lo que nuestros hijos nos evocan una feroz lealtad y la voluntad de sacrificarnos por ellos.

No obstante, a pesar de nuestro amor por los hijos, la cruda realidad es que a menudo actuamos de manera que no refleja nuestro cariño. Nos ven quejarnos constantemente de ellos, corregirlos y enfadarnos con ellos. La consecuencia es que muchos de nuestros hijos viven con miedo a decepcionarnos, por no decir aterrorizados por nosotros.

Resulta difícil admitir que, como resultado de la manera en que nos maneja el miedo a la hora de relacionarnos con ellos, los hijos con frecuencia nos experimentan como la antítesis del cariño, y estamos los primeros en su lista de personas a las que temen y con quienes acaban sintiéndose resentidos. Por esta razón a menudo hablan con otras personas sobre cómo les hacemos sentir, mientras que nunca comparten sus pensamientos con nosotros. Nos preguntamos cómo pueden sentirse tan alienados cuando en nuestra mente todo lo que hacemos es quererlos.

EL AMOR ES SOLO UN COMIENZO

Casi todas las personas que conozco afirman que son personas cariñosas en mayor o menor grado, al menos con los miembros de su familia. Pero las familias se pelean con uñas y dientes, se mienten unos a otros, se critican unos a otros y se desautorizan unos a otros. De hecho, con el amor llegan el estrés y los conflictos, a menudo a niveles extremos.

¿Alguna vez se ha preguntado por qué en ocasiones odiamos a los que decimos que son los que más queremos? Es porque mientras que el amor es un sentimiento admirado, tiende a verse contaminado por el ego y las necesidades de este, lo cual alimenta el miedo que nos hace querer controlarlo todo y ser posesivos. Esta distorsión inevitable del amor ocurre a causa del apego por los que amamos. Nuestro apego a ellos crea una simbiosis, por la cual en lugar de relacionarnos con ellos por quienes son, ahora nos relacionamos con ellos en base a cómo nos hacen sentir.

Con los hijos especialmente, nuestros sentimientos acerca de nosotros mismos se enredan con sus propios sentimientos sobre ellos. Como tememos por ellos, intentamos controlarlos. No obstante, *lo que realmente estamos intentando controlar es nuestro miedo*. Nuestra incapacidad de desvincularnos de sus vidas provoca todo tipo de proyecciones en ellos, cosa que enturbia nuestra capacidad de educarlos para que desarrollen su identidad. Nuestro miedo nos catapulta hacia la preocupación por el futuro, lo cual inevitablemente arruina nuestra capacidad de estar presentes con ellos aquí y ahora.

La creencia de que si amamos a nuestros hijos suficientemente seremos capaces de darles lo que necesitan es un mito. El hecho de querer a los hijos no significa que sepamos estar presentes con ellos, en conexión con su mundo interior y capaces de ayudarles a darse cuenta de quiénes son. Por descontado, no significa que sepamos conducir nuestra propia ansiedad, controlar nuestra reactividad o manejar nuestra razón y objetividad para serles de ayuda.

A pesar de nuestras más puras intenciones, nuestro amor fácilmente se transforma al teñirse de miedo, y ello se traduce en una necesidad de controlar junto con una gran posesividad. De hecho, puede costar hallar amor puro. Incluso cuando lo experimentamos, solo es el comienzo de lo que se necesita para educar efectivamente.

Los niños necesitan padres que no solo sean cariñosos, sino que también representen una manera de ser afín a ellos. Necesitan padres suficientemente organizados, que mantengan un enfoque coherente, y capaces de conservar la calma en caso de emociones tormentosas. Necesitan sentir que sus necesidades emocionales y psicológicas más profundas, no solo las físicas, se cubren con júbilo y gentileza.

Con el fin de ser este tipo de padres, precisamos un montón de herramientas emocionales, entre las cuales el amor es solo una. Mantenerse centrado, jovial, emocionalmente ilustrado, firme pero flexible, y relativamente libre de estrés son solo algunas del resto de herramientas esenciales para educar con eficiencia.

Lo que esto significa es que si vamos a proporcionar lo que

los hijos necesitan tal como lo merecen, debemos evolucionar a un nivel en que nuestro mundo interior sea aceptablemente tranquilo, nuestro concepto de la propia individualidad, intacto, y nuestra consciencia, aguda. El amor decididamente tiene un papel en la educación, pero no es el único aspecto a cuidar para que el niño crezca con plenitud.

CUANDO AL NIÑO EL AMOR NO LE PARECE AMOR

«Mi padre siempre despotrica de mí», me dijo Sam, de dieciséis años, cuando su padre le trajo a terapia. «Para él, siempre lo hago todo mal. Primero me hizo apuntar a hockey. Entonces, no le gustaba la posición en que jugaba. Luego, me hizo apuntar a fútbol. Ahora me da la lata porque cree que no juego suficientemente bien. Si no son los deportes, son los deberes. Si no son los deberes, es mi actitud. No hay quien le contente. Siempre hay algo que, según él, estoy haciendo mal.»

Phil, el padre de Sam, no creía lo que oía al escuchar a su hijo. No tenía ni idea de que Sam se sintiera así. Phil habría jurado que nadie quería a su hijo más que él, y pensaba que había sacrificado infinidad de horas para mejorar las posibilidades de éxito de Sam, invirtiendo dinero y energía en cada actividad que creía que su hijo disfrutaba. ¿Cómo, entonces, todo el cariño de Phil se había traducido en tanta agonía para Sam?

He atendido a innumerables familias en que los hijos se sentían invalidados, heridos y en consecuencia llenos de resentimiento hacia los padres. He visto tintes de lo mismo en mi propia relación con mi hija. Puede que crea que me mueve el amor, mientras que ella percibe que mi comportamiento es cualquier cosa menos cariñoso.

No nos damos cuenta, pero este patrón de relación con los hijos depende menos de ellos y más de nuestros condicionantes inconscientes. Los sentimientos de nuestra propia infancia de sentirnos ignorados e invalidados nos hacen manipular a los hijos para que cubran nuestra necesidad presente de sentirnos con poder y escuchados. Como los hijos también poseen esta necesidad, se produce inevitablemente un choque emocional.

Skylar, una chica de doce años, se pasó la primera sesión conmigo en lágrimas. «Es como si mi existencia se tratara únicamente de hacer feliz a mi madre», confesó. «Pero haga lo que haga, nunca es suficiente. Siempre debería hacer algo más. Si algo me sale mal, actúa como si se acabara el mundo.» Los sentimientos de Skylar son los de cien o más niños que he entrevistado y orientado. La mayoría de niños tienen la sensación de que están en la Tierra para vivir una vida de acuerdo con los estándares de sus padres, a cambio de lo cual esperan recibir su amor.

Al gritar o castigar a los hijos, los padres afirman: «Lo hago porque te quiero.» Nuestra intención puede ser amar, pero esto no significa que el niño vaya a recibirlo así. Al contrario, gran parte de las veces cuando pensamos que hacemos cosas por amor, los niños lo viven como control. Nuestra capacidad de conectar con la manera en que se recibe este amor es, por tanto, un elemento crucial de la paternidad.

Comprender la diferencia entre nuestra intención y cómo se recibe es un elemento esencial de la educación consciente. A los niños les preocupan poco las intenciones, más bien se concentran en cómo se sienten al interactuar con nosotros. La disfunción ocurre al nivel de los sentimientos. Solo cuando conectamos con los hijos al nivel de *sus* sentimientos, no de los nuestros, somos capaces de encontrar su espíritu como se manifiesta momento a momento. Para que esto ocurra, debemos salir de nosotros mismos y hacernos conscientes.

El amor sin consciencia —amor sin consciencia parental— enseguida se convierte en dependencia y absorción. De hecho, si somos sinceros, deberíamos admitir que este sentimiento al que llamamos «amor» suele ser lo que sentimos hacia *nosotros* cuando estamos con la otra persona. Tiene que ver con el hecho de si la otra persona nos hace sentir merecedores de cariño y valiosos. Este amor, por tanto, es muy condicional.

He aquí la mayor trampa de todas las trampas. Disfrazado de amor por los demás, gran parte de nuestro cariño lo dirigimos realmente hacia nosotros mismos. Esto se debe a que la mayoría de nosotros iniciamos relaciones buscando la sensación de «bienestar» que nos produce el otro. Amamos a los que despiertan esta sensación en nosotros, mientras que no apreciamos demasiado incluso despreciamos a los que no. Por ejemplo, amamos a los hijos, especialmente cuando son bebés, por cómo nos hacen sentir necesarios, queridos, amados.

Tradicionalmente, el verdadero amor se centra en la persona objeto de nuestro amor. Yo pongo en tela de juicio esta idea. El amor por otra persona debe empezar por el amor por uno mismo. Mientras nosotros no nos queremos, todas las relaciones, incluso con los hijos, son condicionales, forzadas y finalmente insatisfactorias porque se basan en lo que necesitamos del otro en lugar de simplemente compartir nuestro ser con ellos tal como merecen.

Si piensa en el cariño que siente por su hijo y en las dificultades para mostrarse cariñoso en la práctica a diario, tal vez decida cambiar de perspectiva. La manera en que expresamos el amor debe basarse no solo en cómo nos hacen sentir los hijos, sino en si actuamos de manera que les honremos como individuos: sí, incluso cuando esto nos hace sentir de todo menos bien. De esta forma, el amor por los hijos va más allá de decirles que les queremos y de lo mucho que significan para nosotros. Lo absorben a nivel celular a través de nuestra presencia cotidiana en su vida y de nuestras reacciones, especialmente cuando quizá menos parecen merecerlo.

Los hijos necesitan que reaccionemos como si conociéramos a alguien por primera vez. Necesitan que pasemos de pretender moldearlos en nombre del amor a crear espacios para que se muestren como necesitan mostrarse, incluso cuando se comportan irracional e imprevisiblemente. Los niños no quieren nada más que sentir que cuentan con nuestro permiso para expresarse como son en cualquier momento. No, no hablo de ser irracionalmente permisivos, sino más bien de crear las condiciones para que se expresen como son. Cuando les damos esta libertad, experimentan la disponibilidad de un espacio donde descubrirse y florecer. Sienten nuestro cariño como cariño, no como control surgido del miedo.

Es nuestro deber prestar siempre atención a las señales que los hijos nos envían para tomar consciencia del miedo que subyace bajo nuestro afecto. Cuando somos capaces de aceptarlos de todo corazón tal como son, conectamos con ellos al nivel más profundo.

Replantearse las ideas acerca del amor

Al iniciar el camino hacia la educación consciente, es imperativo tomar consciencia de todos los aspectos de nuestra vida y amor. Debemos plantearnos cuestiones serias como: «¿Qué quiero decir cuando digo que amo a mi hijo?» y «¿De qué se compone mi amor?». Nuestra definición de amor debe ser clara y coherente, alejada de lo que *nosotros* necesitamos para sentirnos seguros, y centrada en lo que necesita el niño. Es importante vigilar que las respuestas no surjan de nuestro condicionamiento basado en el miedo, sino del deseo de proporcionar a los hijos lo que precisan para cultivar su verdadera identidad.

El amor, como yo lo defino, es la capacidad de ver, aceptar y respetar completamente a la otra persona tal como es. Amar a alguien conscientemente significa poseer la capacidad de salir de nuestra propia identidad y conectar con la suya. Significa no pedir que el otro también nos ame, ni poner condiciones sobre cómo debe amarnos si decide hacerlo. En otras palabras, nuestros sentimientos no entran en la ecuación.

Puede parecer que estoy defendiendo la abnegación personal e incluso la privación de la propia identidad. Ni de lejos. Esta definición del amor nos propone respetarnos a nosotros mismos para sentirnos realizados en nosotros mismos hasta el punto de librar al otro de tener que contribuir a nuestra realización.

Esta comprensión del amor, contraria a la negación personal, nos permite disfrutar de un amor hacia nosotros mismos en expansión que nos aporta una sensación de plenitud. Esto a su vez permite al otro la inmersión en su propio amor por sí mismo. Cuando nos queremos tan profundamente, emanamos confianza y una sensación de realización que llega a todas las personas con cuyas vidas nos cruzamos, especialmente nuestros hijos.

Amarnos conscientemente significa estar en constante comunión con nuestra luz interior, y a la vez mostrar compasión por nuestro lado oscuro. Significa conocer nuestras deficiencias y limitaciones íntimamente, hasta el punto de cuidarnos y calmarnos a nosotros mismos constantemente. Esto permite que todas las partes que nos forman se integren en un todo, de modo que ya no nos veamos heridos y, en consecuencia, faltados de algo.

Cuando emprendemos la tarea de querernos con esta consciencia, de forma natural emitiremos la misma energía hacia los que nos rodean, especialmente los hijos. Ahora somos capaces de quererlos por sus deficiencias *y* su esplendor con igual afinidad y profunda compasión. En lugar de temerlos, como si les faltara algo, los vemos por todo lo que son. En otras palabras, la valoración de nuestra propia humanidad se traduce en una valoración de la suya. Esto libera a los hijos de tener que demostrar que merecen nuestra aprobación. En lugar de temer que les rechacemos, conectan a otra frecuencia, la de la autoaceptación.

Hasta que trabajamos nuestra habilidad de vivir en un estado de amor por nosotros mismos cotidianamente, los hijos perciben nuestro cariño como control y posesividad basados en el miedo. Por esta razón cuando los padres llegan a mi consulta y me hablan de su amor por sus hijos, les recuerdo que *amor y miedo no pueden existir en el mismo momento*.

Este no es un concepto fácil de integrar, por eso voy a ilustrarlo con el ejemplo de Russell, el padre de Sean, de dieciséis años. Russell estaba muy preocupado por el futuro de Sean en la universidad. Le aterraba que su hijo tomara decisiones equivocadas o incluso dejara los estudios. A pesar de que Sean era un chico normal en casi todo, Russell parecía de la opinión de que era más bien un fracaso. Debo explicar que como Russell se había presionado para alcanzar niveles extraordinarios de logros en su carrera, su definición del éxito y el fracaso diferían de la que tenemos la mayoría.

En una de las sesiones, Russell estaba atemorizado. Describió una pelea reciente con su hijo. «Sean no soporta que le esté encima. Ve mis sermones como una forma de control. Yo le digo que solo le presiono porque le quiero.»

Le pregunté: «¿Qué pasaría si Sean siguiera igual? ¿Y si no se convirtiera en lo que tú esperas que se convierta? ¿Seguirías queriéndole?»

Russell replicó: «¡Pues, claro que sí! Es una pregunta tonta.»

Entonces pregunté: «Entonces, ¿por qué no le puedes querer ahora?»

Russell racionalizó su respuesta: «Porque no es todo lo que puede llegar a ser.»

Le detuve. «En el momento en que explicamos nuestras intenciones con la palabra "porque", ya no estamos en el amor. Hemos pasado a un sentimiento condicional. El amor no es condicional. No precisa que se cumplan una serie de expectativas antes de expresarse. Sean no nota que le quieras porque todo lo que escucha es desaprobación. Si le quieres, debes quererle por lo que es en este momento. Cuando empieces a actuar desde la aceptación, él empezará a hablar contigo. Tu miedo por cómo le vayan las cosas es tuyo, no suyo. A menos que seas capaz de calmar tu miedo sin pedirle que él lo haga por ti alcanzando tu estándar, no podrás conectar con él.»

Como muchos padres, a Russell se le resistía esta noción. No veía que sus buenas intenciones pudieran percibirse como algo que no fuera cariño. Solo al cabo de un tiempo de terapia empezó a descubrir que sus propios padres le habían educado con un elevado nivel de condicionalidad, lo cual significaba que la aceptación en su familia era sinónimo de logro. Empezó a darse cuenta de que no sentía amor verdadero por sí mismo, solo por la parte de sí mismo que había triunfado. Esto comenzó un giro que supuso un cambio en su manera de animar a su hijo. Ahora, en lugar de decirle «No eres esto» y «No eres lo otro», empezó a comunicarse con Sean desde una nueva perspectiva, una que realmente aceptaba el despliegue de Sean y veía su valor en toda su abundancia independientemente de cómo se manifestara.

El lugar desde dónde empezar a amar a los hijos es la aceptación. Esto no significa que estemos de acuerdo con su mal comportamiento, su falta de motivación en el colegio o sus malos hábitos, por nombrar algunas de las cosas que nos hacen saltar. Significa que aceptemos que son individuos por derecho propio. No nos toca juzgarlos, sino animarlos para que conecten con su propio valor individual. Los niños que conectan con su propio valor, de forma natural no protagonizan comportamientos que no les unan en comunión con nosotros ni les conduzcan a su máxima expresión. Los niños que se sienten valiosos para los padres, de forma natural evitan el comportamiento que conduce a la desconexión. Pueden crearse conflictos, pero siempre habrá una gran y profunda conexión.

Algunos padres expresan sus ideas de amor de maneras opuestas a la de Russell. En lugar de controlar, se hacen a un lado para complacer a los hijos. Educan sin establecer fronteras y límites claros. Incapaces de decir «no», estos padres equiparan el amor con ser «complacientes», lo cual significa que nunca permiten que sus hijos se sientan incómodos y estos niños crecen incapaces de tolerar la incomodidad de ningún tipo. Aprenden de sus padres que es «malo» sentirse mal y, como resultado, a menudo caen en adicciones para evitar la incomodidad y las molestias de la clase que sea. De nuevo, comprobamos que nuestras ideas sobre el amor inhiben nuestra capacidad de estar verdaderamente presentes para lo que los hijos necesiten de nosotros.

Pasar del amor a la consciencia

Transformaré:

- La base de mi amor, de miedo en confianza.
- Mi amor, de absorción en mí mismo en conexión.
- Mi manera de mostrar mi amor, si no le parece amor a mi hijo.
- Mi amor, de necesidad en consciencia.

9

MITO NÚMERO 6

Educar al niño es hacerlo crecer feliz

Si bien nos esforzamos por educar niños con éxito, algo que tantos consideran el santo grial del buen padre, nuestro deseo básico es que los hijos sean felices. Lo que no vemos es que perseguir la felicidad ejerce un efecto adverso en los niños. Esto se debe a que nos han encantado con la idea de que la felicidad es algo a buscar como si fuera el mayor tesoro imaginable, descubierto como recompensa a nuestro empeño y lucha. Esta visión de la felicidad conduce a un descontento interminable.

La idea de que «necesito ser feliz» o «mi hijo merece ser feliz» viene de una visión que define el momento presente como deficiente. En otras palabras, vemos la vida a través de un cristal teñido de carencia, destacando las cosas que no tenemos en lugar de la abundancia que el universo nos regala. Por eso, como reza la Declaración de Independencia de los Estados Unidos, salimos «a la conquista de la felicidad», sin darnos cuenta de que esto nunca puede aportarnos felicidad. Al contrario, es caldo de cultivo para el descontento y la decepción.

Se dará cuenta de ello al viajar. Cuando las cosas van según lo previsto, uno se siente satisfecho y «feliz». Sin embargo, si el vuelo se retrasa o el pasaporte se pierde, de repente uno se siente infeliz. Es decir, el estado de ánimo depende de las variables externas, que como todos sabemos son imprevisibles y en ocasiones se hallan fuera de nuestro control.

Algunos creen que la educación consciente significa que estemos acaramelados con los hijos en todo momento e intentemos permitirles todos los caprichos para que estén contentos y cómodos. Al contrario, este tipo de educación se basa en el miedo y echa raíces en la inconsciencia. La educación consciente, en contraste, no teme que los niños se sientan incómodos si esto es lo que deben sentir para crecer, ni decirles que no si es lo que deben oír por su bien. Este enfoque educativo no pretende ser el camino fácil para padres ni hijos; pretende que el camino sea el más adecuado para su crecimiento, punto. El objetivo siempre se fija en lo que hace crecer a los hijos para reforzar su resistencia y poder, no para hacerles felices o darles comodidad en un momento dado. En ello se encuentra inherente la consciencia de que la vida no siempre aporta placer o comodidad, ni deberíamos esperar que así fuera. Sin asperezas que limar, simplemente no habría crecimiento.

A mis clientes les digo: «La vida es inherentemente imprevisible. Esperar que no cambie a la mínima es lo mismo que esperar que la lluvia no moje.» A pesar de saberlo, solo cuando algo sale mal suele ser cuando nos damos cuenta de lo apegados que estamos a la creencia de que todo debería salir rodado.

¿Qué hacer en tales momentos? Bueno, suponga que aceptamos la idea de que la felicidad se halla precisamente en la incertidumbre que deseamos que no existiera. Es posible que nos encontráramos en un estado de eterna felicidad. El problema es que, sin percatarnos, equiparamos la felicidad al *resultado* de los acontecimientos, no al proceso. Esta naturaleza condicional de la relación con la vida es la razón de nuestra incapacidad para acceder a un estado interior de bendición que siempre está disponible.

A pesar de no saber exactamente en qué consiste la felicidad, al menos nos decimos que significa ausencia de experiencias dolorosas: comodidad. Aunque sabemos que no hay garantías, creemos que cuanto más éxito tiene una persona, más probabilidades tiene de escapar al dolor. En consecuencia, dirigimos a los hijos hacia el logro desde una tierna edad como para inocularles contra el dolor, y nos decimos que si les iniciamos lo suficientemente pequeños, conseguirán el éxito y al final tendrán más posibilidades de ser felices.

Además de programar a los hijos para perseguir el éxito, queremos que su identidad incluya una visión de sí mismos como triunfadores, ya que el hecho de no saber dónde encaja uno puede provocar inseguridad e incluso aislamiento. Acorde con ello, los preadolescentes y adolescentes con frecuencia se identifican como dramáticos, empollones, atletas o «populares». Asumimos que los jóvenes hallarán seguridad a través de estas identidades externas. Simplemente dejarles que «sean» no es algo que entre en nuestros esquemas. Uno no puede simplemente *ser*.

Lo cierto es que nunca podemos escapar a la posibilidad de que experimenten dolor. El dolor potencial espera a cada momento. Incluso de adultos, con cierto grado de control sobre nuestras vidas, no podemos evitar que nos hieran en ocasiones. Los amigos nos traicionan, la pareja nos deja, el jefe nos despide, un tornado destroza el barrio, un conductor bebido nos embiste o una inundación o fuego nos destruye el hogar. El dolor es un aspecto ineludible de la vida.

Consideramos «malo» que nos hagan daño porque nos obliga a adaptarnos y salir adelante. Ante lo inesperado y lo no deseado, nos vemos obligados a hacer nuevos amigos. Divorciarnos, cambiar de profesión o desarrollar una enorme resistencia para sobrellevar lo que nos ocurre. Esto puede parecer una tarea hercúlea. Nos sentimos simplemente incapaces de elevarnos como se nos pide y nos aterra desmoronarnos.

Condicionados para depender de que todo vaya de una determinada manera, quedamos indefensos cuando esto no es así. Entonces tal vez nos sintamos demasiado paralizados para reinventarnos. Solo cuando separamos la identidad interior de la exterior nos damos cuenta de que internamente somos capaces de adaptarnos, e incluso florecer, a pesar de la situación externa. Cuando lo vemos, nuestro ser interior se enfrenta a los retos de la vida con vigor en lugar de victimismo, valor en lugar de miedo.

¿Y si bailar al son que toca la vida, con sus cambios de ritmo, fuera el sentido de la vida, en lugar de intentar evitar estos altibajos? ¿Y si el arte de vivir plenamente yace en la aceptación de las cimas y valles? ¿Cuánta diferencia marcaría en la vida de sus hijos si aprendieran de usted a sumergirse en uno mismo con cada experiencia que nos llega, para aceptar de verdad los giros de la vida, los momentos en que nos sentimos heridos y los momentos en que degustamos la gloria?

El desafío consiste en ver el placer y el dolor de la vida como algo sagrado, algo igual en términos de la oportunidad que nos brinda. Si enfocáramos así la vida, y enseñáramos a los hijos cómo hacerlo, dejaríamos de buscar la felicidad, a sabiendas de que el proceso de aceptar todo lo que viene aporta la mayor realización.

Este cambio de consciencia significa que en lugar de considerar que una nota suficiente es una fatalidad, les animamos a descubrir el sentimiento que esta nota produce en ellos, pensando en lo que les enseña acerca de ellos mismos. Les ayudamos a darse cuenta de que la nota no les define, sino que al contrario, poseen la capacidad de aprender y crecer a partir de ella. ¿Se trata de una asignatura con la que deben esforzarse más? ¿Precisan ayuda? ¿O simplemente presentan menos aptitud para ella y por tanto deben aceptar la nota y, cuando puedan, elegir otro camino en la vida?

La clave consiste en enseñar a los hijos a mantener el contacto con su poder interior y no sentirse derrotados por la manera en que se presente la vida ante ellos. Al hacerlo, les ayudamos a ver que poseen la capacidad de convertir cualquier situación en una oportunidad de mayor valentía y aventura. Solo cuando los padres aceptamos el poder del dolor como portal hacia la transformación es cuando permitimos a nuestros hijos la libertad de explorar su propia relación con él.

TOMARSE LA VIDA «TAL COMO ES»:
SER *VERSUS* HACER

Los niños, de manera inherente, saben aceptar la vida como es. Lloran y tienen rabietas, pero no condicionan el valor en que se tienen a lo que ocurra. A menos que se les enseñe otra cosa, están preparados para recuperarse cuando la vida no va como desearían. Por este motivo no es poco frecuente oír a los padres decir en estos momentos difíciles: «Son niños, se adaptarán.» Nos damos cuenta de que los niños son capaces de recuperar la alegría de vivir independientemente de las circunstancias. La razón para ello es que los niños están programados de manera completamente distinta a los adultos. Aceptan la vida «tal como es» de un modo que nosotros hemos olvidado.

¿Qué significa aceptar la vida «tal como es»? Significa notar que cada momento contiene el potencial para lo bueno y para lo malo, la felicidad y la pena, el dolor y el placer. Yo lo contemplo como la ausencia de dolor *versus* la felicidad, porque las etiquetas «felicidad» o «infelicidad» distorsionan el valor de la experiencia. Cuando los niños lloran, lloran. Cuando se ríen, se ríen. No crean guiones sobre lo felices o infelices que son en su situación. Sienten sus sentimientos y luego siguen adelante. La capacidad de ser flexible en la danza de la vida está ausente en muchos adultos. Nuestra mente, que lo categoriza todo, no nos permite aceptar la vida tal como se presenta. Simplemente no sabemos cómo cambiar y tomar los giros de la vida como lo hacen intuitivamente los niños. Atrapados en viejos patrones, somos incapaces de idear formas creativas de adaptarnos y actuar conscientemente a los altibajos de la vida. Con temor a soltar lo conocido, nos aferramos a la ilusión de que la vida está bajo nuestro control. Cuando la vida, especialmente los hijos, desmienten esta ilusión, nos sentimos mal preparados para hacer frente a la situación y soltamos nuestra indefensión sobre los hijos en forma de enfado o ansiedad. Si fuéramos capaces de aceptar la vida tal como se nos presenta, en lugar de por lo bien o mal que nos hace sentir, pasaríamos fácilmente por su imprevisibilidad con mucha más apostura.

La cuestión es no juzgar la vida en base a cómo nos hace sentir, sino explorar a fondo su rico tapiz de luces y sombras. En lugar de perseguir una manera de sentirnos concreta, como hacen las personas con las drogas a las que son adictos, nos debemos desprender de la expectativa de sentirnos de manera distinta a la que nos sentimos y optar por experimentar el momento «tal como es».

Cuando educamos a los hijos para que se esfuercen por conseguir algo externo que les haga sentir más poderosos —una nota concreta o un elogio por un logro— enviamos el mensaje de que el proceso de vivir es menos importante que el resultado. Aprenden a pensar que su vida tiene significado solo cuando logran algo, no cuando simplemente son ellos mismos en cada momento.

Formarles para que se centren en los resultados, para que juzguen la vida según una experiencia en particular que les hace sentir bien o mal, es enseñarles que si una actividad no va a proporcionarles lo que buscan, deberían evitarla y buscar una experiencia que prometa felicidad. En consecuencia, a causa de nuestro miedo a que puedan experimentar algún tipo de dolor, se perderán la *experiencia* inmediata de vivir. Es triste que en lugar de enseñarles a estar en contacto con su resistencia para que puedan trascender a las experiencias dolorosas, les contagiamos nuestro miedo y les enseñamos a evitar el dolor a toda costa.

Cuando los hijos se ven obligados a experimentar sentimientos de infelicidad, la situación se interpreta, no solo por el niño sino también por los padres, como que «algo va mal». Entonces, en nuestra mente y en la del niño, se representa un drama con el miedo y la desesperación como actores. Todo esto ocurre porque el niño no se da cuenta de que la vida simplemente *es*, y que todo lo que hay que hacer para vivirla plenamente es sumergirse en la experiencia con total presencia, con el poder que otorga el saber que uno cuenta con la resistencia interior para afrontar lo que le sobrevenga.

Cuando mi clienta Ramona, de sexto curso, tenía problemas con sus amigos del colegio, su madre, Jane, no lo soportaba. Al luchar con sus complejas emociones, Ramona a veces lloraba, lo cual es una buena experiencia para un preadolescente. Su madre repetidamente intentaba saltarse los sentimientos de su hija y se entrometía con comentarios como: «Mañana iré al colegio y averiguaré quiénes son estas malas personas. No soporto verte disgustada y le diré al tutor que arregle enseguida esta situación.»

Cuando Jane comentó el incidente conmigo, pregunté: «¿Es posible dejar que tu hija viva sus sentimientos sin racionalizarlos ni cambiarlos? Te duele ver que la rechazan porque estás equiparando el rechazo con su valor como persona. ¿Y si separas ambas cosas? Tal vez podrías enseñarle que ser rechazada por los compañeros es un aspecto inevitable de la amistad, pero que no tiene nada que ver con su valor como persona. No todo el mundo será amable con nosotros ni caeremos siempre bien. Y es como debe ser. Los demás tienen todo el derecho a poseer sus propios valores, opiniones y sentimientos acerca de nosotros. No disponemos de control sobre el comportamiento de los demás con nosotros.»

Jane protestó: «Pero esto hiere sus sentimientos.»

Le di la razón. «Pues claro. Y tú intentas ayudarla a que no le hagan daño porque crees que está vinculado a su valor como persona. No obstante, sus sentimientos surgen de la creencia de que su valor como persona está vinculado con la aprobación social que reciba, cuando esto no tienen nada que ver.»

El objetivo de hacer encajar a los hijos es erróneo. En lugar de presionarlos para que encajen en un estándar social, sería mucho más beneficioso para ellos que les enseñáramos a establecer barreras claras con los que no les guardan cariño. Deberíamos ayudarlos a distinguir cualidades de los demás que encajen con su manera de ser, en lugar de intentar que ellos finjan cualidades para encajar con los demás. Al fin y al cabo, ¿no es esto lo que cuesta más a la mayoría de adultos, establecer límites claros y mantenerse alejados de los que les tratan mal y les faltan al respeto? Todo empieza porque enseñamos a los hijos a socializar sin darles las herramientas que les ayudarán a desarrollar relaciones sanas a lo largo de su vida.

Jane no podía creer que hubiera sido una de las instigadoras clave del malestar de su hija. Dijo: «Pensaba que estaba haciendo lo correcto al presionarla para hacer amistades y formar parte de un grupo. Pensaba que esto la haría feliz. Ahora que me has enseñado que centrarse en los amigos en realidad la está erosionando, puedo librarme y librarla a ella de esta carga que yo había puesto.»

Juntas, madre e hija despertaron a la visión de que nuestro valor como personas no procede de las amistades que forjemos, y comprendieron que cuanto más se permitieran sentir sus experiencias, más fuertes y valientes serían —y, por tanto, más capaces de afrontar los altibajos de la vida—. El objetivo ya no era «arreglar» la situación dolorosa, sino aceptarla. Ramona desarrolló determinación y resistencia como resultado de esta experiencia, cosa que la ayudó paulatinamente a dejar de depender de los amigos para sentirse valorada y vivir su identidad.

Aprender de los niños qué es la felicidad

Para comprender la verdadera felicidad, nos basta con observar a los niños pequeños. Son maestros a la hora de encarnar la felicidad sin perseguirla. Déjelos jugando fuera, y enseguida se estarán deleitando con los aspectos más ordinarios de la naturaleza. El barro les fascina, las ardillas les intrigan, y bastones, bellotas y piedras les entretienen durante horas.

Los pequeños son capaces de acceder a un estado de alegría casi al instante. Si les sorprende un chaparrón, se recrean en la sensación de empaparse. Si hace calor y humedad, les encanta la sensación pegajosa de la piel. No precisan prolongar las experiencias con el «éxito» con que las vivirán. Aceptan la vida, tal como es, sin resentimiento cuando no se presenta según «lo planificado». Desde que nacen hasta los cuatro o cinco años de edad, son capaces de capturar la experiencia de la pura dicha. No creo que la mayoría de personas seamos capaces de este tipo de felicidad en tal grado pasada esta edad. Esta es una de las razones por las cuales creo que los niños pequeños son nuestros mayores maestros. Si lo deseamos, pueden conducirnos de nuevo hacia lo que hemos perdido.

Como de momento no están contaminados por la cultura, los niños pequeños no buscan la felicidad fuera de sí mismos. No esperan a ser felices, a cuando sean ricos, delgados, guapos o se muevan en el círculo social «adecuado». Libres de sentimiento de culpa por el pasado y sin miedos ni fantasías sobre el futuro, experimentan plenamente su vida «tal como es», sin necesidad de etiquetar ni juzgar sus experiencias. Lloran cuando quieren llorar y cantan cuando sienten el impulso de hacerlo. Cuando desean dejar de llorar o cantar, lo hacen.

La marca distintiva de la edad adulta posiblemente sea «hacer», mientras que «ser» es el terreno que domina la infancia. Este abandono completo a la realidad es lo que permite a los niños ser libres, explorar y vivir aventuras. ¿No son estas las cualidades que deseamos que los jóvenes posean de mayores?

Para incubar estos puntos fuertes, necesitamos permitir a los hijos hacer lo que saben hacer mejor, que es simplemente ser ellos mismos. Cuando nos apartamos de su camino, de forma natural desarrollan su propio deseo de manifestar sus sueños, todo sin que estemos constantemente repitiéndoles lo que deberían estar haciendo.

Acabar con la persecución de la felicidad y aceptar el momento «tal como es»

Prometo:

- No pretender más que una experiencia sea lo que no es.
- No necesitar que una experiencia me haga feliz sino que me haga crecer.

- No ver lo que no he recibido sino reflexionar sobre lo que he decidido dar.
- Dejar de interpretar las experiencias en base al resultado e interpretarlas en base al proceso.
- Resistirme a juzgar la vida o a mí mismo por no ser perfecto y aceptar las imperfecciones como algo completo.

10

MITO NÚMERO 7

Los padres deben tener el control

Independientemente de si tenemos hijos biológicos o adoptivos, el viaje de la paternidad desde que son pequeños inevitablemente comporta sentimientos de posesión y propiedad. Por este motivo, en ninguna otra relación invertimos más que en la que compartimos con los hijos. Si bien esta inversión es la marca preciada de la paternidad, conlleva peligros que debemos conocer desde el principio, el más importante de los cuales es la sensación de poseer el control.

Todavía recuerdo la revelación que tuve cuando estaba de parto. Había seguido todos los cursos Lamaze habidos y por haber y había leído todo lo que había podido para prepararme para la maternidad; pensaba que iba bien armada para la montaña rusa de dar a luz. Sin embargo, vi claro al comienzo del proceso que por mucho que pensara que sabía, mi sensación de control era solo una ilusión. Hubo complicaciones que me obligaron a renunciar a mi fantasía de un parto «natural» y me forzaron a aceptar medicación a la que me había jurado que no iba a sucumbir. Con dolor agonizante, mi mente se resistía al hecho de que necesitaba ayuda. Respiré, empujé y grité. Deseaba dar a luz a mi manera, maldita sea, e iba a luchar a capa y espada por mi fantasía.

Finalmente, me di cuenta de que mi hija tenía otros planes para mí. Que fuera a llegar al mundo a su manera no era algo que yo hubiera contemplado. Ella no se sentía cómoda con el parto y quería que su madre cambiara su curso. Cuanto más lo intentaba, más se resistía ella, hasta excretar meconio en mi interior como señal de su malestar.

Entonces los médicos me informaron que debían practicar una cesárea. No me lo podía creer. «¿Cómo? ¿Yo?», pensé. «¡Seguro que puedo hacerlo de forma natural!» Supliqué que me dieran más tiempo, con la esperanza de dar la vuelta a la situación. El médico me dio un poco más de tiempo, pero me habló con firmeza: «En este momento, el bebé corre riesgo y debemos dirigirnos al quirófano.» Mi esposo vio mi dolor y comprendió lo decepcionada que me sentía. También sabía que debía despertarme de mi estupor y modificar la manera en que estaba experimentando el parto. «Debes aceptar el proceso, debes pensar en ella», me instó. «No se trata de ti y tu fantasía. Ahora se trata de ella.»

Aquel momento, y un millón más desde aquel, me abrieron al hecho de que educar a los hijos rara vez sigue nuestros planes. No «creamos» las personas que serán, no les damos forma ni los moldeamos, solo los acompañamos a través de la infancia hacia la vida con el fin de que sean ellos quienes definan su propia vida. En nuestra errónea creencia de que somos responsables de las personas en que se convertirán, olvidamos apreciar la naturaleza de la sociedad que formamos con ellos.

COMPRENDER LOS LÍMITES DE NUESTRO CONTROL

Amy, madre de tres hijos menores de siete años, se lamentaba en terapia: «Por un lado, me dices que soy responsable de todo lo que hacen mis hijos, pero también me dices que no tengo ningún control. Entonces, ¿sobre qué tengo control? ¡Estoy confundida!»

«Sí, eres responsable de cómo te comportas con ellos», le expliqué, «y no, no tienes control sobre ellos. El arte de la educación consciente radica en la comprensión de que nuestra capacidad de control sobre los niños es limitada, como mínimo, y decididamente minada por nuestra creencia de que la poseemos. Nuestra misión consiste en estar a cargo de su seguridad y bienestar, pero esto tiene un límite claro. Si no vemos este límite, cometeremos el error de creer que disponemos del control sobre su verdadera identidad.»

Como muchos padres, Amy no sabía cómo definir su rol con los hijos. Se sentía responsable de sus éxitos y felicidad, y asumía que necesitaba controlar sus estados de ánimo, comportamiento y decisiones. Solo cuando empezó a ahondar en la comprensión de los límites de su «descripción de tareas» pudo darse cuenta de que había confundido el cometido de guiar a sus hijos con controlar a sus hijos.

El único control del que disponemos, como padres, es el de *nuestros propios* sentimientos y reacciones, junto con las condiciones que establecemos en el hogar. Nuestro problema es que realmente no sabemos controlarnos a nosotros ni las condiciones que creamos en el hogar, lo cual nos desvía hacia el control de los hijos.

Los hijos llegan con su propio sello. Esto implica que vienen con un temperamento concreto y una manera propia de relacionarse con el mundo. Algunos son enérgicos y ruidosos, mientras que otros son tranquilos y silenciosos. Algunos vienen con angustia y cólicos, mientras que otros planean y flotan. No se nos pide que conservemos las cualidades que nos gustan de ellos y nos deshagamos de las que no. Es cierto que podemos ayudarlos a desarrollar las cualidades que están en mayor consonancia con su identidad verdadera, pero no a través del control y la imposición. Son como son. Solo cuando aceptamos esto podemos conectar con ellos y cubrir sus necesidades emocionales. La rendición ante su naturaleza inherente, que incluye sus talentos y sus limitaciones, es esencial para dotar a la relación que compartimos con ellos de respeto y contacto significativo.

Cuando nos damos cuenta de que nuestro control se limita a nuestro ser y al entorno del hogar, pasamos la responsabilidad de los cambios necesarios de los hijos a nosotros. Es nuestra responsabilidad hacernos propio lo que se nos ha dejado a cargo. Una vez que aceptamos que creamos las condiciones en que viven los hijos, podemos empezar a preguntarnos cuestiones como:

- *¿Estoy creando un entorno que favorece la armonía o la desarmonía?*
- *¿Qué estoy haciendo o dejando de hacer que conduce a mis hijos a comportarse de una manera determinada?*

Para ilustrar lo que esto significa en la práctica, no podemos obligar al niño a cepillarse los dientes, aunque somos responsables de crear las condiciones que le ayuden a ver la importancia de cepillárselos a diario. Nosotros preparamos el camino y ellos eligen cómo caminar con nosotros por el mismo. Mientras conservemos la energía centrada en preparar el camino en consonancia con su temperamento, habremos hecho un buen trabajo.

Una de las afirmaciones que pronuncié en el programa *Oprah's Lifeclass* encontró eco en muchas personas del público. «No podemos controlar a los hijos», expliqué, «solo podemos crear las condiciones para que crezcan.» Esto significa que debemos dejar de emplear la energía en intentar controlar cómo son y cómo serán en el futuro. Mientras sigamos centrando la atención en esto, lucharemos en una batalla perdida. El verdadero reto consiste en mantener la mirada en los parámetros que verdaderamente se hallan bajo nuestro control: nosotros y la forma de funcionar de nuestro hogar.

REDEFINIR EL CONCEPTO DE CONTROL CON EL FIN DE EDUCAR SERES HUMANOS REALES

Tendemos a olvidar que «nuestros hijos», los niños con que hemos sido bendecidos, son antes que nada seres humanos. En nuestra obsesión por convertirlos en productos de nuestra educación, podemos olvidar el hecho de que están aquí para recorrer su propio y singular camino.

Como los hijos son más pequeños y más jóvenes que los padres, inconscientemente —a veces no tan inconscientemente— interpretamos que son menos sabios e incluso menos humanos que nosotros. Dudo que cualquier padre o madre diga que los hijos son menos humanos, pero con frecuencia actuamos como si lo fueran, ignorando o anteponiéndonos a su singularidad.

Un aspecto importante en este sentido es no privar a los hijos de sus experiencias, a las que tienen derecho aunque puedan resultar hirientes. No podemos permitir que las emociones fuertes que algunas de las experiencias de nuestros hijos evocan en nosotros enturbien el hecho de que ellos recorren su propio camino, no el nuestro.

No tenemos derecho a dictar cómo deben expresar su humanidad. Por otro lado, contamos con el privilegio de enseñarles la importancia de ser fieles a sí mismos encarnando lo que ellos valoran. Nuestro cometido consiste en aceptarlos, celebrar su existencia a medida que su vida se va desplegando. De esta manera honraremos la relación particular de cada niño con su propia humanidad, incluidos no solo sus asombrosos puntos fuertes sino también sus limitaciones.

Si su hijo es tímido, ¿significa verdaderamente que sea deficiente de alguna manera y precise que le empuje para que sea asertivo? ¿O sería mejor dejarle que simplemente experimente su timidez? En la misma línea, si su hijo suspende un examen o un curso, ¿es realmente porque es perezoso? ¿O es porque tiene valor experimentar las propias limitaciones con una asignatura en concreto?

Soltar las riendas del control sobre los hijos es probablemente la tarea espiritual más difícil a la que nos enfrentamos como padres. Resulta especialmente complicado cuando sentimos la presión de otros padres, además de los maestros, para llegar a donde toca. Cuando los hijos no están a la altura de las normas del desarrollo, a menudo nos sentimos juzgados por los demás, especialmente los demás padres. Estos juicios crean escasez, que nos presiona para cernir nuestro control sobre los hijos. Creemos que cuanto más les controlemos, más les podremos cambiar. No nos damos cuenta de que creamos el efecto contrario de cimentar los comportamientos aún más.

Me acuerdo de Madison, madre de una chica de diecisiete años con un desarrollo atípico. «Se te presenta el reto de redefinir tu idea de control», le dije. «Más que con una hija con un desarrollo típico, estás obligada a enfrentarte a la idea de disponer de muy poco control. Con el fin de soltar tu deseo de controlar el resultado de la vida de tu hija, deberás sustraerte a la idea de ser su madre, como tal, y verte más como su mentora espiritual. Para que esto sea posible, antes has de ver a tu hija como un ser espiritual.»

Madison reaccionó con miedo: «¿Qué quieres decir? Soy su madre. No sé cómo ser otra cosa.»

«Nuestro rígido apego al papel de madre o padre puede mantenernos encallados en un nivel superficial», le expliqué. «Aunque nuestra cultura apoya el rol de padres, apegarse a estos roles acaba limitando nuestra capacidad de conectar enteramente con los hijos como seres espirituales. Si adoptáramos una perspectiva más amplia, conectando con los hijos espiritualmente, reconoceríamos que la vida se trata de algo más que ayudarlos simplemente a crecer. Se trata de que cada uno de nosotros recibe una vida a lo largo de la cual se nos presentarán retos que debemos superar. Los retos son distintos para cada persona. Para trabajar con el fin de superar los nuestros, necesitamos la ayuda de los seres queridos. Tu hija no debería sentir que sus retos significan que algo va mal. Simplemente pide aceptarse tal como es. Cuando la ayudes a aceptar sus retos en lugar de sentirse resentida ante ellos, posiblemente observarás que ella no puede ser quien es sin sus retos. A ella le hace falta que aceptes sus limitaciones por lo que son, luego a partir de esta posición de aceptación, necesita que la ayudes a crecer hasta su máxima expresión dentro del contexto de dichas limitaciones. Cuando vemos a los hijos con lo que llegaron a esta vida y respetamos esta parte intrínseca de su naturaleza, somos capaces de ayudarles a transformarse en la dirección que *ellos* necesitan, no la que *nosotros* creemos que necesitan. Esto es lo que significa hacer de mentor espiritual.»

Madison empezó poco a poco a descubrir la sutil pero profunda diferencia entre controlar las limitaciones de los hijos, intentando que se adapten a lo esperado, y aceptar a los hijos para que tengan la oportunidad de integrar sus limitaciones en su camino de transformación. Cuando hubo comprendido el poder de esta otra manera de ver a su hija, inmediatamente detectó cambios en su relación, y me contaba con alegría: «Ya no nos peleamos por los deberes. Me angustiaba por sus deberes, e insistía en que los acabara del todo. Ahora le digo que haga lo que pueda y celebro sus logros. Cuando ve que acepto su esfuerzo, resplandece de orgullo y de hecho se esfuerza más de lo que había visto antes. No puedo creer que yo era la que bloqueaba su camino. Pensaba que castigarla la ayudaría a cambiar, pero ahora veo que estaba menoscabando su capacidad.»

Los hijos automáticamente se percatan de nuestra aceptación o su ausencia. Cuando notan que comprendemos su temperamento básico, liberan energía almacenada para protegerse de nuestras críticas. Esta liberación de energía conlleva una renovación del compromiso con su propio crecimiento y expansión. Cuando comprendemos el poder de nuestro papel como mentores espirituales, honramos el espíritu de su interior que anhela realización.

Pasar de padres a guías espirituales

En lugar de:

- Ver a un niño, veré a un ser espiritual.
- Identificarme como padre o madre, me identificaré como socio.

- Comparar a mi hijo con mis estándares, lo ayudaré a crear los suyos.
- Aferrarlo con dependencia, lo liberaré hacia la autonomía.
- Tratarlo como «mío», lo impulsaré hacia su propia identidad.

Redefinir el comportamiento

Nuestra tarea sagrada como padres es redefinir
la agresión contra nuestro control como defensa,
la mentira como reacción contra nuestra rigidez,
el enfado como rebelión contra nuestra desconexión,
el desafío como barrera a nuestra resistencia,
la ansiedad como manera de evitar nuestro juicio,
la distracción como reflejo de nuestro propio caos interior,
la tristeza como marca de nuestra propia falta de valoración.

Cuando vemos a los hijos portándose mal
como
estímulo para nuestro despertar,
les absolveremos de la carga de tener que corregirse.

En su lugar, encarnaremos el cambio que su comportamiento
despierta en nosotros.
Al hacerlo...
nos integraremos emocionalmente
y
liberaremos a los hijos.

TERCERA PARTE

COMPRENDER NUESTRA REACTIVIDAD

11

Educar al *niño real*

Si no me hubiera embarcado en el viaje de la consciencia cuando tenía poco más de veinte años, nunca hubiera sido consciente del efecto de mi mundo interior en mi realidad exterior. Como muchas otras personas, no tenía ni idea de que no conocía mi *verdadera identidad*.

Conectar con el mundo interior de uno mismo y con los seres que realmente somos es un arte, algo que hay que ir adquiriendo con tiempo. Si nos lo enseñaran en el colegio, el mundo sería un lugar completamente distinto del que es hoy. Simplemente no habría toda la disfunción, el crimen y la violencia con que lidia la sociedad.

Tener a mi hija es lo que me despertó y me hizo comprender que mi ser esencial se había perdido en el proceso de mi crecimiento. ¡Fue un despertar duro! Aunque llevaba toda una década practicando la concienciación (*mindfulness*, en inglés) antes de ser madre, me hallé poco preparada para la arremetida de los desencadenantes de reacciones con que mi hija venía acompañada. Igual que al iniciar el ejercicio físico uno se da cuenta de que hay músculos de los que no sabía su existencia, ocurre lo mismo con la paternidad. Por muy iluminado que uno crea estar, tener un hijo le desvela un sinfín de cosas para las que no estaba preparado.

Esto es muy comprensible si uno se para a pensar. No conocía a este ser, cuyo cuidado se le confía. Se supone que hay que poseer un control absoluto, pero enseguida uno se da cuenta de que no podrá jamás controlar a esta persona. Se supone que debe sentir un afecto imperecedero por ella, y quizá lo sienta. Pero también es probable que desencadene en uno toda clase de sentimientos complicados que rápidamente deshinchan la burbuja del cariño. La verdad es que simplemente uno no sabe cómo va a pensar, sentir o reaccionar con el niño, porque cada momento junto a él es totalmente nuevo. Por este motivo la práctica de la concienciación, que enseña a vivir el momento presente como si fuera nuevo, es especialmente valiosa para la educación. Si bien no crea inmunidad contra los desencadenantes que nos harán saltar, al menos ayuda a recuperarse y hacerse presente, que es la mejor manera de comprender por qué salta uno.

Con frecuencia me preguntan si mi hija me hace saltar, como si escribir libros acerca de la educación significara que estas cosas nunca me pasan a mí. Siempre contesto: «No soy inmune a la reactividad, y de hecho nunca me siento decepcionada cuando salto. Mi humanidad no está por encima de la de nadie. Sin embargo, la disciplina y el arte de la concienciación me han servido mucho para recuperar mi centro más rápidamente que antes de ser consciente. También me ha permitido disipar toda ilusión de que cuando salto la culpa sea de mi hija. La única diferencia en mi manera de educar con la de otra persona es que mi mirada se dirige hacia mi proceso interior. No veo el comportamiento de mi hija como desencadenante. Veo mis propias heridas como desencadenantes, y su comportamiento es solo la cerilla que los enciende. Esto me permite siempre mantener el espejo ante mi proceso interno. En lugar de señalarla a ella con el dedo, dirijo el foco hacia mi interior.»

CÓMO EMPECÉ A DESPERTAR

Voy a explicar una de las debilidades que descubrí en mí al empezar a despertar a la consciencia. Los primeros años como madre, me sentía incapaz de poner límites. Empezaba con fuerza, pero si mi hija insistía, cedía casi al instante. Mi pequeña poseía el poder de doblegarme en segundos. El ritmo iba así: «No, no, no... sí.» Veía los efectos de esta incoherencia en el comportamiento de mi hija. Ella enseguida aprendió que para salirse con la suya, solo debía presionar un poco más y mamá cedería. Esto creaba un ciclo negativo entre ambas. Yo sabía que la causa era yo y la única solución consistía en descubrir la razón por la que me mostraba tan incoherente.

No hace falta buscar lejos para hallar la causa de nuestra insensatez. Simplemente debía examinar mi educación, que me había condicionado, como a la mayoría de mujeres de mi generación, para sentirme más cómoda en el rol de persona complaciente y que se amolda. Tomar el papel de fijadora de límites y decir «no» me resultaba poco familiar. Me sentía incómoda al hacer cumplir las normas. Sabía qué era correcto y qué estaba mal, pero algo bloqueaba mi capacidad de comunicarlo a mi hija. ¿Cuál era la raíz de mis dudas a la hora de hacerme valer? ¿Por qué temía tanto hacer respetar un límite? Solo cuando hurgué en mi pasado y fui consciente de cómo *yo* había sido condicionada conseguí llegar a la raíz de mi miedo.

Hágase notar que no culpo mi educación ni a mis padres por ello. Comprender lo que enciende nuestras heridas internas es importante y fundamental para acabar con nuestra reactividad externa. Pero debemos adquirir esta comprensión sin juicios ni culpas. Nuestros padres seguían su propio camino, y lo importante es comprender cómo nos afectó a nosotros.

Al ir retirando capas de mi psique, me fui haciendo consciente de mi profundo deseo de aprobación. Esto parecía una motivación central en mis interacciones con los demás. ¿Les gustaba? ¿Me veían como la buena? Empecé a ser consciente de cómo este deseo de aprobación superaba mi voluntad de hacer lo correcto. En algún momento de mi infancia había un anhelo de ser considerada buena, y era este anhelo no cumplido lo que dictaba la relación presente con mi hija. Con el fin de cubrir esta necesidad no cubierta, había creado una falsa identidad: un ego cuya personalidad era la de «complacedora». Esta versión no auténtica de mi ser se interponía en mi capacidad de educar a mi hija como ella necesitaba.

Cuando veía a mi hija descontenta conmigo, esto me recordaba cuando de pequeña no complacía a los demás. Como no había resuelto estas viejas decepciones en mi interior, era incapaz de tolerar estos sentimientos cuando surgían en el presente. De manera inconsciente, capitulaba ante sus exigencias con el fin de conservar la imagen de mí misma de la «buena». Así de retorcidos son los viejos patrones, y nos sabotean de las formas más insidiosas, paralizando nuestra capacidad de reaccionar ante nuestros hijos como necesitan que lo hagamos. Mi hija necesitaba que su madre fuera clara y resuelta. Cuando intuitivamente captó que no lo era, se grabó el mensaje de que un «no» en realidad no era un «no» y que podía salirse con la suya a base de exigencia e insistencia. A su vez, ella me resultaba inclemente, cosa que todavía encendía más mis desencadenantes internos, haciéndome ver como la «mala». A pesar de saber que este patrón era poco sano y que no era en absoluto culpa suya, no tuve poder sobre mi participación en él hasta que fui descubriendo por qué me portaba como lo hacía. Cuando me responsabilicé de mi parte en la dinámica y vi cómo yo era la que causaba la desconexión, la relación volvió a su posicionamiento sano y empezó a florecer.

Los niños educados por padres que viven en una identidad falsa crecen en espacios contaminados llenos de energía emocional poluta. En lugar de una energía parental conectada con el niño, esta se ve enturbiada con voces, mensajes y creencias del pasado o la cultura: cosas que a menudo no tienen nada que ver con el niño que está ante nosotros. Cuando los padres no están en consonancia con su propia verdad, sino que actúan condicionados por la inconsciencia de sus ancestros y la sociedad, proyectan estas creencias en sus hijos. Incapaces de ver a sus hijos como son, actúan a ciegas según mandatos del pasado, sin siquiera saber que lo están haciendo.

En lugar de fijar límites firmes para mi hija, mi incoherencia la empujaba hacia un patrón poco sano de privilegio y magnificencia. Esta no era su voz natural; era una reacción a mi incoherencia. En alguna parte de su psique, aprendió que su madre no iba a pronunciarse a menos que ella subiera el volumen de sus exigencias. Por supuesto, cuando lo hacía, enseguida la castigaba, provocando su confusión. Así es como inconscientemente creamos «malos» comportamientos y luego castigamos a los hijos por tenerlos. En este caso, solo cuando llegué a la raíz de mi necesidad no resuelta de aprobación conseguí romper el patrón.

Cuando no se deja que se desarrolle la identidad del niño para que tome su forma auténtica y florezca como es debido, se empieza a forjar un vacío interior. Este vacío es lo que causa problemas, ya que el niño intuitivamente desea llenar este sentimiento hueco —dolorosamente, cabe añadir, ya que el comportamiento disfuncional del ego para obtener atención es un mal sustituto de la verdadera valoración de la identidad. Empezando por cuando no se nos permitía escuchar nuestra auténtica voz de pequeños, aprendimos a ignorar nuestra verdadera identidad. Como nuestro verdadero ser queda enterrado, empezamos a experimentar una desconexión interna, que lleva al descontento y una vida que, en mayor o menor medida, se vive mal. Sabemos que algo no está bien, aunque no sabemos exactamente qué falla ni cómo se produjo.

Cuando nos sentimos así, nuestro instinto es culpar de ello a los demás o a las circunstancias. Igual que hacían nuestros padres en momentos de inconsciencia, proyectamos el sentimiento en quienes nos rodean. Seguimos el mantra: «Es culpa de otros que yo me sienta mal, y van a pagar por los platos rotos de mis sentimientos.» O bien dirigimos nuestra rabia contra los que nos rodean o, en el caso de la depresión, la volvemos contra nosotros.

La otra cara de la moneda es que la razón de que nuestros hijos sean capaces de afectarnos como lo hacen es que nosotros no estamos tampoco en contacto con nuestro centro vital. Como los hijos, funcionamos con la sensación de carencia provocada por nuestra identidad ignorada. En ausencia de nuestro verdadero ser, confiamos en nuestro ego como identidad, el cual por supuesto consta de capas de programación forjadas en la infancia. Vemos que, hasta que nos centramos en nuestro auténtico ser, los hijos inevitablemente desencadenarán nuestra inseguridad y el drama resultante, ya que nos echan en cara nuestra falta de identidad, cosa que nos duele y debemos desviar de algún modo. Evidentemente, como el comportamiento no deseado se inicia por alguna carencia, nuestra reacción al comportamiento del niño solo perpetúa la disfunción que ya existe en el hogar.

Cada vez que reaccionamos de manera tormentosa —quiero decir, como si en una nube de tormenta nos viéramos abrumados por oscuras explosiones de energía— vislumbramos la profunda desconexión con nuestro ser interior. La belleza de los hijos es que nos hacen de reflejo de esta reacción desmesurada. Cuanto más estallamos en tormenta, más truenan ellos para mostrarnos que nos relacionamos con ellos en un estado de base poco sólida.

Pero no me malinterprete: las tormentas con muchos truenos no necesariamente vienen cargadas de rabia o violencia. En ocasiones la reactividad se manifiesta de maneras más silenciosas. La disfunción no siempre significa gritos ni insultos. A veces se produce sutilmente, y se requiere un elevado nivel de consciencia para captar lo que ocurre. Al ver a tantas familias en el diván de terapia, me he vuelto dolorosamente sensible a estos sutiles cambios de energía. Una madre hace una mueca inconscientemente y su hijo reacciona instantáneamente dejando caer los hombros. O un padre cierra el puño con fuerza y sus hijos inmediatamente saben que deben detenerse en seco. En ocasiones, las reacciones más tenues poseen el más profundo efecto en los seres queridos. Me acuerdo de una adolescente que lo describió a la perfección diciendo: «Cuando mi madre se calla, es como si gritara, pero más fuerte, y como si me pegara, pero más pavoroso.» Solo cuando nos atrevamos a despertar a estos cambios de energía y observar el efecto dominó en el estado de nuestros hijos, entraremos en un estado de mayor consciencia y paternidad.

Creo firmemente que el profundo apego con los hijos es una de las maneras más poderosas de empujarnos hacia este nivel de despertar. Es maravilloso que los niños tengan en nosotros el efecto de hacernos plantear esta dolorosa introspección. En su singular yuxtaposición de intimidad y desapego —en un sentido, son nuestros, y en cambio no nos pertenecen— se nos brinda una visión de lo que muchas tradiciones sabias denominan «rendición». Esto implica entregarnos por completo al momento presente sin imponer condiciones ni control para el futuro. En esta zona gris, cuando las muchas manifestaciones del momento presente se aceptan, aprendemos a vivir la vida con valentía. Los hijos, que son maestros en el arte de vivir en zonas grises, nos enseñan a vivir libres del pasado. Nos enseñan que, a pesar de que la vida rara vez se ajusta a nuestros planes, somos totalmente capaces de equiparnos para superar estos retos. Cuando experimentamos esta metamorfosis, la vida adopta una gloria insuperable. Al librarnos del apego a ideales rígidos y objetivos futuros, podemos centrarnos en nosotros y nuestras familias con espontaneidad, alegría y ligereza.

RECONOCER LA LLAMADA DE NUESTRO YO PERDIDO

Leila, una madre de cuarenta y un años de edad con dos niños pequeños, experimentaba una terrible ansiedad que se expresaba en forma de paranoia al dejar a los hijos con la canguro. «Sé que es anormal y extremo», admitía, «pero cada vez que pienso en dejar a mis hijos, de cinco y dos años de edad, con una extraña, me entra el pánico.» Vino en busca de ayuda porque su incapacidad de dejar a los niños con la canguro estaba afectando a su capacidad de cuidarse no solo a ella sino también a los hijos.

En el caso de Leila, lo que ella sentía como resultado de su ánimo roto tomó forma de estrés. Estaba tensa y exhausta hasta el punto de sentirse quemada. Al explorar las raíces de esta situación en su pasado, habló de un incidente particularmente traumático cuando sus padres la dejaron con una canguro porque tuvieron que ausentarse cuatro meses para ir a trabajar al extranjero. Al relatar la historia, la asombraron las similitudes de su pasado con su situación presente. Ella tenía cinco años, como su hija ahora, y su madre era unos años más joven que Leila ahora. La historia se repetía de extraña manera.

Le dije: «Tu reacción a dejar tus hijos con una canguro es extrema a causa de lo que te ocurrió de niña. Como tus sentimientos de temor quedaron sin procesar, ahora se desencadenan dada la situación presente. Con tu pasado, es natural que no confíes en los cuidadores. Es un reflejo de una falta de confianza profundamente arraigada.»

La gente me pregunta a menudo: «¿Cómo puedo ponerme en contacto con mi yo perdido?» Aquí vemos cómo se produjo en el caso de Leila. A través de lo que ocurría a los hijos, empezó a reconocer cómo su yo perdido —su ánimo roto— intentaba captar su atención. Comenzaba a comprender que a menos que prestara atención a lo que pasaba en su interior, reflejado en el espejo de los hijos, y aprendiera a cuidar de sus necesidades de manera sana, seguiría presentando disfunciones.

Bajo la sensación de malestar, nuestro yo perdido siempre está presente en la reactividad ante los demás. Si estuviéramos preparados para ver todas las reacciones emocionales que presentamos como señal de que nuestro yo perdido sale a relucir, absolveríamos a los demás de arreglarnos y en su lugar nos concentraríamos en cuidarnos y conectar con nuestro interior. En lugar de juzgar a los otros por hacernos saltar, debemos expresar gratitud por las situaciones que permiten que nuestra verdadera identidad se revele, ya que es una oportunidad dorada para entrar y ver lo que nunca se arregló.

Al sumergirnos en este proceso, es importante darnos cuenta de que nuestro ego —nuestras capas superficiales— jugó un rol destacado en nuestra educación, al ayudarnos a gestionar situaciones amenazadoras. Por esta razón, no deberíamos sentir resentimiento hacia estos aspectos de nuestro ser. Al mismo tiempo, cuando lo que debían de ser defensas temporales se solidificaron, de manera que ya no podíamos acceder a nuestra identidad auténtica, nos hallamos prisioneros de nuestra reactividad como consecuencia.

Examinar las múltiples capas de nuestro ser es algo que debe emprenderse progresivamente, empezando con las generalidades heredadas de la cultura, los mitos aprendidos sobre cómo vivir y cómo educar. Entonces, profundizamos, desenmascarando las capas formadas en nuestra familia de origen. Bajo estas capas, encontraremos nuestra verdadera identidad en toda su pureza y belleza.

ENTABLAR AMISTAD CON NUESTRO YO PERDIDO

Los aspectos de nuestro yo perdido siempre nos acompañan hasta que los reclamamos. Cuanto más conscientes seamos de ellos, menos comportamientos disfuncionales presentaremos, y lo mismo es válido para los hijos.

Dicho esto, debo señalar que la consciencia del yo perdido es fundamentalmente distinta a sus manifestaciones distorsionadas. Para comprobar la diferencia, tomemos una situación en que nos sentimos rechazados por un amigo. Una reacción inconsciente típica a este sentimiento de rechazo podría ser alguna de las siguientes:

- *Llamar la atención al amigo sobre el asunto.*
- *Sentirnos mal o lamentarnos.*
- *Dejar de hablar al amigo.*
- *Hablar mal del amigo.*

Este tipo de actuaciones no son conscientes. Son simplemente una intensificación de la reactividad. El mero hecho de hablar del incidente no significa que se produzca una revelación al respecto.

Entonces, ¿qué aspecto revestiría la consciencia en este caso? Cuando el sentimiento de rechazo surge en nuestro interior, es la señal de que nuestro yo perdido se ha activado y se está expresando a través del vacío que sentimos. En este punto realizamos un cambio crucial para mirar ya sea hacia fuera o hacia dentro. Al mirar hacia dentro y hacernos presente con el vacío que sentimos, en lugar de culpar o reaccionar contra la persona que desencadena este sentimiento en nosotros, nos empezamos a encontrar. «¡Hola, yo perdido!», podemos decir. «Bienvenido. Cuéntame cosas sobre ti. Estás aquí para enseñarme algo sobre mí mismo en este momento, y tengo curiosidad. Estoy dispuesto a aprender de tu presencia.» Esta es la diferencia clave entre ser consciente o pensar que se es consciente.

El punto crucial es que en lugar de intentar deshacernos del sentimiento, lo guardamos en la consciencia, lo observamos en su estado «tal cual es». Por eso, cuando Leila preguntó: «Entonces, ¿cómo me deshago de este miedo?», le recordé: «No puedes deshacerte del miedo deseando que desaparezca. La única manera natural de disiparlo es guardarlo en la consciencia, lo cual significa que ni te regodees en él, ni actúes en base a él ni lo reprimas.»

Le enseñé el modo de hacerlo: «En lugar de decirte que no debes ser paranoica, simplemente deja que la emoción surja en tu interior. Reconócelo y deja que te acompañe. Debes saber que no define tu momento presente. Es algo del pasado y por tanto debes guiarlo suavemente lejos del primer plano de la experiencia presente. A menos que seas consciente de que todas tus reacciones radican en el pasado, constantemente caerás en el error de que alguien o algo son los que las provocan.»

Es imperativo no solo ser conscientes de nuestro yo perdido, sino también que empecemos a darnos cuenta de que nuestra vida adulta está construida en torno a estas experiencias. En esencia, recreamos una y otra vez las mismas situaciones de la infancia, como si esto nos diera ocasión de recuperar lo que dejamos atrás.

Leila sabía exactamente de lo que le hablaba. «Literalmente, he recreado mi propio abandono una y otra vez operando desde una profunda desconfianza», admitió. «Cuanto más desconfío, más cosas me hacen desconfiar, cosa que me conduce a sentirme traicionada una y otra vez. Cuanto más traicionada me siento, más miedo siento.»

Expliqué a Leila que creamos guiones para nuestra vida a partir de las necesidades no cubiertas y el dolor del pasado que no hemos enmendado. Cuanto más funcionamos con este sentido de carencia causado por el vacío en que nuestra verdadera identidad debería haber florecido, más circunstancias creamos que lo reflejan.

El enfoque educativo tradicional no capta nada de esto, por eso se fundamenta en el control. El veneno para padres nos enseña a aniquilar la ansiedad, en lugar de hacernos conscientes de ella y aprender a aceptarla, mediante el control de lo que nos hace sentir mal de algún modo. En el caso de Leila, se había pasado años culpando a cada uno de los cuidadores que entraban en la vida de sus hijos. Nadie era lo bastante bueno. No se daba cuenta de que sus propios miedos creaban expectativas poco realistas de las personas que trabajaban para ella, lo cual provocaba su fracaso inevitablemente.

Al alejarnos del paradigma tradicional de la educación, aceptamos nuestro extravío interior simplemente como parte del proceso de crecimiento. Al hacerlo, nos permitimos hacernos conscientes de las múltiples facetas de nuestra identidad verdadera y empezamos a integrarlas en nuestra vida. No nos lamentamos ni nos sentimos superiores, simplemente aceptamos que somos un producto sin terminar, dejando que las lecciones de la vida nos muestren las maneras en que aún podemos crecer desde dentro.

DESCUBRIR LA HUELLA EMOCIONAL FAMILIAR

Aunque los niños desde que son muy pequeños están en contacto con su ser interior, todavía no disponen de la sofisticación para protegerlo de la falta de consciencia de los padres. No están equipados para comprender las palabras, acciones y reacciones de los padres como manifestaciones de la programación interior que llevan instalada desde el pasado. No comprenden que mamá se enfada porque *ella* se siente inadecuada, lo cual es el resultado de no estar en contacto con su identidad esencial, o que papá les culpa porque *él* se siente inseguro en el trabajo. No ven sino enfado dirigido a ellos, lo cual les lleva a creer que ellos son la causa. Tampoco comprenden por qué mamá y papá nunca les dedican tiempo ni juegan con ellos. Solo ven la distracción o desinterés de sus padres, y como resultado creen que no son lo suficientemente divertidos o agradables.

Como el niño es incapaz de evaluar con precisión las emociones de los padres, inconscientemente absorbe dichas emociones. Lentamente, estas emociones sustituyen a los sentimientos auténticos y se convierten en la huella y patrón vital para la superación de situaciones. De forma similar al modo en que los mitos culturales afectan a nuestras opiniones, esta huella emocional familiar suplanta la original y empieza a gobernar nuestra forma de expresarnos. A menos que aprendamos a descodificarla, automáticamente la pasaremos a los hijos, cargándolos con ella sin siquiera darnos cuenta de que lo hacemos.

La forma en que puede lograrse esta descodificación puede ilustrarse con el caso de mi cliente Víctor, un padre normalmente calmado, que empezó a sentirse cada vez más irritado cuando su hijo de siete años lloraba al perder cuando jugaba con la pelota o cuando sus hermanas le tomaban el pelo. La idea de tener un hijo débil desencadenaba la rabia de Víctor, que reprendía a su hijo sin piedad: «Espabila, hijo. Eres un blando», le decía repetidamente. «Por eso no se llora. No seas ridículo.»

Aunque esta es la actitud de muchos hombres cuando sus hijos lloran, especialmente si es un varón, las reacciones de Víctor en ocasiones eran tan extremas e implacables que su esposa se había hartado de su falta de empatía y su impaciencia. Se convirtió en un problema tan grande que le amenazó con divorciarse si no aflojaba. Esto les trajo a mi consulta.

Víctor me explicó que se había criado en un barrio pobre de Brooklyn, Nueva York, donde había tenido que lidiar con bandas y violencia callejera a diario. Constantemente estaba esquivando las drogas, balas y otros peligros. Su madre, que era soltera, trabajaba de noche, por lo que Víctor no solo debía defenderse solo, sino que también debía cuidar de su hermana menor. En consecuencia, Víctor absorbió una huella emocional que implicaba sofocar sus sentimientos con el fin de mantener un estado de lucha o huida. Había aprendido temprano que si bajaba la guardia en este peligroso mundo, podía no sobrevivir.

Víctor creció decidido a dejar atrás su pasado. Para conseguirlo, se hizo abogado y vivía una vida con éxito en Manhattan. Pero a pesar de su esfuerzo consciente de librarse del pasado, nunca se recuperó de sus años creciendo como el pequeño «chico duro» que fue. Dar esquinazo a sus sentimientos le había permitido enmascararlos con una fachada de fortaleza, pero esta fachada nunca había borrado la inseguridad, miedo de abandono y terror a que le mataran que llevaba grabados en su psique. En consecuencia, cada vez que veía a su hijo llorar, se acordaba del miedo que había intentado borrar pero que seguía vivo en su interior.

Cuando su hijo se quejaba de algo que le inquietaba, Víctor era incapaz de aceptar sus experiencias sin teñirlas del color de su propia infancia. Era como si se dijera: «Si mi hijo llora porque pierde un partido de béisbol, ¿cómo va a sobrevivir en las calles de Brooklyn?» Esto le hacía reaccionar como si fuera él en su infancia, diciéndole: «Deja de llorar o voy a darte algo que sí va a darte motivos para llorar.»

Cuando Víctor hizo esta conexión en las sesiones de terapia, se derrumbó y se estremeció. Le caían lágrimas por las mejillas por el niño que nunca se le permitió ser y las muchas maneras en que él tampoco estaba dejando a su hijo ser un niño.

Por un motivo u otro, la mayoría de nosotros hallamos maneras de compensar el dolor de nuestra infancia. Dejamos de confiar y albergamos resentimientos. Cambiamos nuestra estima por nosotros mismos por un sentimiento de culpa. Capa a capa, cubrimos nuestra auténtica identidad, y formamos una dura concha sobre otra.

¿Ha visto alguna vez una *matriushka*? Es una muñeca de madera hueca que contiene en su interior una serie de muñecas de tamaño decreciente que encajan unas dentro de otras. De un modo parecido, formamos capas más y más profundas de psique al ir cubriendo el ser que realmente somos como reacción a lo que nos ocurre. Las muñecas rusas aumentan de número año tras año a medida que aprendemos a crear falsas personalidades en más y más aspectos de nuestra vida. Compensar así nos permite sobrevivir a la infancia, pero nos impide crecer de veras.

Hace falta convertirse en padres para descubrir lo inmaduros que somos en realidad. Nos damos cuenta de que en nuestro interior seguimos llevando cubos llenos de emociones cargadas, limitantes y sin resolver. Solo cuando cada una de las capas queda al descubierto, alcanzamos un punto en que ya no necesitamos protegernos de las cosas que nos asustan: las que nos hacen controlar a los hijos.

Albert, otro cliente, lo aprendió a las malas. Su hijo Thomas había completado los deberes de cálculo y pidió a su padre que se los corrigiera. Cuando Albert los repasó, se dio cuenta de que Thomas había hecho pocos cálculos en sucio para resolver los problemas. Daba la impresión de que las respuestas habían sido escritas sin esfuerzo previo. Inmediatamente le preguntó a Thomas: «¿Has hecho trampas?»

Thomas quedó disgustado por el comentario de su padre. «No, papá», respondió, incrédulo. «¿Por qué iba a hacer trampas? Sé todas las respuestas.»

Cuando Albert me lo contó, lo hizo con vergüenza. «No creerá lo que hice a continuación, doctora Shefali», relató. «Le puse una nueva serie de problemas para que me demostrara que no había hecho trampas. Cuando empezó a gritar y protestar, diciendo que era injusto, me negué a escucharlo. Estaba convencido de que había copiado y quería que me demostrara lo contrario. Resolvió los problemas nuevos y los hizo todos bien. No puedo creer que lo acusara en lugar de elogiarlo.»

Yo denomino estos momentos «oportunidades preciosas para el crecimiento». No soy masoquista y no me gustan las confrontaciones incómodas, pero a menudo estos momentos intensos son los que presentan una mejor oportunidad de crecimiento y comprensión. Lejos de juzgar a los padres cuando protagonizan estos comportamientos inconscientes, les guío para ver estas situaciones como preciadas invitaciones para investigar el dolor residual de su propia infancia: el dolor de añorar la identidad perdida.

Cuando pedí a Albert que recordara cuál era su actitud con los deberes de pequeño, inmediatamente admitió: «Era un holgazán, atajaba siempre que podía. Mis amigos y yo siempre nos copiábamos. Teníamos un pacto por el que solo uno hacía los deberes y los otros los copiábamos. Mi padre me ridiculizaba y me castigaba constantemente. Me hacía sentir avergonzado por no esforzarme, o sea que a menudo le mentía.»

Al conectar con su vergüenza interior por su falta de esfuerzo y poca honradez, Albert también fue capaz de ver que había proyectado estos sentimientos en su hijo. Ahora comprendía por qué Thomas se los habría activado. Como nunca se había enfrentado a su comportamiento pasado, temía que su hijo siguiera sus pasos. Cuando los sentimientos del pasado no han sido integrados, flotan en nuestro interior como globos, listos para reventar en cuanto se pinchan. Cuando podemos liberarnos de la carga del dolor inconsciente de nuestros padres, nos brindamos la oportunidad de empezar a caminar hacia nuestra libertad.

A veces tengo el privilegio de escuchar cómo este enfoque ayuda a los niños a comprender mejor a los padres. Hace poco recibí una carta de una chica de catorce años que sintió la necesidad de ponerse en contacto conmigo tras ver el episodio del programa de Oprah *SuperSoul Sunday*, donde intervine. Llevaba batallando contra la ansiedad y la depresión casi toda su existencia y había intentado poner fin a su vida varias veces. Describió la relación con su madre como «tortuosa», y explicó que el programa había iluminado el propio dolor y la tortura interior de su madre. Por primera vez, era capaz de separar su dolor del de su madre. Escribió: «Por fin puedo ser libre de encontrarme. Ya no necesito sentirme responsable de cómo se sienta ella.»

Encontrarnos a nosotros mismos: esta es la clave para vivir una vida plena. Educar a los hijos para que disfruten de su propia capacidad de experimentar la plenitud, en lugar de heredar la huella emocional distorsionada del pasado, esta es la marca de la educación consciente.

Darnos cuenta de que nuestro valor como personas no depende de nadie ni nada externo sino que se halla únicamente en nuestra identidad esencial nos permite establecer una relación de compañerismo con nuestra verdad interior, fiarnos de ella para que nos guíe. La última frase de la carta de esta adolescente lo captura a la perfección: «Ahora puedo investigar quién soy sin la culpa y ansiedad que llevo enterrando todos estos años. Ahora es el momento de ser yo misma.»

12

Lo que *realmente* se esconde
tras nuestras reacciones

Hemos visto que nuestras creencias parten de la cultura y la familia. Si bien estas son idiosincrásicas, todos compartimos una emoción universal que dirige nuestra reactividad, ya sea contra nuestro cónyuge, nosotros mismos o los hijos: el miedo. Este miedo crea un cisma en nuestro interior, nos separa de nuestra verdadera identidad, oculta nuestro auténtico ser en el autoengaño y la falsedad del ego.

Piense en todas las veces que haya estado usted deprimido, angustiado o confundido. Es muy posible que temiera enfrentarse a algo o a alguien, que le diera miedo el resultado de una situación o que le aterrara perder la admiración o aprobación de alguien de su estima. Cuando sentimos miedo, instintivamente lo cubrimos con una serie de reacciones. Estas van desde la duda sobre uno mismo hasta represalias contra otro. Normalmente, el miedo nos hace albergar falsedades sobre nosotros o los demás, tales como: «No soy lo bastante bueno», «Mi hijo es un fracaso» o «Soy incapaz de cambiar mi vida». De hecho, cada vez que nos criticamos a nosotros o a los demás, estamos dejándonos llevar por el miedo.

Al principio, puede no ser fácil ver que el miedo es el conductor de nuestras reacciones, ya que es un maestro del camuflaje. Lleva diversas máscaras, como el enfado, la frustración, la inautenticidad, el control y la tristeza. Mientras que es posible que nos sintamos justificados al reaccionar así en determinadas circunstancias, es importante comprender que el miedo subyace tras cada una de estas expresiones. En ocasiones nos protege de influencias negativas, mientras que en otras, nos encalla en ciclos negativos.

Cuando el miedo se esconde tras nuestras variadas máscaras, nos hace desplazar lo que sentimos hacia los demás, quizás a través de la culpa, el enfado, los celos o el control. Otra opción es desplazarlo sobre nosotros mismos y sabotearnos, deprimirnos o autolesionarnos. Sea como fuere, pretendemos ocultar el hecho de que tememos sentir el miedo en toda su dimensión. En efecto, con solo pensarlo, nos entra el pánico.

Donde no hay miedo, no reaccionamos. En lugar de ello, formulamos una respuesta consciente en el momento presente. La diferencia entre reaccionar y responder es enorme. Mientras que la primera es una manera de actuar refleja, inconsciente, emocional y habitual de resolver una situación externa, la segunda es reflexiva, calmada basada en sentimientos profundos y sin contragolpe emocional. El miedo sustenta todos los mitos culturales de los que hemos hablado y subyace tras los patrones emocionales que aprendemos de la familia donde nos educamos.

Nuestros hijos son los catalizadores perfectos cuando se trata de despertar nuestro miedo. Profundamente apegados a los hijos, con frecuencia estos desencadenan nuestra necesidad primaria de protegerles. Como constantemente tememos por su seguridad, felicidad y bienestar, estamos en permanente estado de reactividad con ellos. Si no nos asusta que crezcan y acaben fracasando, nos asusta que crezcan sin ser respetuosos o amables. Si no tememos por su futuro, nos da miedo cómo viviremos si algo les ocurre o cómo viviremos con nosotros mismos si experimentan un trauma. Sea cual sea el motivo, el miedo abunda en nuestra reactividad con ellos. Es lo que nos hace gritar, chillar o pegarles. También es lo que nos hace avergonzarlos, humillarlos o culparlos.

VÍAS TÍPICAS DE EXPRESIÓN DEL MIEDO

Prácticamente podemos cartografiar un camino directo desde el comportamiento del niño hasta nuestras reacciones emocionales, que revelará el modo en que nuestras huellas emocionales nos influyen. Esto es lo que quiero decir:

Comportamiento del niño: no escucha.
Su reacción: enfado, amenazas, castigo.
Miedos subyacentes:

> «No tengo ningún control sobre mi hijo.»
> «Mi hijo se convertirá en un monstruo cuando crezca.»
> «Soy un padre ineficaz.»
> «No me escucha. Mi voz no importa.»

Comportamiento del niño: no respeta la hora de volver a casa.
Su reacción: usted está molesto pero es incapaz de crear límites.
Miedos subyacentes:

> «Mi hijo es egoísta y desconsiderado.»
> «Mi hijo se enfadará conmigo por ponerle límites.»
> «No me escucha. Mi voz no importa.»

Comportamiento del niño: está disgustado porque los amigos no lo aceptan.
Su reacción: sobreimplicación e interferencia en su vida social.
Miedos subyacentes:

> «Mi hijo se sentirá inseguro si no pertenece a un grupo.»
> «Mi hijo se sentirá solo y aislado.»
> «Mi hijo está perdido sin un grupo de amigos.»
> «Mi hijo no gustará.»

*Comportamiento del niño: está disgustado porque ha sus-
pendido un examen.*
Su reacción: enfado y castigos.
Miedos subyacentes:

«Mi hijo no irá a una universidad prestigiosa.»
«Mi hijo no tendrá éxito o no será feliz.»
«La sensación de validez de mi hijo se hundirá.»
«Mi hijo quedará atrás y no conseguirá demasiado.»

En estos ejemplos, note que la manera en que hemos sido codificados emocionalmente procede de la superficie en respuesta directa al miedo que los hijos nos hacen sentir. Es como si el sentimiento de miedo hiciera saltar una alarma que al momento desencadena nuestra huella emocional. Al hacernos decir o hacer algo defensivo o protector, la reacción que sigue proporciona un descanso temporal del miedo.

No obstante, cuanto más tiempo alberguemos miedo, más gruesas se volverán las capas de autoprotección —capas añadidas a la semiidentidad—, el ego, creado cuando no se nos permitió ser auténticos. Estas forman una barrera contra el daño emocional. Estas capas son las que debemos ir descubriendo para llegar a la última muñequita rusa. Por supuesto, si hubiéramos sido tan afortunados de pequeños de tener unos padres capaces de ayudarnos a sortear los sentimientos e integrarlos al ir creciendo, no habría sido necesario crear estas capas de protección. Imagine lo libres que nos sentiríamos sin toda esta carga.

Cuando funcionamos desde el estado defensivo y reactivo engendrado por el miedo, no podemos disfrutar de una conexión con los hijos porque no somos capaces de ver al niño tal como es. En lugar de ello, abrumados y en estado casi de pánico gran parte del tiempo, intentamos suavizar el dolor reaccionando a la visión distorsionada mental que tenemos de los hijos. Los padres carcomidos por sus propias emociones no procesadas no pueden sintonizar con los sentimientos de los hijos porque están bajo el asedio de los suyos propios.

LA RAÍZ DE NUESTRO MIEDO

Al percatarnos de la correlación entre nuestras reacciones emocionales y el miedo, es probable que vislumbremos un sentimiento más poderoso subyacente. Es nuestro sentido de lo que valemos, que en su nivel más profundo implica la comprensión de nuestro lugar en el mundo. En otras palabras: nuestro miedo es un microcosmos de la duda universal que acosa a la humanidad como especie.

Para ver claramente lo que ocurre en nuestro interior, es útil explorar los aspectos de nuestro miedo interno.

Miedo de que no nos quieran

En un lugar profundo de nuestro interior, todos deseamos que nos amen. Según la medida en que este deseo quede sin cumplirse en la infancia, o bien buscaremos maneras de realizarlo de adultos o bien nos cerraremos a la posibilidad de ser queridos de manera más que superficial. Esta última es la consecuencia de que muchos de nosotros hayamos crecido en hogares en que los sentimientos no se expresaban. Sea lo que sea que uno experimente emocionalmente, no se demuestra. La distancia emocional generada por este estoicismo deja a los niños huérfanos de estabilidad.

Nuestro deseo no cumplido de que nos quieran, valoren y validen nos conduce a algunos a encontrar este alimento para el alma en los lugares equivocados. Si el anhelo es extremo, utilizamos sustancias para llenar el vacío interior. El efecto químico de las drogas, el tabaco o el alcohol suaviza temporalmente el dolor del vacío.

Los padres que se sienten huecos por dentro, y por tanto sedientos de amor, interactúan con los hijos en base a la dependencia en lugar del verdadero cariño por el niño como individuo singular. Cuando educamos desde la necesidad de ser amados, tendemos a tomar decisiones que aliviarán nuestra necesidad en lugar de decisiones que son realmente las mejores para los hijos.

El miedo sin resolver a que no nos quieran contamina todos los aspectos de la educación. Este miedo tiende a mostrarse en una de las siguientes formas:

- *Intentamos complacer en exceso a los hijos, compramos su amor.*
- *Nos cuesta crear límites.*
- *Nos cuesta ser coherentes y firmes.*
- *Interpretamos el alejamiento natural del niño como rechazo.*
- *Vemos las reacciones de los hijos como un ataque personal.*
- *Nada de lo que hace el niño nos parece suficiente, lo cual refleja nuestros sentimientos internos de carencia.*
- *Nos cuesta separar la identidad del niño de la propia porque la propia es inestable.*
- *Nos enfadamos con el niño porque, al no estar en contacto con los infinitos recursos de nuestro ser interior, funcionamos sin capital.*

Observamos diversas de estas manifestaciones de miedo en el caso de Annabelle, una clienta que fue educada en una familia en que los padres no se mostraban emocionalmente disponibles. La relación de sus padres era contenciosa, su matrimonio estaba colmado de conflictos. Naturalmente, Annabelle absorbió su dolor no resuelto, junto con la sensación de caos que la rodeaba. En consecuencia, creció insegura, angustiada y obsesionada con la idea de si caía bien a la gente. Cuando, finalmente, se casó, fue con un hombre pasivo que le cedía todo el poder. Necesitada de validación, dominaba su vida familiar controlándolo todo.

Cuando a su hijo menor le diagnosticaron una discapacidad del aprendizaje, Annabelle tuvo grandes dificultades para adaptarse a él. Su hijo carecía del brillo del tipo de hijo que ella necesitaba con el fin de sentirse competente como madre. Cuanto más se esforzaba él en el colegio, más se desgarraba ella internamente. Cuando el niño empezó a presentar síntomas de

TDAH, cosa que provocó una serie de problemas de comportamiento, ella simplemente se vio incapaz de afrontar la situación. Diciéndose que la vida la estaba victimizando, se deprimió y se replegó. Como achacó todas las dificultades del niño a su rol de madre, se derrumbó en lugar de emplear su fortaleza para ayudarlo.

Annabelle afrontaba la situación de la única manera que sabía, lo cual significó rechazar a su hijo menor por completo. Le envió a internados y pagó para que cuidaran de él profesionales. Solo al iniciar la terapia, fue capaz de identificar la relación entre su sensación de no ser lo bastante buena con su experiencia con su hijo. Fue capaz de reconocer que sentirse rechazada por sus padres la había conducido a rechazarlo a él.

Los padres agresivos o negligentes funcionan en base al miedo. La mínima muestra de imperfección o limitaciones por parte de los hijos los conduce al rechazo. Tal vez le cueste sentir empatía por estos padres. Pero si pudiera reconocer que este síndrome parte de la desazón interna contra la que luchan estos padres a diario, es posible que llegara a entenderlos.

El caso de Annabelle halla eco en todos nosotros a uno u otro nivel. Si nuestro ser interior no está arraigado en un estado de amor perpetuo, nuestras inseguridades brotan por todos los rincones. Nos tomaremos como algo personal las cosas que los hijos hagan o no hagan, y seremos catastróficos. Al absorber nuestra inseguridad, los niños se darán cuenta de que no pueden ser ellos mismos cuando están con nosotros. Su vida se vuelve entonces un andar con pies de plomo.

Plantarle cara al hecho de que uno se siente vacío por dentro requiere valentía, paciencia y compromiso. Si la necesidad de sentirse amado no se cubrió en los primeros años de vida, el vacío que experimentamos puede acabar con nuestra capacidad de confiar en los demás, por no hablar de llevarles en el corazón. Por este motivo es tan importante ayudar a los hijos a sentirse amados y merecedores de cariño cada día educándoles conscientemente. Podemos empezar aceptándolos completamente, tal como son, ahora mismo. Al hacerlo, su identidad original y auténtica florecerá, y no habrá vacío interior que les cause los problemas que muchos de ellos experimentan.

Miedo al conflicto

Como hemos señalado antes, a causa de la huella emocional que heredamos de la familia, muchos de nosotros tememos el desacuerdo y el conflicto. Esto se debe a que cuando nos vimos inmersos en conflictos experimentamos consecuencias que iban desde la vergüenza al castigo hasta el abandono. Como resultado de ser invalidados por los padres de tal modo, decidimos evitar el conflicto a toda costa. El dolor emocional era demasiado insoportable. En lugar de provocar colisiones emocionales, nos adaptamos a lo que se esperaba de nosotros.

Quizá su infancia fuera distinta y nunca viera pelearse a sus padres. En consecuencia, nunca tuvo la oportunidad de observar cómo resolvían sus diferencias de manera sana, lo cual significa que probablemente no desarrollara las habilidades necesarias para superar el conflicto. Por esta razón, seguramente concluyó que cualquier grado de conflicto era indeseable.

En especial a las niñas se les enseña que eviten los conflictos dejando de ser asertivas cuando sus necesidades están en juego. Por eso cuando crecen y son madres, a muchas les cuesta dar a conocer sus necesidades y poner límites claros. Esto inevitablemente conduce a malentendidos entre ellas y sus hijos, además de sus parejas.

Como el conflicto es una parte normal de la interacción humana, los que poseemos una huella emocional que nos hace evitar el conflicto nos vemos poco preparados para ayudar a los hijos a gestionarlo. Al afectarnos tanto el conflicto, carecemos de la competencia de ayudarlos a manejar elementos importantes de la infancia como respetar los límites, afrontar la rivalidad entre hermanos y gestionar los inevitables altibajos de la vida.

Este miedo puede aparecer en el propio viaje como padres en las siguientes formas:

- *No podemos decir «no» a los niños con coherencia.*
- *Saltamos preventivamente al rescate de los hijos en situaciones duras.*
- *No toleramos la rivalidad entre hermanos e intervenimos constantemente.*
- *Nos sentimos culpables al decir «no», y luego lo sobrecompensamos de maneras poco sanas.*
- *No somos capaces de poner límites firmes a los hijos.*
- *Nos convertimos en peleles, en felpudos de los hijos.*
- *Mimamos a los hijos comprándoles más de lo que necesitan.*
- *Permitimos a los hijos que nos manipulen, y a su vez, sentimos resentimiento hacia ellos porque lo hacen.*
- *Nos asustan los grandes sentimientos de los hijos.*
- *Sobreprotegemos a los hijos cuando experimentan sentimientos dolorosos.*
- *Vigilamos y controlamos la vida de los hijos para protegerlos del dolor.*
- *Hablamos en exceso, racionalizamos y sermoneamos en lugar de simplemente decir que no.*
- *No establecemos límites sanos con la pareja ni los amigos.*
- *Nos cansamos haciendo cosas por los demás porque no sabemos decir que no.*
- *Vivimos con el miedo constante a ser etiquetados de «difíciles» o a que nos desaprueben.*

El padre de Diana tenía un temperamento explosivo. Ella creció aterrorizada por sus emociones caóticas y el conflicto unido a ellas. Al presenciar los arranques de cólera de su padre, al mismo tiempo absorbía la sensación de indefensión de su madre. Ni que decir tiene, la huella emocional con la que creció hizo que se casara con una persona igual que su padre, un hombre de éxito pero emocionalmente volátil. Afortunadamente para ella, su profesión lo llevaba a viajar lejos, de modo que apenas estaba en casa.

Cuando Diana y su esposo fueron padres, ella se halló educando a tres niños prácticamente sola. Esta presión la hizo fluctuar entre la rabia nacida de la frustración y la indefensión pasiva. Como evitaba definir límites claros, sus hijos la forzaban a establecerlos comportándose mal. Nuestros hijos siempre manifiestan comportamientos diseñados para despertarnos. Cuando los hijos de Diana se pasaban de la raya o se metían en problemas en el colegio, ella dispensaba una serie de castigos. La vida de los tres niños se balanceaba como un péndulo entre la falta de estructura y el cierre total.

Las madres como Diana suelen pasar erróneamente por irracionales y personas que andan a medias tintas. La sociedad deplora la manera en que sus hijos crecen mimados o angustiados. La razón por la que una madre es así es que ha perdido el contacto con su propio centro desde pequeña. Sí, una persona puede «actuar con fuerza» desde el ego, pero la «fuerza» que dicha persona transmite no es para nada la misma que la resolución calmada que se origina en nuestro centro interno. Cuando la fuerza fluye de la propia esencia, nos convierte en presencias poderosas.

Cuando Diana llegó a terapia, empezó el proceso de descubrir su miedo al conflicto. Vio que su reticencia a establecer límites con los hijos surgía del miedo al rechazo que había experimentado en la infancia. Vio que se había convertido en su madre, indefensa en lugar de hacerse valer y reafirmar sus deseos. A medida que emergía su propia identidad, fue capaz de establecer los límites que tanto precisaban sus hijos.

Si lucha usted por establecer límites firmes y le da miedo el conflicto, privará usted a sus hijos de la oportunidad de hallar el equilibrio entre ser fieles a sus propias necesidades y a las de los demás. Los límites son esenciales para que los hijos comprendan dónde pueden llegar y descubrir maneras de colaborar con las personas en el viaje de la vida. Sin unos padres capaces de liderar el camino, los niños navegan sin timón y es posible que acaben desbocados.

Cuando la idea de establecer límites nos angustia, los hijos no pueden evitar absorber nuestra ansiedad. Cuando lo hacen, presionan e intentan que fijemos una línea: es algo que se observa en niños que emprenden comportamientos arriesgados desde muy jóvenes. Si no, serán personas angustiadas porque nadie va a poner fin a los pensamientos que surcan su mente en espiral.

Los hijos necesitan que les contengamos, pero no que les controlemos. Su verdadera identidad sabe que lo precisan, y esto debe darse tanto al nivel del comportamiento como al nivel emocional. Aunque los hijos necesiten sentirse seguros de que les contendremos si su comportamiento se pasa de la raya, y prácticamente suplican esta contención, podemos hacerlo solo si hemos resuelto nuestro propio miedo al conflicto y la necesidad de establecer límites.

Si vamos a contenerlos efectivamente, es vital que desarrollemos tanto el yin como el yang de nuestra humanidad. Aunque por lo general dividimos la especie humana en varones y hembras, todos compartimos características masculinas y femeninas a la hora de conectar con nuestra identidad. Como nos convertimos en una persona completa solo cuando conectamos con nuestras cualidades interiores, nos toca a cada uno establecer una relación armoniosa con nuestras características femeninas (yin) y masculinas (yang).

Cuando se trata de educar a los hijos, muchos padres siguen los roles típicos masculino y femenino. Los padres suelen desarrollar exageradamente su aspecto masculino y escasamente el femenino. En las madres, esto tiende a ser a la inversa. Como resultado, no es poco común que los padres se encarguen de la disciplina, mientras que las madres típicamente se relacionen con el cuidado y crianza de los hijos. Pese a que muchos hombres y mujeres no encajan en estas normas culturales, nuestras expectativas sociales y la huella emocional nos empujan a suscribirlas al educar a los hijos.

Muchas madres con las que trabajo presentan dificultades a la hora de expresar autonomía y liderazgo, o incluso mostrándose asertivas para sí mismas, especialmente con hijos varones. Les cuesta establecer límites claros en el hogar y se sienten culpables cuando tienen que decir «no». Acostumbradas a ser condescendientes más que a ejercer su autoridad y dejar que se escuche su voz auténtica, permiten a los hijos que las pisoteen. Esta dinámica no es sana ni para las madres ni para los hijos e hijas. Al mismo tiempo, a mi consulta también acuden muchos padres que no saben cómo mostrarse emocionalmente disponibles a sus hijos o a su pareja porque cualquier muestra de sentimientos reales les hace sentir amenazados.

Tanto madres como padres se pierden experiencias vitales debido a su incapacidad de aceptar e integrar sus lados masculino y femenino. Con frecuencia digo a las madres: «Pon menos énfasis en algunas de tus cualidades femeninas y adopta una actitud más masculina.» Digo lo contrario en el caso de muchos hombres. Nuestra capacidad de equilibrar la asertividad masculina y el cuidado femenino es vital en el camino de la paternidad.

Las mujeres que temen reafirmarse destacan por entregarse más allá de lo aconsejable y por no saber pedir que se respeten sus necesidades y se respeten sus límites. Esto inevitablemente acaba en resentimiento. Del mismo modo, los hombres típicamente son los que valen para poner límites y recibir respeto por su espacio y tiempo, pero no son dados a entregarse emocionalmente. Nuestros hijos reaccionan a estos dos patrones energéticos, con frecuencia faltando al respeto a su madre pero temiendo a su padre. Me doy cuenta de que esto son generalizaciones, pero veo que siguen siendo aspectos perjudiciales a la hora de educar niños para que se conviertan en individuos completos.

Nuestros hijos deben aprender que poseen la capacidad de desarrollar las cualidades yin y yang. Este principio subyace tras todos los demás principios que hemos tratado, ya que habla de la unidad de todas las cosas. Pasa de enfocar la ilusión falsa de nuestra división a abrirnos los ojos a la unión de todos y todas las cosas. Al hacerlo, nos desafía a trascender la forma externa y entrar en nuestro ser interior que no tiene forma.

Para favorecer el desarrollo de la capacidad yin y yang de

los hijos, debemos apoyar el desarrollo de estas energías. Por ejemplo, cuando las hijas son asertivas, en lugar de avergonzarlas o presionarlas para que «se lo tomen con calma», debemos canalizar su poder con inteligencia. Cuando muestran signos de autonomía y liderazgo, en lugar de amortiguar estas cualidades, debemos fomentarlas. Cuando hacen comentarios como «Creo que no me casaré nunca» o «Quiero tener mi propia empresa», debemos permitirles que sueñen sin entrometernos con nuestros prejuicios o preocupaciones. Nuestras hijas necesitan traspasar límites y crecer, sin miedo y con fuerza, capaces de alcanzar cualquier deseo por el que estén dispuestas a trabajar.

Del mismo modo, cuando los chicos lloran, debemos favorecer su conexión con el corazón. Deben ver los sentimientos como una fortaleza que debemos celebrar y apoyar. Cuando muestren signos de gentileza y domesticidad, en lugar de desanimarlos, debemos respaldarlos. Los chicos tienen capacidad de ser tiernos, cuidadosos, empáticos, compasivos y generosos. Necesitan saber que cuanto más conecten con el corazón, más valientes y masculinos serán en realidad.

Cuando dedicamos tiempo a los hijos, debemos preguntarnos: «¿Cuál es el equilibrio necesario en este momento? ¿Mi hijo tiende más al lado femenino? Si es así, ¿cómo puedo ayudarlo a desarrollar el masculino? ¿O ocurre lo contrario?» Un enfoque consciente no desalienta la propensión natural del niño. Solo pretende crear expansión dentro de la psique para que exista un redondeo, un equilibrio.

Es hora de que los hombres habiten más el principio femenino y se vuelvan contemplativos, tiernos, afables y sentidos. Si lo hacen, enfocarán el conflicto de otra manera y la paz será una realidad. Igualmente, es el momento de que las mujeres habiten más el principio masculino para que inicien pasos para hacerse respetar, acepten su capacidad de hacer oír su voz, oponerse y avanzar.

Nuestros hijos de forma natural poseerán estos aspectos complementarios de la psique cuando nos vean a nosotros actuar según los mismos. Necesitan experimentar la comodidad de su padre con sus rasgos femeninos, además de la comodidad de su madre con sus características masculinas.

Cuando la mente está integrada de esta manera, la energía equilibrada sale al exterior y crea cohesión en el mundo exterior. Podemos crear un mundo que avance y prospere según los principios masculinos, pero que también cuide la tierra y sus criaturas en línea con el femenino. Ningún principio debería superar al otro. Tiene que haber un eje natural en el centro. Todo empieza siendo más conscientes.

Miedo a decir «sí»

Cuando crecemos en familias en que los sentimientos no se expresan abiertamente, y el amor y la validación acostumbran a ser retenidos, tememos entregarnos. Cuando se nos exige mucho a nivel emocional, nos cuesta decir «sí» y dar el salto. Esto es debido a que creemos que el amor es escaso. Como creemos que no hay suficiente amor para malgastarlo, nos protegemos de dar demasiado.

La raíz de esta percepción es que nuestros padres no estuvieron disponibles para nosotros generosa y abundantemente. Algo distinto del miedo a no ser queridos, el miedo a decir que sí se manifiesta a modo de autoabsorción en lugar de necesidad. Uno se halla reteniéndose en lugar de siendo generoso y dar, incluyendo el hecho de dar tiempo y afecto a los demás.

Cuando tenemos hijos, nos podemos sentir abrumados por su exigencia constante de atención. ¿Cómo vamos a implicarnos a este nivel si nunca lo hemos experimentado? Ante el ansia de los hijos por estar con nosotros, nos sentimos sobrepasados. Nos cuesta hacernos al hecho de que nos necesiten tanto, de que esperen que les prestemos atención absoluta. Las necesidades de un bebé resultan especialmente sobrecogedoras. Por este motivo, los padres empiezan a acostumbrar a los hijos a dormir ya a las seis o siete semanas de edad.

Por supuesto, algunos padres optan por escapar. Al sumergirse en cualquier cosa, ya sea el trabajo y las actividades sociales o una crisis personal, se vuelven emocionalmente indisponibles para los hijos, repitiendo así su propia experiencia de la infancia.

El miedo a la implicación emocional puede afectar a la relación con los hijos de alguna de estas maneras:

- *Nos cuesta estar abiertos a sus sentimientos sin interponer los nuestros.*
- *Nos cuesta prestarles atención completa.*
- *Nos cuesta jugar con ellos y entrar en su mundo a su nivel.*
- *Nos cuesta ser espontáneos con ellos.*
- *Nos cuesta ver sus exigencias como algo natural, no como una imposición.*
- *Nos cuesta darles sin poner condiciones.*
- *Nos cuesta dejar a un lado nuestros deseos y entregarnos con todo el corazón.*

Lo ilustraré con el caso de Keith. Creció con una madre totalmente dedicada a su carrera en televisión, y a menudo los dejaba a él y a su hermano menor con una canguro. Su padre también era adicto al trabajo y casi nunca estaba en casa. Como no estableció un apego especial con un cuidador primario, Keith vivió su infancia sin una imagen de su identidad que lo guiara. Aunque sus necesidades se veían excesivamente atendidas a nivel material porque era miembro de una familia privilegiada, el simple cariño y las atenciones que necesitaba se le negaban y por tanto nunca desarrolló su ser emocional interior.

Como Keith no sintió que le llegaran al corazón de pequeño, este empezó a cerrarse, como un músculo que se atrofia por falta de uso. La conexión emocional simplemente no formaba parte de su vida. Aprendió a sobrevivir con posesiones y símbolos de nivel social, y daba valor a estos bienes en lugar de a la conexión personal. Nada acostumbrado a la auténtica conexión basada en la calidez humana y el cariño, trataba a las mujeres del mismo modo. Cuando fue padre, era incapaz de ir más allá del rol de proveedor material. En consecuencia, sus hijos no llegaron a conocerlo e imaginaban que se arrepentía de haberlos tenido.

Muchos de nosotros hemos crecido con padres que notábamos que no nos conocían al nivel emocional más profundo. De algún modo parecían distantes. Como resultado, nos encontramos amenazados por la cercanía emocional, creyendo equivocadamente que era sofocante. Cuando somos padres, las necesidades de los hijos nos resultan poco conocidas e intrusivas. En lugar de sintonizar con ellos, les rechazamos. En lugar de apreciar sus muestras de afecto y la necesidad que tienen de nosotros, nos alejamos y les dejamos sintiendo que no son merecedores de nuestra atención. Solo cuando vemos su dolor como reflejo de nuestro propio dolor enterrado, nos permitimos afrontar el pasado y finalmente madurar y ser los padres que debemos ser.

Miedo a ser autónomos

En muchas familias, existe una clara distinción entre padres e hijos. Esto es particularmente así en las familias con jerarquía tradicional en que se enseña a los niños a seguir las instrucciones de los padres y ser obedientes. Estas familias albergan el potencial de generar un nivel peligroso de filiación y la dependencia que crea.

Cuando los niños se ven disuadidos de hacer oír su propia voz y seguir su propio liderazgo, crecen con dependencia de la autoridad parental. Como buscan la aprobación de los padres en casi todo, rara vez ejercen su potencial de autogobierno. Si hacen valer su potencial de soberanía en alguna ocasión, se les suele avergonzar o amenazar, lo cual les hace volver a callarlo. Cuando estos niños crecen y son padres, su pasividad y dependencia continúa y son incapaces de ejercer un liderazgo claro y potente.

Esto puede reflejarse en la vida personal y familiar de alguna de estas maneras:

- *Somos incapaces de crear una visión clara de la familia.*
- *Somos incapaces de permitir a los hijos que tengan su propia vida.*
- *Controlamos a los hijos y no les dejamos ser libres.*
- *Hacemos que los hijos dependan demasiado de nosotros.*
- *Interpretamos las diferencias de opinión o intereses como traición.*
- *Hacemos sentir culpables a los hijos cuando optan por seguir un camino diferente al que contemplábamos.*
- *Avergonzamos a los hijos por tener su propia opinión.*
- *Nos apegamos a los hijos y preferimos la filiación a los límites claros.*

Betty creció en un hogar donde le enseñaron a estar callada, ser amable y obedecer. La consideraban una «niña muy buena» y se enorgulleció de sus capacidades hasta la universidad. Incluso llegó a ser la doctora que sus padres deseaban que fuera, sin pensar jamás en hacer algo que *ella* quisiera. Entonces Betty fue madre. Siguiendo la huella emocional con que creció, educó a su hija para ser igual que ella.

En apariencia, la familia era perfecta. Nadie hubiera imaginado que Betty experimentaba abusos emocionales por parte de su esposo. Con miedo a que se supiera, especialmente que lo supiera su hija, ocultó todos los signos del abuso. Cuando su esposo la engañaba con otra mujer, fingía que no lo sabía o que no le importaba. Cuando empezó a controlar las cuentas bancarias, ella abdicó en él.

Solo cuando su hija inició estudios en la universidad, Betty comenzó a derrumbarse y se hundió en una profunda depresión. Cuando su hija se dio cuenta, sufrió un sentimiento de culpa tremendo. Incluso se quedó en casa para ayudarla durante un semestre. A Betty le costaba superar el peso de su matrimonio en ruinas y el nido vacío. Se refugió en la comida. Cuando su peso alcanzó proporciones extremas y su salud empezó a resentirse, finalmente buscó ayuda.

Betty tardó años en hallar su propia individualidad y su voz interior. Ya tenía cincuenta y pico años cuando se atrevió a divorciarse. Incluso entonces, la paralizaba el miedo de quedarse sola. Sigue acudiendo a terapia, ahora ya tiene sesenta y pico, y va solucionando problemas de autonomía y luchando para encontrar su camino entre los escombros de su yo perdido.

Conservar el matrimonio tanto tiempo, sin rendirse, parece algo admirable. Para los demás, la persona parece muy consciente del valor de la familia, dedicada a su pareja e hijos. De algún modo, esta es una bonita cualidad. No obstante, al fijarnos más, está claro que estos individuos se ven definidos por sus relaciones familiares, y prefieren mantener la «idea» de familia o de matrimonio a costa de su propio bienestar. Al final, se ven incapaces de mantenerse en pie.

Si los hijos de estos padres rechazan la huella emocional y se van, acaban sintiéndose culpables como la hija de Betty. Este aplastamiento de la iniciativa personal provoca una sutil pero perceptible pérdida de motivación, entusiasmo y sensación de propósito. Solo cuando, como padres, hallamos la fuerza de ser la persona que debemos ser por derecho propio, sin depender de los demás para darnos sentido, podemos permitir a los hijos que vuelen sin miedo a explorar sus límites.

Miedo a la infelicidad

Muchos crecemos en hogares en que existe mucha ansiedad por no acabar siendo infelices. En lugar de ver los momentos de infelicidad como un aspecto natural de la vida y el ser humano, nos sentimos culpables si estamos desanimados. En consecuencia, hacemos todo lo posible para evitar lo que podría causarnos infelicidad. Creemos equivocadamente que la vida no tiene que ser infeliz.

Cuando nos resistimos a vivir experiencias que nos causan infelicidad, enseñamos a los hijos a temer no solo sus propios sentimientos sino también los altibajos de la existencia humana. Los niños crecen creyendo que los sentimientos de infelicidad deben evitarse a toda costa.

No sé cuántas veces he oído a los padres decir a sus hijos: «Vaya, estás triste. ¿Quieres una galleta para animarte?» Cuando les pregunto cómo establecen la conexión entre la tristeza y la comida, me miran como diciendo: «¿No es una conexión evidente?» Del mismo modo que utilizamos alimentos para gestionar el dolor, utilizamos el tabaco, la bebida, las drogas, la televisión e incluso el ejercicio físico para anestesiarnos por temor a sentirnos tristes. Si se impide a los niños aceptar los momentos en que no son lo felices que suelen ser, se desprenden de la experiencia real de su vida. Creemos que les protegemos del dolor cuando en realidad les estamos robando la oportunidad de trabajar los músculos de la resistencia.

Veamos cómo este miedo de intimar con la infelicidad interrumpe la capacidad de ayudar a los hijos con su crecimiento emocional:

- *Intentamos animar a los hijos cuando parecen tristes e intervenimos para aliviar su dolor.*
- *Les menospreciamos por mostrarse vulnerables.*
- *No mostramos empatía cuando sus sentimientos nos incomodan.*
- *No les enseñamos a gestionar el dolor, solo a evitarlo.*

Cuando Gabriel tenía nueve años, recuerda, un día regresó a casa del colegio llorando porque le habían intimidado. Entró corriendo buscando a su madre, anhelando su consuelo y calma, pero solo estaban su padre y su abuelo, jugando a las cartas. Incapaces de sintonizar con sus sentimientos y demostrarle empatía, le regañaron por ser un «blando». También bromearon diciendo que era peor que su hermanita, que habría dado una paliza a los bravucones.

Gabriel recuerda que bajó la cabeza, avergonzado. Se prometió no volver a llorar nunca delante de su padre. Interiorizando el mensaje de que los hombres no expresan sus emociones, aquella noche se acostó y golpeó la almohada mientras se repetía lo «estúpido» que era por ser tan blando.

En la actualidad, Gabriel sigue esforzándose por mostrar empatía para sí o los demás cuando ve lágrimas. Su esposa a menudo se queja de que es capaz de pasar por su lado e ignorarla como si fuera un mueble cuando está llorando o disgustada. No comprende que pueda ser tan cruel. Sus hijos despiertan su impaciencia, lo cual provoca gritos o amenazas. Como Gabriel nunca fue validado por sus auténticos sentimientos, ahora no es capaz de conectar con los sentimientos de dolor de sus hijos.

Escapando constantemente de su miedo a la infelicidad, y en consecuencia del miedo al fracaso, los individuos como Gabriel suelen ser los más infelices. Aunque tras una máscara, son personas angustiadas y llenan su horario de actividades para evitar enfrentarse al dolor de estar desconectados de sí mismos. Al final, todo se hunde a su alrededor cuando se ven obligados a afrontar lo que llevan toda la vida evitando.

Los niños educados con este patrón aprenden rápidamente a esconder su tristeza y mostrarse felices. Estos niños luego expresan sus sentimientos verdaderos en forma de síntomas físicos como migrañas, dolores de estómago y dolor de oído. O empiezan a fracasar en el colegio. Paradójicamente, estas maneras poco sanas de expresar el dolor aumentan su ansiedad.

Miedo a no valer nada

Muchos de nosotros crecimos en hogares que nos dejaron la huella emocional de no ser lo bastante buenos. Constantemente nos comparaban con los demás. Cuando no llegábamos a la altura, nos hacían sentir mal. Vimos lo importantes que eran el dinero, la belleza y el nivel social para los padres e interiorizamos estos como los criterios del éxito. Aprendimos pronto que simplemente ser nosotros mismos no era en absoluto adecuado.

La sensación de no estar a la altura tiende a afectar a cómo, como padres, nos relacionamos con los hijos de las siguientes maneras:

- *Les enseñamos a depender de sus notas para sentirse bien consigo mismos.*
- *Nos obsesionamos con el aspecto de los hijos y les enseñamos a confiar en él.*
- *Intentamos controlar las amistades de los hijos y valoramos su popularidad.*
- *Mostramos niveles bajos de autoestima rebajándonos ante otras personas.*
- *Nos preocupamos excesivamente por nuestra imagen y nivel social.*

Mary recuerda claramente que su padre le contaba historias de cómo en el trabajo se enorgullecía de no hacer enfadar nunca a los jefes llevándoles la contraria. Aunque un jefe repetidamente le humillaba, nunca le faltó al respeto. Las historias que explicaba inculcaron a su hija el miedo a defenderse. De ese modo, Mary creía que era menos importante que los demás, especialmente los que se hallan en una posición de autoridad. De adulta, le cuesta protegerse en situaciones en que se la calumnia o maltrata. Cuando una de sus mejores amigas la traicionó robándole dinero, Mary finalmente despertó de su estado y se dio cuenta de que necesitaba ayuda profesional. Con la terapia, empezó a comprender que atraía a personas que se aprovechaban de ella y que nunca la trataban como igual. Siguió el hilo de este patrón hasta su condicionamiento durante la infancia, cuando nunca se sintió merecedora de cuidados ni respeto.

Cuando Mary y otras personas como ella son padres, sus hijos se angustian y no saben ser ellos mismos. Del mismo modo en que sus padres se encogen de hombros, se esconden de la vida y no reafirman su autenticidad, deducen la idea de que ellos son menos que los demás.

Miedo a no tener el control

La industria de la educación nos ha vendido la idea de que un buen padre debe estar al control. Estar al control significa que deberíamos controlar la vida de los hijos en todo momento, cuando lo que precisa control son nuestras propias reacciones emocionales.

Actuando principalmente por ansiedad, nos ha costado apartarnos de los hijos y darles el espacio que necesitan para cometer errores y aprender de ellos. Es importante reconocer la enorme diferencia entre ser unos padres devotos y presentes para los hijos y el tipo de microgestión y seguimiento minucioso que surge de la ansiedad y la obsesión.

Este miedo a perder el control puede hacerse patente en la relación con los hijos de diversas maneras:

- *Nos cuesta dejar que los hijos cometan sus propios errores.*
- *Nos parece que estamos abandonando a los hijos si les damos autonomía.*
- *Pensamos que los hijos se derrumbarán si no estamos con ellos en todo momento.*
- *Pensamos que sin nuestra presencia, los hijos no crecerán felices.*
- *Nos presionamos demasiado para cubrir todas y cada una de sus necesidades.*
- *Nos agotamos intentando gestionar sus decisiones y actividades.*
- *Nos tomamos todo lo que hacen como algo personal y no dejamos que tropiecen.*
- *Les vemos como una parte vital de nuestro éxito y nos enorgullece nuestro rol.*

Cathy se educó a base de control y perfeccionismo. Cuando tuvo sus propios hijos, los convirtió en su proyecto. Los apuntó a las mejores actividades y los retó a destacar en todo lo que hacían. No obstante, su hija menor, Karyn, se oponía a la reglamentación de su madre y se enfrentaba a ella y se rebelaba con el fin de defender su auténtica voz. Como resultado, Cathy y Karyn afrontaban serios conflictos cuando llegaron a terapia.

Al parecer, Cathy experimentaba verdaderas dificultades

para dejar margen a su hija. Pero como Karyn no iba a aceptarlo, Cathy no tenía más remedio que dejarla ir. A disgusto, fue viendo que su enfoque como madre había estado basado en gran medida en el miedo. Al ser más consciente de ello, la horrorizó todo lo que había hecho para alejar a Karyn.

Estos padres enmascaran su ansiedad presentándose como padres devotos. Cuando sus hijos empiezan a portarse mal se ven obligados a detenerse y prestar atención a su miedo.

Los hijos de este tipo de padres suelen verse perseguidos por la ansiedad y el miedo al fracaso. En su deseo de poder decidir acerca de su vida, es probable que reaccionen volviéndose críticos con ellos mismos y saboteándose o volviéndose desafiantes y rebeldes. Sea como fuere, a estos niños les carcome la culpa y la vergüenza porque constantemente sienten que están haciendo algo malo. Suelen ignorar la sensación de verse demasiado controlados por los padres hasta que la situación alcanza niveles extremos de disfunción.

Miedo a ser ordinarios

Educados en una cultura excesivamente perfeccionista, sentimos que somos «menos que» los demás si no somos especiales en algún aspecto. No se puede llegar a imaginar la cantidad de veces que he escuchado quejas de los padres: «Pero es que no sobresale en nada.» O un niño que esforzándose enormemente, «En deportes, solo soy normal». Sin nuestra consciencia, hemos permitido que nosotros y nuestros hijos definamos nuestro valor en base al sentido de la perfección y la medida en que uno es especial y extraordinario. Cuando no llegamos a estas cualidades exaltadas, nos sentimos carentes de valor y, por tanto, inseguros. Ser ordinarios nos causa ansiedad, lo cual provoca un intento de sobrecompensarlo de algún modo.

Cuando somos padres, las limitaciones de los hijos desencadenan nuestra propia ansiedad hasta el punto de vernos actuar de alguna de estas maneras:

- *Les presionamos implacablemente para que destaquen en algo.*
- *Los avergonzamos cuando no alcanzan la excelencia.*
- *Microgestionamos su rendimiento y tememos su fracaso.*
- *Ponemos demasiado énfasis en la competitividad y les enseñamos que en la vida se trata de ganar.*

Me viene a la memoria Caroline, una chica de trece años estudiosa y diligente que destaca en sus estudios. Obediente y educada, es la idea de hija soñada. Su madre me la trajo a la consulta porque sufría una terrible migraña cada vez que tenía un examen. Las migrañas eran tan graves que a menudo tenían que excusarla de hacer el examen con el resto de niños. Dado que era la mejor estudiante de la clase, nadie comprendía por qué los exámenes le provocaban migrañas.

Tomando la tradicional opción de atacar el síntoma, los padres de Caroline la atiborraron de analgésicos. Aparte de sedarla, no tenían ni idea de cómo afrontar la situación. Cuando los medicamentos sin receta médica dejaron de funcionar, la llevaron a un psiquiatra que pudiera recetarle medicación lo bastante fuerte para aplacar su ansiedad.

Pronto Caroline empezó a sufrir migrañas por asuntos sin relación con los estudios. Si iba a actuar en un recital de piano, le daba migraña. Si la invitaban a una fiesta, aparecía otra migraña. Sus padres estaban desconcertados. Le salía todo a la perfección, ¿por qué temía tanto el éxito? Como nunca había fracasado, ¿de dónde procedía este miedo?

Cuando quedó claro que los fármacos no iban a erradicar el problema, la familia vino a verme. Enseguida me di cuenta de que Caroline sufría la carga del perfeccionismo. La presión para ser extraordinaria era tan grande que se estaba derrumbando bajo la tensión. Incapaz de permitirse ser normal en ocasiones y tomárselo con más calma, seguía presionándose hasta que su cuerpo la obligaba a ceder.

A menos que los padres reconocieran su papel en la ansiedad de su hija, nada cambiaría. Se habían acostumbrado al éxito de Caroline y negaban haber proyectado el miedo al fracaso en ella. «Nunca ha fallado», protestaba su madre, «¿cómo íbamos a crear miedo al fracaso en ella? Nunca hemos tenido que regañarla por malas notas. No comprendo que hayamos favorecido esto.»

Expliqué a los padres que solo porque Caroline nunca hubiera sido regañada por fracasar no significaba que no se diera cuenta intuitivamente de lo importante que era su éxito para ellos.

«Pues claro que es importante», replicó la madre. «Siempre celebramos los éxitos de Caroline con ella. ¿No es lo que hacen los padres?»

«Por supuesto que podemos celebrar», añadí. «Pero cuando un niño intuye que estamos apegados a su éxito y se da cuenta de que significa mucho para nosotros —tal vez más de lo que significa para él— lo interioriza en forma de ansiedad. No nos toca a nosotros disfrutar ni celebrar el éxito de los hijos más que ellos. Les toca a ellos disfrutarlo y celebrarlo. Si para nosotros significa más que para ellos, les estamos diciendo que nos lo tomamos como algo personal. Cuando se percatan de ello, el "buen" niño o niña que son les fuerza a hacernos sentir bien con más éxitos. Las migrañas de Caroline son el precio que está pagando por cargar con la responsabilidad de hacerles sentir bien.»

Al darse cuenta de que habían basado todo el valor y la felicidad de la familia en los logros extraordinarios de Caroline, la madre empezó a cambiar su enfoque. Tras muchas sesiones de trabajo con los padres de Caroline para ayudarles a reconocer la toxicidad de su cultura perfeccionista y recalibrar sus expectativas, fueron capaces de librarla de la presión de realizar sus sueños sobre ella. Irónicamente, su deseo de que su hija rindiera tan perfectamente brotaba de sus propios sentimientos de ineptitud.

Como padres, de forma natural queremos celebrar los éxitos de los hijos. Pero al hacerlo, fácilmente les transmitimos el mensaje de que el fracaso es inaceptable. El ego es insaciable.

Cuando le damos rienda suelta, se nutre de la ansiedad de nuestros hijos que buscan impresionarnos.

Miedo a la escasez

Si existiera la madre de todos los miedos, podría perfectamente ser el miedo a la escasez. En algún sitio de nuestro ADN emocional, albergamos la creencia de que los recursos del universo son escasos, de modo que en el mundo hay insuficiente bondad, insuficiente riqueza, carestía de belleza y mucho menos amor del necesario. A causa de esta creencia, en lugar de volvernos más efusivos con el tiempo, definimos la bondad, la riqueza, la belleza y el amor más y más restrictivamente. Cuanto más miramos el mundo a través de una óptica miope, más escasez vemos.

Si contemplamos la abundancia principalmente en términos de dinero, solo los ricos parecen tenerlo en cantidad suficiente. Esta definición restrictiva de la riqueza dificulta que nos sintamos bendecidos a menos que estemos forrados de billetes. No obstante, si adoptamos la óptica de que el universo es un lugar de abundancia, comprendemos la riqueza en otros términos, como formar parte de una familia maravillosa, gozar de buena salud y disfrutar de buenas amistades.

Del mismo modo, si definimos la belleza desde la perspectiva de la escasez, nos basaremos en términos tradicionales y nos compararemos con un estándar imposible. Al hacerlo, nos hallaremos constantemente necesitados de algo. Pero si somos capaces de enfocar la belleza desde la perspectiva de la abundancia, nos damos cuenta de que existe en gran variedad, no solo el espectro limitado definido por el concurso de Miss Universo. Bajo esta visión, hallamos bella en lugar de molesta nuestra nariz respingona, interesantes nuestras pecas en lugar de una distracción, agradable nuestra figura con curvas en lugar de preocupante.

¿Se ve usted y a sus hijos a través de una lente de lo que falta en lugar de lo que se dispone? ¿En una situación, se centra en todo lo que va bien o en lo que va mal? Su respuesta tiene un gran efecto en la manera en que eduque a los hijos. También refleja el grado en que existe vacío en su interior donde su esencia nunca floreció, ya que vemos ausencia en el mundo exterior solo si la sentimos en nuestro interior.

Cuando los niños son pequeños, son completamente ajenos al concepto de escasez. Ven abundancia en todas partes, de modo que el mundo es un patio de recreo. Les encanta explorar todos sus intereses, puntos fuertes y talentos. Por eso, aceptan sus limitaciones. Se dan cuenta de que si no son buenos en algo, pueden disfrutar de muchas otras cosas. De hecho, no experimentan vergüenza al admitir que no les sale bien algo hasta que lo aprenden de nosotros. Tampoco se forman una opinión de cuán guapos son en comparación con los demás hasta que la sociedad empieza a clasificarlos. No se avergüenzan de su cuerpo ni su mente hasta que chocan con las opiniones de la sociedad.

La abundancia no se define por vivir a lo grande y gastar mucho dinero. La abundancia es un estado mental. Implica una profunda confianza en el flujo orgánico del universo y nuestro lugar en el orden de las cosas. Es una manera de ver los acontecimientos, las personas y nosotros mismos que percibe el todo en vez de meramente las partes. Las debilidades y limitaciones se aceptan como aspectos del todo.

¿Alguna vez se ha planteado que la abundancia incluyera las limitaciones, la pérdida, el dolor e incluso la propia muerte? Cuando venimos de un estado mental con el que apreciamos abundancia en todas partes, no interpretamos los procesos naturales de la vida como privaciones ni pérdidas. En lugar de ello, lo vemos todo como una contribución al círculo de 360 grados que forma la vida. Todas las cosas se entienden como texturas y matices enriquecedores de nuestra existencia. Comprendemos que dentro del todo, otros elementos además de los que somos conscientes pueden jugar un papel. Solo porque no los veamos no significa que no estén allí. Cuando experimentamos la vida desde esta perspectiva, todas las experiencias son bienvenidas en su forma «tal cual». Confiamos en que lo que ocurra llevará la posibilidad de aumentar nuestra sabiduría y por tanto nos ayudará a crecer.

El miedo a la escasez puede influir en la vida cotidiana con nuestros hijos cuando experimentamos reacciones como las siguientes:

- *El niño saca una nota suficiente y nos entra el pánico.*
- *El niño aumenta de peso y lo ponemos a dieta.*
- *El niño se siente poco inteligente y usted contrata un ejército de profesores particulares.*
- *El niño sufre el rechazo de un maestro o un amigo y esto le perturba a usted.*
- *El niño olvida una carpeta en el colegio o pierde el móvil y usted le grita.*
- *Sorprende a su hijo con drogas y usted le castiga.*

Zach era un experto en vivir con la mentalidad de escasez perpetua. Aunque creció en un hogar relativamente acomodado y privilegiado, sus padres eran inmigrantes de primera generación con baja autovaloración. Carentes del sentido de su propio valor, veían escasez en todas partes. En consecuencia, Zach creció creyendo que el mundo era un lugar inseguro donde, a menos que se poseyera espíritu de lucha, uno tenía las de perder en el juego de la vida. Esto lo hizo receloso y extremadamente competitivo.

La carrera de Zach como inversor de banca enmascaraba su anhelo interior, que era evidentemente lo que alimentaba su deseo de acumular más y más dinero y subir en la escala social. Aunque ya era millonario a los cuarenta y pocos años de edad, no conseguía librarse de la sensación de penuria. Por mucho que los demás le dijeran lo privilegiado que era y lo afortunado que debía sentirse, nunca se sentía así.

Cuando nacieron los hijos de Zach, les presionaba para que sobresalieran en todo lo que participaban. Bajo tanta presión, su hijo menor empezó a padecer ansiedad social. Para Zach esto era lo peor del mundo y le trajo a terapia. Poco a poco empezó a comprender que había vivido bajo la influencia de una profunda sensación de carencia. A través de la meditación y otras prácticas de toma de consciencia, por fin fue capaz de experimentar la gracia de las pequeñas cosas. Su voluntad de descubrir su miedo le permitió aceptar a sus hijos tal como eran, cosa que les ayudó a sentirse seguros.

Los niños educados con una mentalidad que percibe carencia y escasez en todas partes se ven bloqueados por el miedo, el cual provoca inseguridad y la incapacidad de sentirse con poder. No confían en los aspectos más dolorosos de la vida como oportunidades de crecimiento, ni creen en su capacidad de superar las experiencias difíciles. En guardia y a la defensiva constantemente, van luchando por la vida y se enfrentan a las circunstancias en lugar de fluir con ellas.

ADQUIRIR CONFIANZA, ABUNDANCIA Y PODER

A medida que crecemos y comprobamos que gran parte de nuestra reactividad ante los niños se produce por la influencia del miedo, podemos aprender maneras de afrontarlo. El objetivo no consiste tanto en divorciarnos del miedo sino más bien de aprender a navegar por sus aguas cuando amenaza con abrumarnos. En lugar de buscar experiencias libres de miedo, aceptamos todas las situaciones en que nos encontramos, a sabiendas de que disponemos de recursos psíquicos suficientes para manejar el miedo que dichas situaciones pueden hacernos sentir. De este modo, ya no temeremos el miedo y empezaremos a verlo como un aliado que fomenta un mayor sentimiento de alegría y realización. El universo ya no está dividido en placer o falta de placer, sensación de miedo o falta de ella, sino que es un todo que integra una experiencia holística que se mide por lo profundamente conscientes que llegamos a ser, hasta qué punto crecemos y en qué medida estamos en contacto con nuestro corazón.

13

Transformar el miedo en consciencia

Al hacernos conscientes del miedo subyacente tras todas nuestras reacciones, especialmente ante los hijos, se nos brinda la oportunidad de analizar nuestras antiguas maneras de proceder y relacionarnos con el mundo y sustituirlas por otras más evolucionadas que responden a la situación presente.

La huella de la infancia heredada de los padres influye en nuestras reacciones emocionales ante casi todo:

- *Cómo gestionamos el dinero.*
- *Cómo gestionamos el estrés, los cambios, el aburrimiento, el rechazo, la traición.*
- *Cómo consideramos nuestro cuerpo y el de los demás.*
- *Qué sentimos acerca del esfuerzo, el éxito y el fracaso.*
- *Qué sentimos acerca de la comida.*
- *Cómo gestionamos el conflicto, los límites, el riesgo y los retos.*
- *Cómo llevamos las amistades y la intimidad.*
- *Cómo nos autogobernamos.*
- *Cómo afrontamos el liderazgo frente al seguimiento.*

Cuando me di cuenta de que poseía un «chip» emocional implantado en mi interior que condicionaba todos los aspectos importantes de mi vida, quedé atónita. Me resultaba una locura que literalmente cada idea, opinión y juicio sobre mí misma y los demás hubiera sido constituido por mi familia y mi cultura. Por un lado, esto significaba que ya estaba hundida hasta las rodillas en el barro de su condicionamiento a los diez años de edad. Seguramente tardaría el resto de mi vida en revertir estas marcas. Por otro lado, resultaba liberador darme cuenta de que podía deshacer las marcas que no funcionaran para mí. Fue toda una revelación: aterradora y estimulante a la vez.

Todavía recuerdo la primera vez que comprendí que no me definían mis padres, mi cultura ni nada con lo que me hubiera identificado antes. Esto no significa que negara su influencia en mi vida: no estoy hablando de eso. Lo que voy a describir es cómo comprendí que mi idea de mí misma no dependía de los demás ni se definía por sus ideales.

Tenía veintidós años y me había trasladado a San Francisco desde la India un año antes de iniciar un máster en terapia a través del teatro en el Instituto de Estudios Integrales de California, una de las instituciones más adelantadas que conozco. En esta misma época comencé mi formación en meditación Vipassana y me inicié en la práctica de la plena consciencia en mi vida cotidiana. Como cualquier estudiante extranjero, me había pasado mi primer año en el país sumergiéndome en la nueva cultura, empapándome de nuevas ideas, desmantelando viejos sistemas de ser y creando nuevos. El momento de mi epifanía tuvo lugar en un trayecto en autobús. Recuerdo que observaba a dos mujeres lesbianas enamoradas sentadas delante de mí y pensé si aquello sería aceptable en mi cultura. De repente, mi mundo entero se sacudió ante mí. Una simple pregunta despertó mi consciencia: «¿Por qué me estoy definiendo a través de los estándares de mi cultura?» La pregunta llegaba con el permiso para liberarme de los grilletes de mi infancia que me habían encadenado sin mi consentimiento consciente. Mi mente se tambaleaba. Si mi cultura no tenía razón sobre quién y cómo deberíamos amar, tal vez no tenía razón en un montón de otros asuntos. Quizá todo lo que yo pensaba que era la manera correcta de ser era en realidad erróneo. En aquel momento, empecé a desprenderme de mi apego a todas las casillas que previamente había marcado: mujer, de éxito, psicóloga, hija e india. Como imagina, este proceso de mudar las antiguas identidades resultaba tan liberador como intimidatorio. ¿Quién era yo sin aquellos roles y tras aquellas identidades? ¿Y si mi familia me rechazaba? ¿Cómo toleraría su desaprobación? ¿Me atrevería a recrear una nueva identidad?

Soy afortunada de haber sido educada por unos padres en gran sintonía. Pero a pesar de su abertura de miras, mi infancia estuvo inundada de dictámenes culturales subyacentes que forjaron mis sistemas de creencias a un nivel subconsciente. Entre ellos estaba la idea de que debía regresar a la India, preferiblemente casarme con un hombre indio y encajar en la sociedad donde me eduqué. Cuando llegó el momento de explicar a mis padres que no iba a seguir ninguno de aquellos planes, temí su reacción. Finalmente, reuní el coraje para enfrentarme a mi padre. «Cuando me enviasteis a América, esperabais que cambiara y creciera, ¿no? No pretendíais que volviera exactamente igual que como me había ido, ¿cierto? Pues he cambiado. Ya no puedo regresar y ser la "buena esposa india" que esperabais de mí. Simplemente no puedo. Por favor, perdonadme.»

Cuando me puse a llorar, mi padre también se emocionó, y luego respondió: «Tienes toda la razón. Sería egoísta y estúpido por mi parte enviarte a América y esperar que no cambiaras. Veo que estás aprendiendo y creciendo, y esto es una maravilla. ¿Cómo voy a impedirte eso? No quiero que te preocupes por las tradiciones de nuestra cultura. Deseo que sigas los dictados de tu corazón y hagas lo que sea correcto para ti.»

Cuando más adelante le recordé esta historia a mi padre, le dije: «¿Sabes que en aquel momento me entregaste las llaves de mi libertad?» A partir de entonces, empecé una nueva vida, sin estorbos del pasado, una vida que yo era libre de diseñar a mi manera. Aquel momento revolucionó mi existencia, y por eso me dedico ahora a lo que me dedico.

Como veo que las familias inconscientemente nos pueden llevar por caminos cubiertos de telarañas que nos reducen a ser manchitas en lugar de los magníficos individuos en que podemos convertirnos, me apasiona liberar a los niños. Mi padre ahora me dice: «Cuando te dejé libre, en realidad, me estaba liberando a mí mismo. Tu libertad nos ha cambiado a todos. Como tú vives tu destino, nosotros contamos con la valentía de vivir el nuestro. Has cambiado a tu madre, a tus amigos y a todas las personas que conoces. Aunque no tenía idea de que esto iba a ser de tan gran alcance, estoy contento de haber contado con la sabiduría de seguir tu pauta y apartarme de tu camino.»

¡Una acción tan simple! Si todos los padres se acordaran de llevarla a cabo... Al apartarnos del camino de los hijos, les dejamos encontrar su propia voz y formas de expresión. Al descubrirse a sí mismos, se liberan y transforman el mundo. Si bien no todos los niños tienen padres tan comprensivos como los míos, cada niño necesita darse cuenta por sí mismo de que es mucho más que cualquier identidad —sí, incluso que la identidad de hijo o hija— a la que se ha apegado. Incluso aunque su familia no cambie nunca, esta profunda consciencia puede mover montañas en el mundo interior del niño. Independientemente de la voluntad o falta de voluntad de los padres de seguirnos, llega un punto en todas nuestras vidas en que debemos tomar el timón de nuestra nave y empezar a marcar el rumbo. El primer paso, por supuesto, consiste en hacerse consciente de la huella familiar y de cómo nos influye continuamente.

Cuando interactuamos con las personas más próximas, nuestra codificación emocional entra en acción sin que lo pidamos, desencadenada por alguna presión o miedo que sentimos del mundo exterior. En lugar de combatirlo, necesitamos verlo como una oportunidad. En lugar de reprender a los hijos por mostrarnos estos aspectos no integrados de nuestro ser, debemos sentirnos agradecidos porque, finalmente, después de tantos años, contamos con la ocasión de integrar estas reliquias del pasado y poder ser auténticamente nosotros mismos.

Cuesta eliminar los patrones emocionales, pero con práctica, podemos aprender a observar cuándo caemos en ellos y utilizar la ocasión para responder reflexivamente en lugar de reaccionar emocionalmente. Al hacerlo, en efecto estaremos revisando el pasado, recogiendo los trozos de la individualidad interior que dejamos rotos en el suelo —un trozo aquí, otro allá, hasta que poco a poco recuperamos entero el niño perdido que es nuestra identidad auténtica—. Con ello, nos convertimos en adultos, no solo en términos de edad cronológica, sino de madurez emocional.

Cuando retiramos el miedo del asiento del conductor y nos hacemos amigos, aprendemos a integrarlo en nuestra vida en lugar de seguirlo ciegamente o fingir que no existe. Al permitir que entre en nuestra consciencia, se calma de manera natural. Con un enfoque que dicte «Sí, y», permitimos que el miedo exista sin que nos detenga ni paralice. Así, por ejemplo, nos decimos:

- *«Sí, me da miedo visitar este lugar nuevo, y encontraré la manera de sentirme seguro.»*
- *«Sí, me da miedo hablar en la reunión, y encontraré la manera de prepararme.»*
- *«Sí, me da miedo enfrentarme a mi amigo, y encontraré la manera de conectar con él.»*

Cuando contemplamos el miedo como un mero paso hacia soluciones creativas, no nos agraviamos por su existencia ni nos dejamos seducir por su poder. Al verlo como parte intrínseca de la vida, no adoptamos una visión sensacionalista ante él. Cuando pierde su carga. Encaja en nuestra vida orgánicamente, ampliando nuestra capacidad en lugar de disminuyéndola.

El miedo puede transformarse en consciencia. Requiere una clara voluntad de explorarlo. Aceptar que el miedo es un aspecto inevitable de la experiencia humana nos permite evitar encallarnos en él. Entonces redefinimos su propósito para vivir más compasivamente con nosotros y con los demás.

EMERGER DE LAS SOMBRAS DEL PASADO

Le complacerá saber que no hay que regresar a la infancia para excavar las raíces del miedo. En lugar de ello, lo vigilamos al surgir en el momento presente. Esta consciencia de que los patrones de comportamiento causados por el miedo se repiten es lo que inicia el proceso de liberación. Al descubrir lo que realmente sucede en nuestro interior cuando actuamos emocionalmente, nuestras defensas se fulminan y la integración que se produce a continuación llega a nuestro centro interior y alcanza la muñequita rusa más pequeña. Nuestra creciente consciencia de cómo el pasado influye en el presente nos permite desprendernos de maneras estereotípicas de ser y reaccionar y, en su lugar, crear respuestas en sintonía con la vida al manifestarse aquí y ahora. Los viejos patrones caen y dejan al descubierto una respuesta original sin guion, espontánea, centrada en el momento presente.

Hay que destacar que nuestros patrones emocionales se heredan de generación en generación y solo pueden romperse mediante la consciencia del momento presente.

El poder y la belleza de este enfoque a la vida y la educación es que no necesitamos forzar recuerdos del pasado artificialmente para traerlos al momento presente. En lugar de ello, simplemente observamos lo que ocurre en el momento presente. Lo más probable es que si estamos reactivos y nos sentimos abrumados sea porque algún aspecto de nuestro pasado esté interfiriendo con el presente —ya sea una emoción que quedó colgando y sin integrar, o un mito basado en el miedo que nos condiciona y ahora nos paraliza y no nos deja actuar con poder.

La situación de mi clienta Toni ilustra el poder de los patrones generacionales a la hora de repetirse en las familias. Vivía con dos adolescentes rebeldes, desordenados y desorganizados, y Toni se pasaba el día dándoles la lata y pidiéndoles que ordenaran las cosas después de utilizarlas. Se quejaba de que su casa era una pocilga y de que le daba vergüenza traer invitados.

Le dije: «Te quejas como si estuvieras haciendo algo. Hay una gran diferencia entre quejarse y actuar. Las quejas son pasivas. La acción es activa. ¿Por qué temes pasar a la acción?»

Al principio, Toni se desconcertó: «¿Qué acción iba a emprender?»

Le pregunté: «¿Qué harías si encontraras algo en la sala que no te perteneciera?»

Respondió enseguida: «Si perteneciera a un amigo, se lo devolvería de inmediato, y si no supiera de quién es, lo tiraría.» En cuanto dijo estas palabras, sabía lo que le iba a recomendar. Me interrumpió: «Quieres que devuelva sus cosas a sus habitaciones o bien que las tire, ¿no?»

Comprobé que esto la angustiaba, de modo que seguí: «Pareces ansiosa. ¿Puedes decirme por qué esta perspectiva te resulta tan amenazadora? Al fin y al cabo, parece que es la única cosa lógica que hacer en esta situación.»

Contestó: «No solo son cosas. También es comida que se queda en el frigorífico infinidad de días. Intento respetarlos, pero entonces sufro.»

Estaba claro que Toni confundía el respeto con el miedo. Le dije: «No actúas por respeto. Estás actuando por miedo. Si no te comprometes a mantener un espacio de bienestar en tu hogar y cerciorarte de que este compromiso sea mayor que tu deseo de ser una madre "buena", el patrón continuará.»

Tras unos instantes de silencio, Toni lentamente sacudió la cabeza y admitió: «Soy una blandengue. No sé defenderme. Me da miedo que me rechacen. Les estoy convirtiendo en monstruos y me estoy convirtiendo en su esclava. Debo acabar con esto. Ahora me doy cuenta de que mis quejas solo son mi manera de quedarme atascada.» Toni fue a casa tras la sesión, recogió las cosas que sus hijos habían dejado esparcidas por la casa y las metió en una bolsa de basura. Cuando regresaron a casa, les dio dos opciones: o bien dejaban las cosas en su lugar o las donaría. Cuando vieron que su madre no iba a tolerar más vivir en desorden, escucharon el mensaje y empezaron a cuidar más sus pertenencias. Si bien este paso no cambió sus hábitos por arte de magia, ayudó a Toni a encontrar un camino para reclamar su poder. Como ella expresó de maravilla en una sesión posterior: «Estaba castigando a mis hijos por mi miedo. Mi propio deseo de aprobación y de gustar les estaba enseñando la lección de que no pasaba nada por vivir en una pocilga. Lo más peligroso que les estaba enseñando es que está bien violar el espacio e intimidad de otra persona. Mi deseo de gustar y ser aceptada estaba estropeando mi deber como madre.»

Al comprobar que Toni se mostraba capaz de crear cambios en su vida, sondeé su psique en mayor profundidad para ayudarla a desvelar de dónde surgían estos miedos. Al repasar su historia, descubrió que sus inseguridades empezaron cuando sus padres se divorciaron y su padre se mudó de la casa familiar. Recuerda que se sintió desvalorada y responsable de la ruptura. Me dijo: «Mi casa ya no parecía mi casa. Me sentía culpable de haber elegido quedarme con mi madre y era como si mi padre siempre me culpara por mi elección.» Cuando le pedí que me contara más cosas del divorcio de sus padres, me explicó: «Mi madre creció con un padre muy controlador y crítico. Le atraía mi padre porque era justo lo contrario. Era alegre y adaptable, un artista. Mi madre era al revés: perfeccionista, tímida y ansiosa. Con el tiempo, cada vez se volvió más paranoica y controladora. Cuanto más salía mi padre con sus amigos y disfrutaba de la vida, más angustiada estaba ella. Al final, sus celos y necesidad de controlar todos sus movimientos le cansaron y acabaron divorciándose.»

En este punto todo parecía encajar. Dulcemente hice ver a Toni que el abandono de su padre era la raíz de su miedo a provocar problemas en casa. Como su hogar de la infancia no volvió a ser el mismo tras el divorcio de sus padres, perpetuaba la sensación de desubicación en su propio hogar permitiendo a sus hijos que perturbaran su espacio personal. Su falta de autoestima la llevaba a pensar que no era lo bastante buena para exigir respeto y ser dueña de su espacio en casa.

Cuando Toni empezó a ver que sus problemas actuales con los hijos de hecho no habían comenzado en su infancia sino que llevaban generaciones filtrándose, fue valorando el poder de despertar al momento presente. Vio que, si nos atrevemos a preguntarnos por qué nos abruma nuestra situación actual, el presente puede constituir un espacio de transformación. Las razones de nuestro miedo rara vez se hallan en el presente ni en el comportamiento de los hijos, sino que casi siempre están en los patrones emocionales de nuestros antepasados.

Si pudiéramos entrever siquiera lo generacionales que son nuestros patrones basados en el miedo, nos daríamos cuenta de que brotan de nuestro pasado y no guardan relación con las situaciones que vivimos en el presente, aparte del hecho de que estas situaciones llaman nuestra atención sobre ellos.

Cada uno de nuestros miedos empezó hace mucho tiempo. Aunque interpretamos el comportamiento de los hijos a la luz del miedo, ambos no tienen nada en común. Al reconocer que el comportamiento de los hijos es algo completamente independiente del miedo, somos capaces de ayudarles como lo precisan, orientándoles en lugar de reaccionar contra ellos, acompañándoles en lugar de amenazándoles. Como con la mayoría de elementos emocionales de la vida, cuando antes miremos al miedo a los ojos con valentía, más probable es que desaparezca de forma natural. Cuanto más tiempo lo evitemos o lo neguemos, más tóxico se volverá y nos infectará la vida con su energía negativa. Cuanto antes lo reconozcamos cuando surja en nosotros, tanto en nuestra psique como visceralmente, antes se callará. Cuando intentamos esconderlo bajo la alfombra, muta en enfado o tristeza, lo cual hace que siga amenazando más tiempo.

Al desvincular los patrones emocionales basados en el miedo de las acciones de los hijos, nos queda el comportamiento concreto que ahora podemos afrontar sin el drama al que estamos acostumbrados. Simplemente, el comportamiento del niño precisa una respuesta adecuada al comportamiento, sin ansiedad, emoción ni miedo.

Eliminar la autoestima de la ecuación nos permite ser conscientes y por tanto efectivos con los hijos. Al eliminar la reactividad, afrontamos cada situación desde un estado de calma y equilibrio, respondiendo al comportamiento como este merece, o sea, transformando las circunstancias que nos enjaulan.

OLVIDARSE DE LOS PADRES DE NUESTRA FANTASÍA

Una buena parte del proceso de despertar y crecer para ser los padres que los hijos necesitan guarda relación con el desapego, la necesidad y la dependencia de nuestros propios padres. Podemos impedir a los hijos convertirse en personas independientes y libres, pero podemos además impedírnoslo a nosotros mismos. Al remitirnos a los padres para obtener aprobación, permiso, sensación de pertenencia y amor, seguimos siendo pequeños e infantiles. Esta simbiosis de identidades acaba dejando poco espacio para el crecimiento sano de cada uno. Entonces se proyecta en los hijos, esclavizándolos en el redil parental más allá de lo saludable.

La única manera de librar a los hijos de la dependencia es si antes nos hemos librado de nuestros propios padres. Esto no significa que no podamos disfrutar de relaciones gratificantes con ellos que sean más como amistades, sino que quiere decir que dejemos de necesitarles como padres. Creo firmemente que aunque nuestros padres siempre serán nuestros padres en cuanto al respeto que este título conlleva, su rol de educadores —estar disponibles en todo momento, mantenernos económicamente y reafirmarnos— debe llegar a su fin. Si continuamos «utilizándoles» para aspectos de nuestra vida que deberíamos estar solucionando nosotros, y ellos lo permiten, no solo les atamos a nosotros sino que además inhibimos nuestro proceso maravilloso de crecimiento.

Sue, de cuarenta y siete años, se queja constantemente de que ya no puede contar con sus padres. «Mi madre es muy egoísta. Nunca quiere hacer de abuela. Siempre está con sus amigas o viajando. Mi padre siempre está trabajando o jugando al golf. Les echo de menos y quisiera que formaran parte de mi vida como cuando eran jóvenes.»

A Sue le costaba independizarse como individuo de sus padres porque, diferenciándose de su rol de proveedores y cuidadores de sus hijos, la forzaban a enfrentarse con su necesidad de ser dependiente mucho más allá de lo que era saludable. Le expliqué: «Si bien quieres a tus padres y esto es fantástico, debes preguntarte si les echas de menos porque te sientes incapaz de despegar sola. Tus padres claramente te quieren y siempre has podido contar con ellos. Ahora optan por vivir sus vidas, como debe ser. Su responsabilidad hacia ti ya ha caducado. Son libres de elegir su propio destino, es un derecho que se han ganado.»

Sue admitió que nunca se lo había planteado así. Inconscientemente había asumido que sus padres siempre iban a hacerle de padres y la rescatarían cuando fracasara o cayera. Cuando la ayudé a comprender que ahora era el momento de ser responsable de sí misma y su mejor aliada, a regañadientes confesó: «Supongo que estoy asustada porque no creo ser capaz de hacerlo. Necesito aprender a creer más en mí misma, supongo.»

Sue no es distinta a la mayoría de nosotros. Condicionados para depender de los padres para que nos orienten y nos apoyen, nos sentimos perdidos sin ellos. Al menos Sue era una de aquellas personas afortunadas que han tenido unos padres con los pies en la tierra y conscientes. Por esta razón le costó menos recurrir a su propia resistencia y sintonizar con su ser adulto interior. Como durante la infancia había recibido cariño, protección y cuidados, ahora podía darse todo esto a sí misma.

Muchos no tienen la suerte de Sue y no han tenido unos padres que se mostraran al menos presentes durante su infancia. Millones de niños adultos se sienten perdidos, esperando que sus padres les hagan de padres como llevan deseando desde pequeños. Me viene a la memoria Josh, de cincuenta y un años y padre de cuatro hijos que aún esperaba la aprobación de su madre. Se sentía profundamente apegado a ella y se peleaban como adolescentes. Cuando puse en duda su necesidad de buscar su opinión para cada decisión, me contestó: «Lo intento, ¿sabes? Siempre espero que llegue el día en que ella despierte y me diga lo mucho que me quiere.» Atrapado en su necesidad desesperada del amor incondicional de su madre, la implicaba en todos los aspectos de su vida no porque deseara conscientemente su opinión sino porque no podía deshacerse de su dependencia infantil de ella.

Ayudé a Josh a ver la disfunción de este patrón. Cuando empezó a despertar a los efectos tóxicos de este apego, preguntó: «¿Significa esto que nunca tendré la clase de madre que otros tienen? Una madre que sea mi fan número uno y me apoye incondicionalmente? ¿No merezco este tipo de madre?» La súplica de Josh le salía del corazón.

Animándole a salir del victimismo, por muy legítimo que le pareciera que fuese, para evaluar su situación, le expliqué: «Si sigues atascado en tu deseo de una versión soñada de tu madre, este patrón no acabará nunca y nunca serás libre. Debes aceptar que tu madre probablemente nunca será aquel tipo de madre. Ella es *este* tipo de madre, no *aquel* tipo. Cuanto antes la libres de tu fantasía sobre cómo debería ser, antes aprenderás a valorarla por lo que es —aunque no sea la madre "de libro" que pretendes—. Es decir, igual que necesitamos librar a los hijos de nuestras expectativas, también necesitamos librar a los padres a partir de cierta edad.»

La liberación puede llegar solo si dejamos atrás nuestras fantasías sobre los demás y los aceptamos tal como son: sí, también a los padres. Especialmente cuando nos hacemos adultos, ya no podemos culparlos por lo que no nos dieron. Debemos hacernos responsables de nuestra madurez. ¿Es doloroso, en algunos casos incluso trágico, que debamos hacerlo aún sin haber gozado de aquella presencia en nuestra vida? Absolutamente. Pero esto no nos exime de nuestra tarea de crecimiento. Aceptamos la realidad de la inconsciencia de los padres y comprendemos que surge de su propia educación, y luego los liberamos de cualquier responsabilidad de arreglarnos. El momento para su intervención ya ha pasado. Ahora es nuestra responsabilidad. Es el regalo que nos hacemos a nosotros mismos.

Josh se resistía a esta idea, como lo haría también yo. Pero al ir dándose cuenta de que su madre no le debía nada, y de hecho el daño solo sería mayor si insistía en que le debía algo, empezó a liberarse de su deseo de que su madre fuera de una determinada manera. Así, fue creando una relación más cariñosa con él mismo, a consecuencia de la cual su dependencia de su madre disminuyó. Pronto, sin las exigencias inconscientes de Josh, ambos empezaron a disfrutar más de las personas adultas que ambos eran, cada uno liberando al otro de la promesa de un pasado que no llegó a ser.

Al despertar, nos damos cuenta de que los padres fueron sujetos a su propia esclavitud como resultado de su educación inconsciente. Actuaron con nosotros como lo hicieron porque estaban atados al miedo y la sensación de carencia. Por descontado, no pretendieron hacerlo mal ni ser inconscientes, sino que actuaron como lo hicieron porque es lo que habían aprendido de sus padres y otras influencias de su infancia. Cuando somos capaces de verlo conscientemente, podemos liberar a los padres para que sigan su propio camino como debe ser.

La iluminación surge al desprendernos de la dependencia de los demás para llenar el vacío que sentimos dentro. Por doloroso que sea, a veces necesitamos hacerlo también con nuestros padres. Contemplarlos antes que nada como seres humanos, y después como padres, nos ayuda a seguir nuestro camino de despertar y liberación.

DISTINGUIR EL AMOR DEL MIEDO

Nuestra relación con los hijos se basa tanto en el miedo como en el amor. Tal vez sea porque abrimos tanto nuestro corazón para ellos que estamos más en contacto con todo lo que puede salir mal. Como nos importan tanto, sabemos que nuestro bienestar está vinculado al suyo en muchos aspectos. Con frecuencia, el miedo y el amor se entremezclan, y uno se funde con el otro, lo cual desmerece la pureza de ambos. Sería casi más fácil si pudiéramos decir: «Esto es miedo» y «Esto es amor». Pero a menudo nos queda más bien el sentimiento de: «Como quiero tanto a mi hijo, le ayudo con su vida social y programo sus horas de juego con otros niños» o «Insisto en que a mi hija le vaya bien en el colegio porque la quiero tanto que deseo su éxito». Aunque desde el punto de vista de persona ajena a la familia, puedo asegurar a los padres que sus miedos vienen de su condicionamiento pasado, ciertamente no es tan sencillo cuando una es la madre que lo experimenta.

Un ejercicio útil que pido a los padres que hagan es que se detengan cada vez que se vean abrumados por una ola de reactividad. Aunque resulta difícil hacerlo en el momento en que está ocurriendo, les pido que anoten todos sus sentimientos y pensamientos. Entonces les pido que elaboren una lista de los miedos que surgen en ellos.

Francesca y su hijo de once años, Nate, se enzarzan en constantes luchas de poder por las más mínimas cuestiones. Su último conflicto tuvo lugar cuando Francesca lo sorprendió jugando con el iPad en lugar de estudiar para un examen. Perdió los nervios y le castigó todo el fin de semana. Nate quedó lívido ante la perspectiva de perderse la fiesta de cumpleaños de su mejor amigo, que se celebraba aquel fin de semana. Empujó a su madre y le gritó que saliera de su habitación. En la refriega, ella perdió el equilibrio, cayó contra el armario y se hizo daño en el hombro. Cuando vio el moratón, lo interpretó como una señal visceral para buscar ayuda por una situación que con demasiada frecuencia sobrepasaba su zona de confort.

Cuando pedí a Francesca que enumerara sus miedos en una lista, escribió estas palabras sobre su hijo: «Fracaso, débil, perdedor, distraído, bajo rendimiento, sin objetivos, errático.» De nuevo, vemos lo paralizantes que pueden ser los miedos. No es sorprendente que Francesca reaccionara desproporcionadamente con Nate. Una persona con estos miedos se vuelve loca.

Entonces pedí a Francesca que escribiera sobre su amor por

Nate. Escribió: «Quiero lo mejor para él. Quiero que tenga éxito porque se lo merece. Es brillante y listo. Es amable y cariñoso. No quiero más que lo mejor para él.» Al redactar estas palabras, el aspecto de Francesca cambió. Su expresión facial se suavizó y relajó los hombros. Estaba claro que había vaciado el espacio mental de preocupaciones y miedos y había entrado en un nuevo lugar: un espacio en el corazón de amplitud de miras y libertad.

Pedí a Francesca que volviera a imaginar la escena. Esta vez, en lugar de reaccionar en base al miedo, repetiría las palabras anotadas en el diario. Al reimaginar la escena, inmediatamente percibió el resultado distinto que este enfoque hubiera propiciado. Dijo: «Nate no se hubiera sentido acorralado. No hubiera sentido la necesidad de ser agresivo. ¡Claro que me quería echar de la habitación! Lo estaba acusando y portándome mal con él. Él solo quería deshacerse de mi energía negativa.»

Francesca empezó a comprender la enorme diferencia entre la energía del miedo y la del amor. Si bien ambas parecen bienintencionadas, solo una consigue el objetivo que pretendemos. Mientras que la primera crea una barrera emocional, la segunda libera al otro para que halle su propia relación con su momento presente.

Al seguir este camino de consciencia, notamos más deprisa cuándo oscilamos del amor al miedo. Al darnos cuenta, podemos refrenar los miedos y dejar espacio entre los hijos y nosotros para llenarlo con cariño, sintonía, aceptación y una verdadera relación de cercanía.

Veamos un ejemplo más de cómo el miedo se interpone al amor. Una de mis clientas, Margaret, estaba obsesionada con el hecho de que su hija de catorce años, Debbie, era más bien marimacho y poco femenina. Nunca se ponía vestidos ni faldas, no se preocupaba de su cabello y no se dedicaba a ninguna actividad típica de las chicas. «Temo que nunca se le pase», se lamentaba Margaret. «¿Qué chico se fijará en ella? ¿Y cuándo va a mostrar interés por los chicos?»

Estaba claro que su madre era incapaz de reconocer las cualidades fabulosas de Debbie porque no encajaban con su idea de cómo debía comportarse una chica. A causa de la imagen rígida y limitada de Margaret acerca de cómo debía ser una chica, no alcanzaba a celebrar la verdadera identidad de su hija.

Debbie no solo era una chica encantadora sino que era excepcional. No cedía a lo que su madre llevaba catorce años intentando convertirla. Al contrario, había conservado su idea de la clase de mujer en que quería convertirse. El precio que había pagado por su autenticidad era que su madre, de quien anhelaba aprobación, la viera defectuosa.

Cada uno de nosotros es singular. Poseemos cualidades que son idiosincráticas. La educación efectiva es la que celebra nuestra singularidad, incluidas nuestras idiosincrasias, sin hacernos sentir defectuosos cuando no encajamos en un estándar artificial.

Margaret no es una mala madre. Al contrario, ama a su hija y estaba preocupada por ella. Simplemente no acertaba a ver que bajo su preocupación subyacía la angustia por su capacidad de soportar la posibilidad de que Debbie no encajara en lo que la sociedad considera femenino.

En efecto, traer a Debbie a terapia se trataba más de las inseguridades de Margaret que de ayudar a Debbie. El problema era simplemente que su singularidad desencadenaba tanto miedo en su madre que encubría el amor por su hija.

Cuando la proporción de miedo y amor se desequilibra, de modo que pesa más el miedo, el enfoque que adoptamos hacia los hijos crea un efecto que es el contrario de lo que deseamos. Nos preguntamos cómo ha pasado. Como vimos en el ejemplo de Francesca, los hijos reaccionan a nuestro control angustiado y con oposición, dejándonos la sensación de que somos las víctimas. El miedo tiene este poder de contaminar las relaciones y transformar situaciones benignas en cloacas llenas de enfado, intenciones malinterpretadas y emociones enturbiadas.

Cuando llegué al fondo de la ansiedad de Margaret, descubrí que ella se había sentido considerablemente ridiculizada de niña a causa de su sobrepeso. Afectada por el acoso, Margaret quedó traumatizada y hundida bajo el estigma de ser «la gorda». Su propia madre había sido incapaz de ayudarla, y de hecho contribuyó a la ansiedad de su hija comprándole una máquina de ejercicio y apuntándola al último programa dietético. Margaret llevaba cargando con esta ansiedad desde hacía años, y la enterraba bajo una vida estrictamente controlada de dietas e intervenciones de cirugía plástica interminables. Pensaba que había solucionado el problema. Solo cuando le mostré que cubría su ansiedad empezó a darse cuenta de que estaba proyectándola hacia Debbie.

«Debbie no es el problema», le expliqué. «Debbie está bien y se siente bien tal como es. Lo que se activa es tu ansiedad no resuelta por tu incapacidad de encajar. Sufriste la presión de pequeña y ahora temes que tu hija no sea capaz de gestionar su situación mejor que tú.»

Pedí a Margaret que elaborara una lista de sus miedos. Solo escribió una frase: «No quiero que ella sufra como sufrí yo.» Cuando le pedí que escribiera sobre su amor por su hija, escribió: «Es fuerte y valiente. Es mucho más segura de lo que yo era. Espero que no se hunda bajo la presión como yo.» Cuando Margaret entró en contacto con sus miedos y vio que no tenían nada que ver con la realidad presente de su hija, excepto que le recordaban su pasado, pudo ver el daño que estaba provocando con ello. Dijo: «Estoy intentando evitar que experimente rechazo de los compañeros. Pero al intentar controlarlo, yo soy la que provoca rechazo en ella.» Al reconocer la naturaleza paradójica de sus acciones y cómo estaba creando su peor pesadilla, paró en seco y empezó a desprenderse de sus miedos.

Cada lector puede comprender a Francesca y Margaret. Todos hemos experimentado momentos de pánico, cuando nuestras reacciones son causadas por la necesidad de control basada en el miedo, en lugar de la comprensión y la conexión. Nuestros hijos se quedan haciendo los deberes por la noche, pero nuestro miedo de que no duerman lo bastante nos hace gritarles en lugar de empatizar con ellos. O a nuestro hijo le cuesta aprender a ir solo al baño, y en lugar de revestirnos de paciencia y enseñarle, nos inunda el miedo a que no lo acepten en la guardería y se quede solo en casa, aislado y sin amigos. O tomemos el ejemplo de un niño rechazado por los compañeros, un tema candente para todos. En lugar de permitir que el niño experimente esta situación natural, microgestionamos su vida social por miedo a que quede aislado, y le damos la sensación de que si fuera diferente, sus amigos no lo rechazarían.

Es crucial que tomemos consciencia de cuándo nuestro amor por los hijos queda oculto tras el miedo. Solo la consciencia momento a momento puede iluminar esta tendencia y permitirnos desprendernos de las montañas de ansiedad que nos acechan, y en su lugar entrar en un estado de comprensión, donde reconozcamos nuestro tendón de Aquiles, pero no proyectemos sin darnos cuenta nuestro dolor hacia los hijos.

SE ILUMINA UN NUEVO CAMINO FRENTE A NOSOTROS

Al romper las cadenas del miedo que nos dejaron nuestros antepasados, y sustituir los viejos procesos por nuevos, no solo liberamos a los hijos sino también a nosotros mismos. En la medida en que lo hagamos con éxito, empezaremos a disfrutar de los hijos y de nosotros mismos como los seres sin límites que somos.

El camino hacia la identidad liberada y despierta nunca es fácil ni recto. Está lleno de baches, piedras y desprendimientos. Igual que el artista dedica meses, incluso años, a pintar una obra maestra, confiando en la creatividad interior y poniendo en práctica la disciplina necesaria para realizar pincelada tras pincelada, lo mismo ocurre con el proceso del despertar. La identidad liberada no surge de un día para otro. Llega capa tras capa al ir pelando el ego y reemplazándolo con consciencia y la sabiduría que esta conlleva. Dado que se nos pide que nos enfrentemos a los miedos, el precio del despertar parece alto. No obstante, si seguimos avanzando, paso a paso, las recompensas de la empresa enseguida llegan. Los días empiezan a vivirse con alegría irreprimible y con la sensación de perseguir un propósito que nos impulsa con la intensa consciencia del momento presente.

El regalo

Que seas bendecido con un hijo...

Que te desafíe
para que aprendas a deshacerte del control,
que no te escuche
para que aprendas a sintonizar con él,
que lo deje todo para el último momento
para que aprendas la belleza de la calma,
que se olvide de las cosas
para que aprendas a desprenderte de él,
que sea extrasensible
para que aprendas a mantener los pies en la tierra,
que no preste atención
para que aprendas a concentrarte,
que se atreva a rebelarse
para que aprendas a pensar con originalidad,
que tenga miedo
para que aprendas a confiar en el universo.

Que seas bendecido con un hijo...
que te enseñe
que no se trata de él
sino que se trata de ti.

CUARTA PARTE

HABILIDADES QUE NOS TRANSFORMAN COMO PADRES

14

De las expectativas a la experiencia

El miedo que subyace tras una reacción emocional casi siempre está relacionado con la amenaza de que no va a cumplirse una expectativa. O bien esperamos que se nos trate de una determinada manera o bien esperamos que los hijos se comporten de una determinada manera.

Por definición, las expectativas se centran en el futuro y suelen estar en desacuerdo con el presente. Esperamos que las cosas sean mejores de lo que son. Esperamos mejores resultados que los actuales. Esperamos más progreso y crecimiento del que se está dando.

Las expectativas con frecuencia son recordatorios tácitos de que opinamos que el presente carece de algo y que el futuro puede ser mejor. Esto traslada nuestra consciencia de quienes son los hijos en el momento presente a lo que imaginamos que deseamos que sean, de modo que se produce una división entre los hijos y nosotros.

Si se para a pensarlo, la noción de que deberíamos esperar algo de una persona, especialmente de los hijos, resulta absurda. Cuando creemos que deberíamos tener «expectativas claras» de los hijos, somos inconscientes del subtexto de esta afirmación. Creo que la única persona para quien podemos guardar expectativas somos nosotros mismos, dado que cuando hayamos creado límites claros y coherentes en el hogar, los niños de manera natural se adherirán a ellos sin sufrimiento innecesario.

Sin embargo, como el veneno de los padres consiente un enfoque dictatorial, favoreciendo nuestra creencia de que somos superiores a los hijos, nos sentimos libres para imponerles nuestras expectativas de forma aleatoria y desenfrenada. Empezamos a creer que todo lo relacionado con ellos es asunto nuestro. Es como si pretendiéramos ser dueños de todos sus pensamientos y microgestionar todas sus acciones. No parece que nos demos cuenta de que una cosa es mostrarse cariñoso y comprometido, y otra bien distinta es tratar a los hijos como si fueran posesiones.

Cuando tratamos a los hijos como si nos pertenecieran, nuestras expectativas inevitablemente nos conducirán al enfado y la decepción cuando no alcancen los ideales que hemos fijado. Dado que como padres creemos que tenemos derecho a exigir cumplimiento a los hijos, aunque lo que esperemos no sea en absoluto de su interés e incluso tal vez supere sus capacidades, ellos sufren la carga de verse empujados a ser algo que no son. Esto los obliga a abandonar su verdadera identidad, que es el trauma más dañino que puede experimentar un niño porque implica la traición a sí mismo.

Para ilustrar lo dañinas que nuestras expectativas pueden resultar aunque sean bienintencionadas, voy a contarles la historia de Emily, que llevó a sus tres hijos, de seis a diez años de edad, de viaje desde Nueva York a Los Ángeles. Para que el viaje fuera emocionante para los niños, programó infinidad de actividades enriquecedoras una tras otra. No obstante, en lugar de mostrarse ansiosos por conocer Los Ángeles, los chicos oponían resistencia en todo momento. Sus quejas y mortificación provocaban confusión en Emily, que se pasó todo el viaje pasando de gritarles a sentirse culpable por hacerlo. Como se hallaba entre su deseo de que los chicos participaran en las asombrosas actividades que había planeado y la realidad de que solo quisieran divertirse haciendo cosas más típicas de su edad, Emily lo pasó fatal.

Cuando Emily y yo exploramos los desencadenantes de su enfado en terapia, ella dijo: «No puedo creer que mis hijos sean tan ingratos con todo lo que hago por ellos. Estoy decepcionada de que sean tan egocéntricos. Cualquier otro niño estaría encantado en su lugar.» Como muchos padres, Emily había creado una historia de cómo la victimizaban sus desagradecidos «críos».

La raíz del disgusto de Emily era el deseo de ofrecerles lo mejor del mundo. Este deseo se originaba a partir de su propia experiencia de niña. «Me he esforzado tanto para prepararles un viaje divertido», decía. «Lo mínimo que esperaba es que estuvieran tan emocionados como yo. De pequeña, deseaba ir a Disneylandia y ver todas las atracciones. ¿Por qué no pueden apreciar las cosas como yo?»

Al profundizar en las reflexiones de Emily, empezó a comprender que sus expectativas sobre cómo sus hijos «deberían» actuar y sentirse interferían en la manera en que se sentían en realidad. Le pregunté: «¿Les preguntaste qué querían hacer? ¿Les implicaste en la planificación? ¿Te aseguraste de que te adaptabas a su aguante, intereses y nivel de madurez? ¿Tal vez esperases demasiado de ellos cuando todo lo que ellos querían hacer era jugar en la piscina y relajarse?»

A Emily le resultó difícil cambiar de marcha y sintonizar con el espacio emocional desde el que funcionaban sus hijos. Estaba tan convencida de sus expectativas que no le entraba en la cabeza que la experiencia de los niños fuera tan distinta a la suya. Solo cuando comenzó a darse cuenta de lo cegada que estaba con sus planes para ellos, por fin consiguió salir del trance en que se hallaba.

Supe que empezaba a pensar con claridad cuando finalmente cedió y dijo: «Ya veo que les estaba presionando para hacer cosas. Ellos estaban contentos en la playa y la piscina, y yo les forzaba a hacer las cosas de mi lista. Podríamos habernos quedado en casa y pasado la semana en la piscina municipal. Tal vez lo hubieran preferido. Debería haber esperado a que tuvieran ganas de ir a sitios como Disneylandia antes de montar el viaje.»

Era evidente que Emily relacionaba pasárselo bien con hacer cosas con sus hijos, de modo que «más» y «más sofisticado» equivalía a la felicidad. Estaba tan ofuscada con su propia idea de lo que debían ser unas vacaciones que ni siquiera se paró a preguntar lo que los niños querían. Entonces, al resistirse, les regañaba. Pero era ella la que lo había dispuesto todo para que se rebelaran. La lección es que la raíz de toda situación en que reaccionamos negativamente es una expectativa completamente nuestra que no corresponde cumplir a los niños.

Esperar cosas de la vida, por no hablar de otras personas como los hijos, es abonar el terreno para el fracaso y el resentimiento. La naturaleza de la vida es que no nos trae lo que esperamos muchas de las veces, y las personas —con toda su rareza, volubilidad y confusión— aún menos. A menos que nos centremos en nuestro ser interior, seguiremos esperando cosas de los demás y nos decepcionaremos.

La realidad es que intentar microgestionar a los hijos y controlarlos es una empresa sin sentido. Cuanto más nos adhiramos a las expectativas sobre los hijos, más probable es que nos decepcionen. Al fin y al cabo, a nadie le gusta que le digan que debe cumplir las expectativas de otra persona para obtener su aprobación. Crea oposición en el niño, nacida del deseo de diseñar y gobernar su propia vida sin influencias externas. A pesar de decir que deseamos que los hijos sean independientes y se hagan cargo de su vida, nos sentimos amenazados por su sentido de dominio cuando lo exhiben en su relación con nosotros. Queremos que sean pensadores autónomos y pioneros, pero no mientras vivan con nosotros. Los niños detectan hipocresía y esto les provoca resentimiento y acaban desconfiando de nosotros.

Admitir que nuestra aprobación y afecto por los hijos son condicionales y que dependen de si cumplen nuestras expectativas requiere valentía por parte de los padres. A ninguno de nosotros nos gusta reconocer lo manipuladores y controladores que podemos ser. Pero solo cuando nos enfrentamos a nuestro lado oscuro con sinceridad, nos convertimos en los mejores padres, liberamos a los hijos de nuestras expectativas y les dejamos crear las suyas propias.

EL PROBLEMA DE LAS EXPECTATIVAS BIENINTENCIONADAS

Las expectativas que depositamos en los hijos son acciones que nos convencemos de que son por su bien. Pero si investigamos un poco más a fondo, es posible que nos hallemos preguntándonos el «bien» de quién estamos procurando en realidad.

Jackie, otra clienta, es la dedicada madre de Paula, de siete años de edad. Cuando vino a verme, se quejaba de que la hora del desayuno era una pesadilla para ambas. Describía la situación así: «Creo que el desayuno es la comida más importante del día. Lo preparo a conciencia para Paula. Cereales o tortilla, zumo verde o batido de fruta: siempre le doy opciones. Pero siempre se resiste y muchos días no prueba nada. ¿Comprendes que me vuelva loca? No me gusta nada enviarla al colegio con el estómago vacío.»

Jackie empezó con buenas intenciones: un deseo sincero de alimentar bien a su hija. Pero esto enseguida se convirtió en una situación emocional en que perdía los nervios casi cada mañana. Es una escena que se repite literalmente en millones de hogares casi a diario.

Pregunté a Jackie: «¿Cuáles son tus expectativas?»

«Quiero que empiece el día bien», dijo. «Quiero que esté sana. Espero que comprenda estas cosas y me haga caso.»

Al escucharla, noté que las expectativas de Jackie eran más profundas. «Esperas que Paula tenga tus mismos gustos y la misma hambre que tú», expliqué. «Como crees que el desayuno es la comida más importante del día, piensas que Paula también debería creerlo. ¿Te has planteado que su metabolismo no le permita tomar tanta comida tan temprano? Cada niño procesa la comida de forma distinta.»

«Los alimentos también saben diferentes para diferentes

personas. Como piensas que esta es la manera de ser una buena madre, crees que Paula debería estar de acuerdo. Pero, ¿y si sintonizaras con las preferencias alimentarias de tu hija?»

Al principio, Jackie se resistió a mi desafío. «Hay que desayunar», insistió. «¿Quién lo dice?», repliqué. «Te has creído el mito de que para ser una buena madre debes dar el desayuno a tu hija. Estás tan convencida que te muestras dictatorial. Pero incluso desde el punto de vista de la salud, por no decir el efecto en tu relación con tu hija, ¿es más importante que desayune o que salga de casa en un estado mental armónico?»

Jackie se sintió obligada a replanteárselo. «Supongo que es más importante que se sienta apoyada y comprendida», concluyó, dándose cuenta de que debía olvidar su fantasía de alimentar a su hija con el «desayuno perfecto».

Desprendernos de las fantasías puede vivirse como una especie de muerte. Naturalmente, creemos que estamos renunciando a algo. Abandonar un hábito que consideramos importante no solo engendra una sensación de pérdida, sino que contradice además el mito cultural de que deberíamos mantener el control. Tememos que si soltamos las riendas reinará la anarquía y los hijos se estrellarán.

En realidad, a todo lo que renunciamos es una idea sobre cómo debería ser la vida: un constructo mental. Resulta que cuando cedemos, la «muerte» que experimentamos toma forma de iluminación del espíritu. La acompaña cierta libertad. Nos damos cuenta por primera vez de que tenemos el poder de elegir lo que nos hace reaccionar con viveza, de que la reacción se produce completamente en nuestro interior.

Cuando digo a los padres que tienen permiso para desprenderse de todo lo que les hace saltar en relación con la comida, a menudo se sienten sorprendidos y aliviados a la vez. El hecho de no estar obligados a microgestionar cada bocado de los hijos les facilita enormemente la vida. «Pero, entonces, ¿cómo me aseguro de que come bien?», preguntan. Les recuerdo que no pueden forzar la alimentación. Pueden crear las condiciones para que los niños coman bien, pero, después, no pueden convertir las horas de las comidas en luchas de poder. Es importante comprender que la mitad de las peleas por la comida proceden de nuestras expectativas no cumplidas y nuestra incapacidad de deshacernos de la fantasía de cómo deben ser las horas de las comidas.

«¿Y el sueño?», se preguntará. Es otro tema emocional que genera estrés. La mitad del problema al acostar a los hijos es que lo convertimos en una batalla. Cuando nos deshacemos de la necesidad de microgestionar la hora de acostarse de los hijos y sus hábitos de sueño, acostarse les resulta mucho más fácil. Los niños de forma natural duermen cuando están cansados, aunque no sigan exactamente el horario de los padres.

Los mismos principios son válidos para los deberes del colegio, las amistades que eligen los hijos, y su peso. De hecho, cuando repaso la lista de posibles desencadenantes con los padres y los examinamos uno a uno, se dan cuenta de lo fácil que resulta desprenderse de casi todos. Al principio se horrorizan, pero enseguida ven esperanza.

¿Parece que esto es paternidad negligente? Todo lo contrario. Demuestro a los padres que al eliminar de la ecuación sus imposiciones y, más importante, su ansiedad, abonan el terreno para que los hijos hallen su propio camino. Es un paso pequeño con grandes ramificaciones para la salud de la relación paternofilial.

¿CUÁL ES LA EXPECTATIVA NO CUMPLIDA?

Sara, madre devota de Max y Angelique, de siete y nueve años, les construyó una sala de juegos maravillosa. La llenó de juguetes, material para manualidades y actividades para estimular la mente. A pesar de la enorme cantidad de artículos que había adquirido, cuidó de que cada uno dispusiera de su lugar específico en los estantes de pared a pared que instaló en la sala.

Ahora bien, ¿cómo cree que quedaba la habitación después de un día de juego? Pues, evidentemente, hecha un desastre.

Con tantos juguetes y juegos donde elegir, los niños pasaban de uno a otro hasta que todo el contenido de la sala formaba un montón en el suelo. Como es una persona muy organizada, esto sacaba de sus casillas a Sara y cada día se peleaba con los hijos por este motivo. El mismo desencadenante cada día, la misma reacción de Sara.

Cuando Sara me lo explicó en terapia, le pedí que me mandara fotografías. Tomó instantáneas fabulosas del antes y el después que consideraba que justificarían su frustración y me inspirarían para idear una estrategia inteligente para enderezar a sus insolentes criaturas. Echando una ojeada a las fotos del «antes», pedí a Sara que se guardara las fotos del «después». «¿Por qué?», preguntó. «¿No quieres ver el caos que mis hijos crean cada día, a pesar de decirles a diario que lo recojan cuando terminen?»

Le dije que había visto bastante con las fotos del «antes», y le expliqué que ella misma creaba y perpetuaba el desencadenante de sus reacciones. Dadas las edades de los niños, quedaban exentos de toda responsabilidad por el desorden.

Sara quedó desconcertada, incluso horrorizada, con mi evaluación de su reactividad. Esto no me sorprendió. En lugar de ello, me llevó a decirle: «Retira el 75 por ciento de los juegos, juguetes y actividades de la sala. Luego, en lugar de estantes etiquetados para que los niños guarden los juguetes, proporciónales unos cubos grandes para que los echen dentro. Retira todas las espadas, pelotas de fútbol y objetos puntiagudos con los que podrían hacerse daño. Cubre el delicado suelo de madera con colchonetas de espuma baratas. Deshazte de tu fantasía de ofrecer a tus hijos su propio parque temático, tipo Neverland, donde jugar. Deja que jueguen con espacios vacíos, bloques de construcción, papel y su imaginación. En dos semanas su mal comportamiento desaparecerá.»

Aunque a Sara le costó desprenderse de las actividades para la estimulación de sus hijos que había elegido tan cuidadosamente, se obligó a almacenarlas en el sótano. En cuestión de días, los niños no solo gritaban de alegría en su espacio libre sino que les encantaba «ordenarlo» porque solo se trataba de recoger las cosas y echarlas en los cubos como les pareciera bien.

Cuando desvelamos el objetivo oculto de Sara, se hizo evidente que la razón de que sus hijos se resistieran a guardarlo todo en su lugar era que su propio objetivo era disfrutar del caos y del desorden. Como el objetivo de Sara era completamente distinto, se tomó la negativa de los hijos de recoger como ella quería como un insulto a sus nobles intenciones como madre. Este choque de objetivos es lo que provocaba su reactividad emocional.

En lugar de divertirse, los niños se sentían avergonzados solo por querer ser ellos mismos. De hecho, la temían y se escondían cuando entraba en la sala de juegos. Cuando Sara llegó a terapia, las cosas habían llegado a un punto en que los niños no querían jugar en la sala.

A causa de su expectativa no cumplida de cómo se educan los niños para que consigan el éxito, Sara no se daba cuenta de que el juego a esta edad se supone que debe ser caótico. Solo cuando consiguió ver que sus propias necesidades alimentaban los desencadenantes de su reactividad logró deshacerse de ella.

La reactividad de Sara se alimentaba de su expectativa de que sus hijos debían ser «felices», y que necesitaban avanzarse a los demás. En un intento por favorecerlo, los había armado con los últimos juguetes, juegos y otras actividades. Su experiencia es un claro ejemplo de cómo nuestras expectativas sobre cómo «deberían» ser las cosas se cuelan en nuestras vidas y se convierten en creencias, cosa que obstruye nuestra capacidad de conectar con los hijos de manera auténtica.

Sara ahora podía ver que había creado un monstruo. Enmarañada en su película mental sobre lo que significaba educar niños con éxito —en este caso, niños expuestos a todas las actividades de Toys "R" Us—, había superpuesto sus creencias y objetivos a los de sus hijos. La idea de proporcionarles una enorme selección de artículos para que disfrutaran de todas las oportunidades de éxito en la vida era un engaño que había aprendido de la cultura en que ella misma había crecido.

A un nivel más profundo, como hemos visto, la principal causa de nuestro drama emocional es el miedo. Era por miedo a no ser lo bastante buena que Sara había intentado controlar a sus hijos para que compensaran su sensación de carencia que arrastraba desde la infancia. Básicamente, siempre es la sensación de no ser lo bastante buenos lo que nos empuja a albergar expectativas sobre los hijos. Si nos sentimos completos y presentes en cada momento, no hallamos razón para sobrecompensar. No hay culpa, vergüenza ni miedo. Podemos ser auténticos, naturales y libres, y fluir con lo que el ánimo de los hijos precise en cada momento. Es muy diferente a partir de la carencia, que nos hace dejar de prestar atención al espíritu y centrarnos en las necesidades del ego: cosas como juguetes sofisticados, artículos caros y grandes sorpresas. El regalo de la educación consciente consiste en darse cuenta de que nada de esto va a desarrollar la autoestima de los hijos, como tampoco va a curar nuestras heridas interiores. Despertar conscientemente nos ayuda a darnos cuenta de que la experiencia de la autoestima es un trabajo interior.

SALIR DE LA CABEZA Y ENTRAR EN EL CORAZÓN

Nuestras expectativas se forman en un lugar de juicio, donde sin la consciencia plena creamos imágenes de cómo deberían ir las cosas. Cuando operamos desde este lugar del «debería», sin percatarnos de ello enviamos energía que comunica que estamos en lo cierto y que quien se oponga a nosotros se equivoca. Enseguida, ocupamos un espacio de rigidez, superioridad y estrechez de miras que inmediatamente enfrenta al otro con nosotros. Como todos sabemos, una vez que ambas partes inician esta danza, es difícil que nadie se libre.

Suzanne, madre de un chico de trece años angustiado llamado Brad, me viene a la cabeza. Brad cogió el hábito de quejarse constantemente de malestares corporales, como dolores de cabeza, dolores de estómago, picor en los oídos o temblor de piernas. Sin excepción, encontraba algo de lo cual quejarse cada día. Esto angustiaba a su madre. Suzanne me dijo: «Le pregunto qué puedo hacer para ayudarle, pero sigue quejándose. Intento demostrarle que está bien y no le pasa nada, pero solo consigo hacerle entrar en barrena. No sé qué hago mal. Sé que no le pasa nada, y me desespera verlo que se preocupa tanto.»

Suzanne, abogada de profesión, es una persona pragmática y lógica. Ver a su hijo actuar irracionalmente era un desencadenante poderoso para ella. «Aprieto los dientes cuando se me acerca. Me preparo para algún tipo de queja. No soporto lo que está haciendo con nuestra relación.»

Contesté: «Cada vez que se te acerca, ya has decidido que él se equivoca y tú tienes razón. Con esta asunción, automáticamente presumes que debería cambiar. Esperas que siga tu consejo y simplemente deje de sentir lo que siente. Cuanto más esperas que sea diferente, más se opone. La verdad es que eres tan irracional como él.»

Como esperaba, Suzanne quedó perpleja con la idea de que estaba creando su propia desdicha. Le expliqué: «Cuando se te aproxima Brad, te metes en tu cabeza. Intelectualmente, destruyes sus quejas, utilizas la lógica para convencerle de cómo debería sentirse en base a tu experiencia. Brad no necesita una abogada como madre. Necesita a su madre. Necesita a alguien que conecte con sus sentimientos y le permita tenerlos. Necesita sentirse tranquilizado y escuchado. Utiliza las quejas para acercarse y conectar contigo. Cuanto más lo intenta, más te escondes en tu cabeza. Por eso el ciclo continúa sin cesar.»

Suzanne tardó un poco en comprender que su expectativa de que Brad fuera estoico y práctico como ella interfería con su capacidad de conectar con él. Le trataba igual que se trataba ella. Poco dada a ceder a sus sentimientos, esto la incomodaba. Cuanto más intentaba cambiar a su hijo, más compensaba él.

Suzanne no es de las que se deja influir fácilmente. «Pero yo tengo razón», discutía. «No le pasa nada. ¿Cómo voy a empatizar con él si solo se preocupa por tonterías?» Suzanne mantenía con firmeza que estaba en lo correcto, y eso arruinaba su capacidad de conectar. Mientras siguiera con su deseo de tener la razón, la relación con su hijo se vería afectada.

Le expliqué: «Estás obsesionada con el aspecto que deberían tener las cosas según tus creencias. Y seguramente estás en lo cierto, aunque esto no signifique que vayas a poder conectar con tu hijo. De hecho, al aferrarnos a la idea de estar en lo "correcto" es una de las cosas más equivocadas que podemos hacer en una relación. Tu hijo necesita que su madre simplemente se rinda a sus sentimientos y le escuche. Necesita que lo mires a los ojos y digas que comprendes su dolor. No hace falta que el dolor sea real ni justificado para ti. Es suyo, no tuyo. Está esperando que salgas de tu cabeza y conectes con su corazón.»

Suzanne suspiró y dijo: «No recuerdo la última vez que lo miré a los ojos y conecté con él sin preguntarle qué le pasaba. Me va a costar mucho trabajo. He olvidado lo que es permanecer en mi corazón.»

Nuestras expectativas sobre cómo las cosas deberían ser interfiere con la manera en que realmente son. De hecho, la palabra debería ser «inter*miedar*», ya que son nuestros miedos lo que nos desconecta del momento presente. Con las manos atadas por las expectativas mentales, nos paralizamos y no reaccionamos a la vida mientras se desarrolla ante nosotros, momento a momento.

Vivir desde el corazón significa mantenerse abierto a lo que la vida traiga. Si esperamos que los hijos sean felices en Disney World pero acaban llorando todo el día, nos rendimos a esta realidad sin resistirnos. Si esperamos que los niños saquen buena nota en un examen pero lo suspenden, nos abrimos al hecho sin dudas. En otras palabras, abrir el corazón significa dejar que la vida interactúe con nosotros en la misma medida que nosotros interactuamos con ella. Nos abrimos a la vida para que influya en nosotros en la misma medida que pretendemos gestionarla. Aceptamos los altibajos en la misma medida en que esperamos un camino sin baches.

Solo cuando nos desprendemos de muchas de nuestras expectativas podemos abrir el corazón al momento presente, llenos de la curiosidad y creatividad que ve la alegría en cada realidad. Abandonamos el perfeccionismo y no nos molestamos por lo distinta que aparece la realidad de nuestras expectativas. Soltamos el control del resultado de las cosas, y nos implicamos completamente en el momento presente rendidos y sin resistencia.

Cada momento es nuevo, y la clave para navegar por cualquier situación consiste en escuchar los mensajes que aporta cada momento. Fijamos objetivos, sí, y hacemos planes. Pero siempre somos conscientes de que los hijos embellecerán nuestras ideas con su sello singular, y esta nueva creación nacida de su estilo y el nuestro debe ser valorada y apreciada como parte de la aventura y belleza de la vida.

LA DANZA DE LA NO DUALIDAD

Cuando solo vemos una cara de una situación, normalmente nuestras intenciones ocultas en dicha situación, es prácticamente imposible tomar una decisión acertada. Al ir más allá del pensamiento en blanco y negro, reflejamos el mundo de la naturaleza y de la realidad al completo. Mire a su alrededor y observe el universo que habita. ¿En qué medida es negro y cuánto blanco contiene? ¿Y en qué grado la negrura o la blancura podrían cualificarse de «puras»? Especialmente ahora que sabemos que incluso los agujeros más negros del espacio están en realidad llenos de luz que nuestros ojos no ven.

La naturaleza no es dual. En lugar de presentarnos opuestos rigurosos, nos ofrece una amplia paleta de colores en infinidad de tonos. El universo es una manifestación de la realidad que se expresa en innumerables formas, colores, olores, sabores, sonidos, etcétera. Piense, por ejemplo, en el amplio espectro de durezas, desde la del diamante que puede cortar el metal hasta la de una burbuja de jabón. O la variedad de grados de dulzor y amargor, que desempeña un papel clave a la hora de disfrutar de la comida. En cuanto al frío y el calor, existe una enorme gama de temperaturas, cuando el hielo se derrite, el agua hierve y el sol convierte el hidrógeno en helio. Todos estos grados de variación, junto con otro sinfín, no existen como meros opuestos sino que forman un continuo. Ciertamente, la naturaleza contiene pocas polaridades verdaderas, e incluso las cuatro fuerzas que formaron el universo pueden, en última instancia, resultar diferentes expresiones de una única realidad.

Vamos a aplicar este concepto al comportamiento de los hijos. Si recuerda cualquier conflicto que haya tenido con su hijo, verá que usted y el niño cayeron en una espiral de negatividad porque usted se aferró a una visión polarizada de la situación.

Por ejemplo, cuando los adolescentes olvidan la carpeta de los deberes y decidimos que esto es «mal» comportamiento que merece un castigo. Cuando les regañamos y administramos el castigo, ¿se sienten comprendidos nuestros hijos? ¿Experimentan nuestra interacción como constructiva y reafirmante? ¿Les inspira, les entusiasma y les ilusiona como oportunidad para no olvidar la carpeta al día siguiente?

Cuando no vemos las situaciones de manera polarizada sino que nos tomamos el tiempo para verlas de manera completa y con cierta perspectiva, la manera de dirigirnos al niño cambia radicalmente. El enfoque ya no se centra en que el comportamiento del niño es malo, sino que se centra en comprender cómo se ha llegado a la situación y encontrar una forma útil de evitar que se repita. Tal vez el niño estuviera charlando con los amigos —algo positivo, ya que deseamos que los hijos disfruten de las amistades— y entonces olvidara la carpeta. ¿Nos centramos solo en la carpeta olvidada, o podemos celebrar la capacidad de socialización del niño? O tal vez nuestro hijo estuviera ayudando a otra persona y acabara saliendo a toda prisa por la puerta, y recordara entonces —demasiado tarde— que había olvidado coger la carpeta.

Cuando mi hija olvida algo, siempre me dice: «Al menos he recordado que lo había olvidado, mamá.» Olvidarse algo requiere soluciones prácticas, no juicios morales. Cuando aceptamos que ser olvidadizo no tiene nada que ver con ser «bueno» o «malo», podemos ayudar a los hijos a gestionar su tendencia a dejarse cosas. La situación es una oportunidad para enseñarles a hacerse listas y programar alarmas —especialmente en esta era en que estas tareas son tan fáciles de llevar a cabo con los móviles o tabletas.

¿Por qué este método educativo marca la diferencia? Como libra a los hijos de vivir con miedo al fracaso, se sienten seguros, a sabiendas de que sus padres verán todas las caras de una situación. En consecuencia, no temen arriesgarse. Comprenden que sus acciones se considerarán valientes, independientemente del resultado. A los niños les sienta de maravilla ser aceptados y alentados, mientras que la crítica y el castigo les marchitan por dentro y acaban cometiendo más errores en lugar de desarrollar buenas habilidades de autogestión.

Este enfoque liberador anima a los niños a ampliar su zona de confort y experimentar diversas maneras de ser, sin miedo a ser reprendidos. Estos niños caminan sin miedo hacia el futuro, fuertes porque saben que son personas merecedoras de comprensión y validación.

LA LIBERTAD DE LA EXPERIENCIA

¿Significa esto que con este enfoque nunca podemos esperar nada de los hijos? ¿Y qué pasa con las intenciones? ¿También son malas?

No sé cuántas veces he repetido a mis clientes: «Está claro que las intenciones son buenas, ¡el problema es la ejecución!» Si se fija, verá que no se propone exactamente una intención, sino que en realidad crea una expectativa. Las intenciones —en su más puro sentido— no tienen nada que ver con las expectativas sobre la otra persona y solo conciernen a la aceptación de una visión. A decir verdad, muy pocos de nosotros ponemos intenciones sin juicio, condiciones y expectativas de nosotros, los demás y la vida.

La única intención verdadera que podemos aspirar a fijarnos sin juzgar el mundo es cuando *intentamos* tomarnos la vida en el momento presente tal cual nos llega. Aquí, y solo aquí, en el reconocimiento activo de cómo son las cosas y no cómo nos gustaría que fueran, se manifiesta el portal del cambio. No sirve de nada tener intenciones para el futuro si la relación con el presente está estropeada. En lugar de ello, vamos a *intentar* despertar al momento presente, plenamente conscientes de que a través de este momento presente el futuro se manifestará orgánicamente como debe hacerlo.

Veamos el ejemplo de Martha, que compró un cachorro para sus dos hijos adolescentes. Como respuesta a sus insistentes deseos, pensó que su intención era el bienestar de los niños. Sin embargo, en realidad, adquirió el cachorro con la esperanza de que distrajera a los niños de sus compromisos sociales de modo que se quedarían más en casa y se concentrarían más en el trabajo del colegio. Al cabo de unos meses, Martha se hallaba atrapada en casa con el cachorro mientras sus hijos estaban quién sabe dónde. Limpiaba y cuidaba al animal sola. Se sintió engañada por sus hijos. Cuando vino a verme, se quejaba: «Tenía las mejores intenciones con el cachorro y ha resultado un desastre.» La detuve y le aclaré: «No tenías las mejores intenciones. Tus acciones respondían a ciertas expectativas. No tomaste la decisión de comprar un cachorro por los motivos adecuados. Fingías que lo hacías por su diversión y alegría, pero de hecho esperabas algo, ¿no?» Cuando Martha despertó a su parcialidad, comprendió que se había tendido una trampa. Al confundir la intención con la expectativa, había abonado el terreno para el fracaso de ella misma, de sus hijos y del pobre cachorro.

Apoyar a un hijo que experimenta la vida es mucho más que crear una expectativa mental o fijar una intención cargada de objetivos. En lugar de la visión del futuro, que suele llenarse de promesas vacías, experimentar y vivir plenamente la vida, en el momento presente, es una *manera de ser* que requiere un enfoque vital orgánico que integra cuerpo, mente y alma. Las expectativas y las intenciones cargadas de objetivos apuntan al futuro. La vivencia, en cambio, se centra en el presente. El único camino claro hacia un objetivo futuro consiste en vivir cada momento presente con claridad, convergencia y coherencia. Al hacerlo, el camino hacia el futuro se despliega sin esfuerzo. La mayoría de nosotros gastamos energía imaginando el futuro en lugar de canalizar la atención en el presente. El momento presente es la única cuestión que interesa. No importan nuestras intenciones, si el presente es turbio, el futuro también lo será.

Si Martha hubiera actuado en aras de la vivencia, habría sintonizado con sus hijos y se habría dado cuenta de que no iban a ser capaces de cuidar del cachorro y que ella acabaría haciéndolo sola. Habría descubierto su verdadero objetivo y comprendido que no podía esperar que un cachorro cubriera las expectativas que tenía acerca de sus hijos; sería injusto esperar eso del pobre animal. Mantenernos fieles a nosotros mismos y a los hijos, relacionándonos con ellos por lo que son —no por lo que nos gustaría que fueran—, nos ayuda a llevar un vida sin estorbos y en sintonía.

Cuando empecé a sentir la necesidad de escribir un nuevo libro, no me senté con la intención de crear un éxito de ventas. Me senté con la intención de vivir el momento presente y simplemente escribir. Mi intención se limitaba a la consciencia del momento presente, puro y simple. Si hubiera fijado intenciones de cómo iba a manifestarse el libro en el futuro, habría experimentado dudas, preocupación y estrés. Por este motivo prefiero que mis intenciones se basen en la acción del momento presente, en lugar de que mis intenciones me alejen del momento presente y sean simplemente sueños y fantasías sobre el futuro.

Los niños aprenden a arriesgarse cuando se les permite participar en el proceso creativo sin obsesionarse por el resultado. El truco consiste en aceptar todas sus encarnaciones momento a momento a lo largo del camino. Si están completamente presentes en lo que hacen, las cosas serán como deben ser en esta etapa de su desarrollo —ni más ni menos— y se cumplirán sin sensación de presión ni estrés. Como padres, acompañamos a los hijos mientras se expresan en el momento y les observamos así sin saltar a una visión futura de lo que deberían llegar a ser.

Deje que le diga que es maravilloso ser libre de la responsabilidad de microgestionar las minucias, confiando en que el resultado es menos importante que el proceso. Cuando tomamos esta perspectiva con las notas, por ejemplo, podemos decir a los hijos: «No me importa si sacas un sobresaliente, un notable o un aprobado. Lo que me importa es que seas fiel a ti mismo, te midas con tu propio estándar y te permitas utilizar el material de aprendizaje de la manera más consciente.» Los niños que aprenden a vivir el momento presente empiezan a comprender que, aunque sus pensamientos y fantasías puedan hacerles creer ciertas cosas sobre sí mismos, lo que en realidad se manifiesta en la realidad del momento presente es lo que importa. Así, se desprenden de la obsesión con cualquier acontecimiento del futuro y en su lugar centran su atención en el momento presente. Los niños que reciben este mensaje sienten un alivio inmediato porque el resultado no determina su valor como personas, sino que sus esfuerzos y curiosidad importan más.

Cuando mi hija Maia participó en su primer concurso hípico, experimentó una serie de emociones nuevas. Al principio se sentía ansiosa. Inmediatamente después se sintió decepcionada al no salirle bien la primera vuelta. Sus ojos se llenaron de lágrimas y me dijo: «Quiero abandonar.»

Cuando la animé a olvidarse del premio y la ayudé a volver a la pista, se angustió de nuevo. La segunda vuelta le fue mejor, e inmediatamente se sintió aliviada. En cuestión de momentos sonreía otra vez.

La tercera vuelta no fue tan bien como esperaba. De hecho, el caballo se negó a realizar un salto. Riñó al animal y le volvieron las lágrimas a los ojos. De nuevo, la tranquilicé diciendo que para mí era la ganadora porque estaba capeando su ansiedad y sobreviviendo a sus emociones. Le dije: «Puedes acabar solo porque quieres montar. El premio es irrelevante.»

Volvió a la pista. Cuando la última vuelta fue un éxito, se

entusiasmó. Le había salido excelente y sentía que tocaba el cielo. Esperaba que yo cambiase de tono y me mostrara orgullosa por la fantástica escarapela que ganó. Cuando vio que no cambiaba de enfoque, me preguntó: «¿No estás contenta, mamá?»

Le contesté: «No estoy contenta ni triste. El premio no cambia mi humor ni mis sentimientos sobre tu actuación.» Al verla desconcertada, le expliqué: «El propósito de participar en el concurso era que aprendieras a arriesgarte y entrar en un terreno desconocido. Lo has hecho en el momento en que te has montado en el caballo. Misión cumplida. El resto es miel sobre hojuelas. El lazo no te cambia un ápice como persona. Eres la misma, Maia, tanto si llegas primera como última. Me siento orgullosa de que hayas sido capaz de superar tus sentimientos de temor y seguir adelante a pesar de ellos. No has permitido que tus emociones ni tu ansiedad te dominaran.»

Con mi hija, me interesan estas preguntas:

- *¿Se ha arriesgado?*
- *¿Ha aprendido?*
- *¿Lo ha intentado?*
- *¿Ha sentido?*
- *¿Se ha expresado con claridad?*
- *¿Ha vivido con toda presencia el momento?*

Esto es muy distinto de la expectativa unidimensional que solo pregunta: «¿Ha ganado?» Con el énfasis en la vivencia de la tarea en el momento presente se libera no solo al niño sino también uno mismo de la carga de un resultado determinante. Sin importar cómo van a salir las cosas, los niños aprenden que vivir es lo que importa. Este simple pero profundo cambio de la expectativa a la experiencia es el portal de la verdadera libertad.

Transformar la expectativa
en experiencia

Nuestras expectativas son un disfraz de nuestros miedos y necesidades internas no cubiertas. Mientras no seamos conscientes de que estos miedos nos dirigen, seguiremos presionando a los hijos con dinámicas poco sanas de yo contra ti. A menos que despertemos al hecho de que nuestros problemas se proyectan en los hijos, seguiremos encallados en nuestra disfunción.

La vivencia o experiencia es fundamentalmente distinta de la expectativa. Las expectativas surgen de nuestros objetivos egocéntricos, mientras que la vivencia con los hijos viene de un lugar distinto: el corazón. Reflexione en los siguientes ejemplos que ilustran algunas de las maneras en que los padres se relacionan con los hijos a partir de diferentes puntos de vista:

Expectativa: Quiero estar orgulloso de ti, mi hijo, y quiero que consigas el éxito, por eso debes sacar una nota sobresaliente.

Experiencia: Disfrutaré del proceso de verte aprender, sin imponerte mis planes secretos ni ideas de cómo deben ser las cosas, sin dejar que relaciones tu valor como persona con las notas, te bañaré en la luz de tu falta de límites, te apoyaré cuando te esfuerces para conseguir los deseos de tu corazón, te ayudaré a crear un entorno en que puedas concentrarte en el trabajo, estaré presente para guiarte cuando halles dificultades, te facilitaré los momentos de ansiedad y te levantaré cuando te caigas, te retaré y te consolaré al adentrarte en lo desconocido, te aliviaré de la carga de complacerme, y te despertaré a tu propia vivencia con lo material.

Expectativa: Quiero que me demuestres agradecimiento como padre tuyo.

Experiencia: Deseo que no dudes de tu valor. Te absuelvo de la necesidad de complacerme o cubrir mis necesidades. Te ayudaré a sentirte más agradecido que con derecho a recibir, te permitiré recibir pero no ser consentido, te ayudaré a conectar con los regalos que has recibido, y te ayudaré a servir para que aprendas a dar además de recibir.

Expectativa: Procuraré que mi hijo me respete y me obedezca.

Experiencia: Me desprenderé de la necesidad de controlarte, me desharé de las ilusiones de superioridad, crearé un espacio seguro para que te expreses, te daré la oportunidad de ser escuchado y de escuchar, cuidaré la relación para que seas respetado además de respetar, fomentaré la conexión que enriquezca la vida de ambos, te redirigiré si tomas decisiones poco seguras para ti, y dejaré que pruebes, experimentes y te rebeles dentro del receptáculo de nuestra conexión.

Como ve, las expectativas se limitan a maneras rígidas y dicotómicas de vivir y relacionarse. Las asignamos a los hijos desde una posición jerárquica de superioridad. Como es natural, los niños se oponen a ellas. ¿Quién no lo haría? Cuando tenemos expectativas de los hijos, nos condonamos toda necesidad de cambio, lo cual por supuesto le llena de resentimiento hacia nosotros. A nadie le gusta que le consideren el malo. Nadie quiere cargar siempre con la culpa. Aun así, cuando los hijos se quejan y contraatacan ante esta injusticia, les castigamos, les regañamos y les avergonzamos.

Cuando pasamos de las expectativas al apoyo de la vivencia, dejamos de cargar a los hijos con la responsabilidad de nuestra felicidad. De este modo, ofrecemos un espacio para que la identidad interior del niño florezca a su manera singular. Este enfoque comprende intuitivamente que todas las experiencias de la vida son una odisea hacia una mayor consciencia, desarrollo y conexión con uno mismo. Todo lo demás se funde en un segundo plano y permite que prospere la autoridad y expresión interior de los hijos.

Nuevo compromiso para desprenderse de las expectativas

Abandono mis expectativas y fines ocultos,
porque sé que surgen de mi pequeño espacio mental.
En su lugar, accederé a mi enorme espacio del corazón
y te liberaré de satisfacer mis necesidades,
esperando hacerlo yo mismo.

Cuando te vea, ya no reflejaré
mis miedos, inseguridades, anhelos y dramatismo.
En su lugar, limpiaré las telarañas mentales
que empañan la luz de tu brillo
para poder ser espejo del diamante que eres.

Al prescindir de planes secretos, se aleja el vacío que siento,
y solo queda un espacio colmado y pleno.

15

De la reacción inconsciente a la presencia consciente

Con frecuencia me preguntan: «¿Qué es exactamente la presencia?», y siempre me falta una respuestas que me satisfaga. La razón es que la presencia no es algo que pueda describirse o comprenderse teóricamente. Solo puede experimentarse. Como todos sabemos, al explicar una experiencia nos quedamos cortos. Es como pretender explicar los colores de una puesta de sol a alguien que nunca ha visto una, la emoción de montar en una noria por primera vez o la sensación de flotar en un océano en calma. Existen algunos elementos de la vida —quizá todos— que pueden entenderse solo a través de su experiencia.

Para mí, la presencia connota la capacidad de ser completamente consciente del presente. Requiere que dejemos en suspenso el pensamiento, las ideas, opiniones y creencias. Simplemente, *somos*. En este estado de «ser», somos inconscientes de quién, dónde o qué somos y en su lugar experimentamos plenamente el proceso de estar vivos. Como he dicho antes, si observamos a los niños muy pequeños a los que se deja vivir sin cargas, con toda probabilidad reflejarán un estado de presencia, donde cada momento se trata como nuevo, sin la imposición del pensamiento.

Cuando nos sentimos plenamente atentos al momento presente, nuestro apego a las ideas y motivaciones ocultas se olvida. En su lugar sintonizamos con lo que surja. Presenciamos, vivimos, actuamos, nos desprendemos. En otras palabras, fluimos con la marea de la vida, mientras guardamos las costas. Una parte de nosotros se muestra activa en el mundo, mientras que internamente permanecemos en reposo. Experimentamos la vida plenamente sin perder el contacto con la abundancia de nuestro interior.

Vivir el presente nos permite conectar con lo que surja a nuestro alrededor, y al mismo tiempo mantener un estado de equilibrio y calma. Como no actuamos siguiendo nuestra cabeza, siguiendo nuestras películas mentales, podemos responder a los altibajos de la vida con los pies en la tierra y abiertos. Sin interesarnos que nadie siga nuestra manera de hacer, aprendemos a fluir con los demás en lugar de atacarlos. Buscamos unirnos a su energía cuando resulta apropiado o nos apartamos con naturalidad si el momento lo exige. Sea como fuere, no marcamos objetivos, y estamos dispuestos a disfrutar de la novedad de cada momento. La capacidad de estar presentes nos ayuda a crear conexiones profundas y perdurables con quienes nos encontremos, especialmente los hijos.

VIVIR EL MOMENTO PRESENTE

La única manera de crear cambios en la relación con los hijos consiste en aprender a vivir el momento presente. Como he comentado antes, el choque de zonas horarias —el hecho de que nosotros pasamos gran parte del tiempo en el pasado o el futuro, mientras que los hijos viven en el presente— es la causa de gran parte de la disfunción que experimentamos con ellos.

Vivir el momento presente significa aceptar una situación «tal cual es» sin resistencia. Cuando nos trasladamos al presente sin el «ataque» de la energía —«¿Por qué no se cumplen mis objetivos ocultos?»—, podemos actuar sin la reactividad emocional que acompaña tantas interacciones con los hijos.

Recientemente me di cuenta de lo difícil que me resulta centrarme en el momento presente con mi hija. Me hablaba de moda, belleza y de lo divertido que sería «ser modelo» (comprensiblemente algo que me haría saltar). Estaba la mar de feliz, recitando todas las fabulosas prendas que había visto en una revista. Mi primer pensamiento fue: «Qué superficial. Es terrible. Menuda madre soy si dejo que mi hija tenga estos valores.» Pensamientos como este inevitablemente crean una sensación de culpabilidad y presión en nuestro interior, que a su vez nos hace buscar maneras de controlar estos sentimientos incómodos.

Le dije: «Maia, ¡eres muy superficial! Esto son cosas muy triviales. No quiero que crezcas pensando que ser modelo es lo mejor del mundo. Debes pensar en cosas más importantes, como cuál es tu propósito en la vida y cómo vas a servir a los demás.»

Maia inmediatamente bajó la cabeza y calló. Lo interpreté como una señal de que podía seguir desplegando mi discurso y dije cosas aún más hirientes: «No vas a crecer para convertirte en una boba a la que solo le interesen estupideces como la belleza y la moda. Vas a convertirte en una ciudadana del mundo, preocupada por ayudar a acabar con la pobreza y hacer cosas buenas con tu vida.»

En este punto, Maia, a quien no le gusta que nadie la critique, replicó: «Mamá, solo hablaba de ropa. No estaba diciendo nada de mi futuro. Solo tengo doce años, y todas las chicas de doce años hablan de estas cosas. ¿Por qué me hablas como si hubiera hecho algo malo?»

Llevaba razón. No había hecho nada malo en absoluto. Lo único que había hecho era violar mi imagen sagrada de mí misma como madre consciente. Los objetivos ocultos de mi ego de educar a una hija obsesionada con acabar con la pobreza o hallar una cura para el cáncer habían obstruido mi conexión con lo que ella experimentaba en aquel momento.

Entonces Maia clavó su espada en el corazón de mi enorme ego, como saben hacer los niños sabios: «A partir de ahora, no te contaré nada.» Supe que lo había estropeado. Me había hecho la cama de desconexión en la que iba a acostarme. Había ayudado a enseñarle a mi hija que tener doce años no era seguro, y especialmente inseguro compartir cosas con su madre sin arriesgarse a recibir críticas y reprimendas.

¿Cómo iba ahora a reconectar y resintonizar con el momento presente? Le dije: «Tienes toda la razón y yo me he pasado de la raya. Tienes derecho a no confiar en mí. He contestado influida por el miedo por tu futuro y he olvidado que solo tienes doce años y estos son pensamientos y sentimientos bien propios de tu edad. Solo me asusta que olvides lo que realmente importa en la vida.»

Me dijo: «Tienes que confiar en ti misma, mamá. Me has enseñado lo que importa y lo que no. Pero por encima de todo, yo no soy tú, y si me gusta la moda, pues me gusta la moda.»

De esta manera, los hijos nos vuelven a poner en nuestro sitio, consciente de nuestras propias dudas de autoestima y confianza. Si hubiera confiado en mi labor de madre, sus comentarios no me habrían preocupado en absoluto. El único motivo por el que tuve la necesidad de asegurarme de que mi hija no iba a sucumbir al *glamour* era que yo me sentía insegura de mi labor como madre y al mismo tiempo ambivalente sobre mi propia relación con la moda y la belleza. Mis miedos imaginarios habían vuelto a secuestrar mi capacidad de sintonizar con mi hija en el momento presente.

Siguiendo mis propios consejos, en la situación descrita, si hubiera actuado conscientemente, habría notado el desencadenante. Entonces, en lugar de dejar que me abrumara, lo habría dejado a un lado y habría dicho a Maia: «Vaya, esto provoca a alguien de mi edad y con fobia a la moda como yo. Pero comprendo que hablas de tus gustos. Mi miedo como madre es que mi hija no reconozca la superficialidad de estas cosas, pero sé y confío en que ya lo sabes.» Este enfoque es cómo podemos reconocer nuestro miedo de manera auténtica sin permitir que sabotee la conexión.

Se preguntará: «¿No deberíamos corregir nunca a los hijos? ¿Siempre debemos aceptarlos tal cual en su realidad presente? ¿Y si hacen algo mal?» Todas estas son preguntas válidas. Pero estas preocupaciones surgen del miedo asociado a la carencia. Vienen del deseo de controlar, arreglar y gestionar.

Yo digo a los padres: «Aceptar el momento presente no significa ser pasivo ni resignarse. Simplemente significa que la punzada de la carga emocional se elimina de la situación. Claro que se puede corregir al niño e incluso asertivamente crear límites si es necesario, pero el intercambio se ejecuta sin añadir la carga emocional del miedo, el pánico, la vergüenza o la culpa.»

Existe una enorme diferencia entre aceptar a los hijos por un lado, y a causa de esta aceptación sucumbir a sus exigencias por el otro. Cuando Maia se quejó el otro día de que su pizza sabía «rara», si bien respeté su decepción, también le enseñé a, en efecto, «afrontarlo y pasar página». Si hubiera seguido lamentándose, no me habría disuadido de mi enfoque. Habría dicho igualmente: «La pizza ya está comprada. Cómetela o ya encontraremos otra cosa en casa. No vamos a comprar otra pizza.» En lugar de molestarme porque no valorase la pizza o, peor todavía, obligarla a comérsela, habría expuesto sus opciones y le habría pedido que eligiera. Es muy importante que los padres no confundan la aceptación con un estado pasivo de permisividad o indulgencia. En la misma línea, si un niño fuera maleducado o desagradable en una cena o un restaurante, si bien es importante no atacarlo ni gritarle, también lo es fijar límites a su comportamiento inapropiado. En ocasiones esto puede significar dejar la circunstancia hasta que se calme o comprenda qué significa ser apropiado, y en ocasiones significa que hay que llevárselo y hablarle clara y directamente sobre los efectos de su comportamiento en los demás. Sea cual sea la acción, sentarse tranquilamente y evitar la intervención no es una cualidad de la consciencia de ningún modo.

«Pero, ¿y si mi hijo hace algo perjudicial?», puede preguntar un padre. «Por ejemplo, ¿y si se pone a jugar con el teléfono cuando debería estar estudiando para un examen importante al día siguiente?»

La consciencia del momento presente exige que nos relacionemos con los hijos como se nos muestren aquí y ahora. En lugar de entrar en su habitación en estampida con nuestras historial mentales sobre lo desobediente que es, debemos pedirle el teléfono y explicarle que su incapacidad de dejarlo está afectando a su trabajo escolar. Sin ponernos a discutir ni dar más explicaciones, simplemente le recordamos el acuerdo sobre el uso del móvil y le pedimos que lo deje fuera de su campo de atención. Aunque haga comentarios ofensivos o tenga una rabieta, nuestra tarea en este momento es alejarlo de estas distracciones sin añadir dramatismo. Hay que señalar que cuanto mayor sea el dramatismo o la resistencia, mayor es la desconexión entre padre e hijo. A menudo digo a los padres: «Si el hijo es incapaz de ver nuestro punto de vista y no respeta los límites, significa que hay algo más, algo que obstruye la relación.» En estos casos extremos, el móvil deja de ser el problema central y la relación pasa a un primer plano.

EL PODER DE LA NO PERMANENCIA

Olvidamos que nada es permanente. Todas las cosas tienen un comienzo, experimentan una evolución y finalmente quedan transformadas en algo nuevo. Pasa constantemente, tanto a nuestro alrededor como en nuestro interior. Nada permanece igual. Hasta el punto de que incluso la persona que éramos esta mañana ya no es la misma de ahora. No solo se han transformado nuestras células, sino también nuestra consciencia, aunque no seamos conscientes de ello. En consecuencia, al alargar un momento sombrío con los hijos ignoramos su potencial de crecer y transformarse. De hecho, cuando destacamos un elemento de su personalidad reaccionando negativamente, lo fijamos más. Cuanto más nos resistimos, más tiempo forma parte de su personalidad. Volviendo al ejemplo sobre la moda, si yo hubiera dicho: «Sí, entiendo que pienses que las modelos tienen una vida divertida, pero seguro que también quedan agotadas de vestirse y llevar maquillaje siempre», y hubiera dejado el tema, habría disipado el interés de mi hija. Al entrar en pánico como hice, otorgué a las modelos mucho más poder del que pedían. Es así como perpetuamos nuestra propia miseria.

Cada momento en el tiempo es nuevo y no existirá al momento siguiente. Aunque este momento se creó con ayuda del anterior, también es un momento completamente nuevo. Por este motivo etiquetar y clasificar el comportamiento del niño en un momento en particular está fuera de lugar. Cuando nos aferramos a una imagen del niño tal como era en un momento pasado, no respetamos lo que es en este momento. Si preferimos adherirnos a lo que era, nos perdemos al niño tal como es en el momento presente.

Los niños pequeños no tienen esta dificultad. No se aferran a lo que pasó ayer. A diferencia de los adultos que les rodean, no arrastran el equipaje de días, semanas e incluso años pasados. Son capaces de perdonar y olvidar sus penas, cosa que les libera para embarcarse en la siguiente experiencia con ganas. Es decir, los niños intuitivamente fluyen con la impermanencia de la realidad.

La genialidad del niño al fluir de un estado al siguiente exaspera a los padres, la mente adulta no comprende cómo un abrazo, una broma o una palabra amable pueden transformar rápidamente el estado de ánimo de un niño. Nosotros reflexionamos, nos planteamos, diagnosticamos y racionalizamos, y luego nos sentimos frustrados si no conseguimos una explicación a su comportamiento. Por eso, cuando los padres insisten en saber por qué su hijo se ha comportado de manera irracional, me encojo de hombros y digo: «Es lo que hay. Son criaturas del momento. Nosotros nunca recuperaremos el poder de saltar de un estado de ánimo a otro como hacen ellos.»

Mantenernos en el presente significa vivir cada momento en un estado de viveza y receptividad. De este modo, siempre estaremos listos para ver que la vida constantemente nos ofrece experiencias frescas con lecciones nuevas. Cuando se nos nubla o se nos estrecha la mente como resultado de la reactividad emocional, la consciencia de que nada es permanente nos recuerda que respiremos y nos da permiso para decir: «Este es un nuevo momento. Puedo empezar de cero.»

A los niños no les gusta, y no les ayudamos, cuando nos mostramos catastróficos ante sus errores. «Cuando cometo un error, mis padres me recuerdan todos los errores que he cometido desde los dos años», se quejaba un niño, haciéndose eco de lo que sienten muchos niños. «Yo ni me acuerdo de la mitad de ellos», continuaba, «pero ellos sí.»

Otro niño me confesaba: «Si digo que estoy cansado y no quiero hacer los deberes una tarde, mis padres me sermonean diciendo que no entraré en una buena universidad. Siempre hablan del futuro, pero yo solo hablo de aquella tarde.»

El presente «tal como es» contiene abundancia ilimitada. Solo nuestro miedo nos impide dar con la naturaleza abundante de cada momento que se nos presenta. Esto se debe a que los recuerdos del pasado están grabados en nuestra consciencia y anulan nuestra capacidad de perspectiva amplia.

«Aquello fue entonces y esto es ahora» es una frase que suelo repetirme a mí misma. Me recuerda que debo dejar de aferrarme a cómo creo que mi realidad debería ser, y me libera para moverme por el presente independientemente de lo que contenga.

Por ejemplo, si regresamos de una fantástica excursión y mi hija monta un numerito porque está cansada o preocupada por algo que debe hacer, en lugar de gritarle por arruinarnos el día, me digo: «Estábamos de muy buen humor antes, pero esto es ahora y el estado de ánimo ha cambiado. Acepta la realidad de este humor.»

Una de las maneras más eficaces de construir una relación con los hijos consiste en encontrarnos con ellos en el momento presente. Esto significa que cuando vuelvan a casa del colegio, en lugar de apresurarlos para que nos cuenten cómo les ha ido o presionarlos para que hagan los deberes, simplemente les saludemos y dejemos que vivan el momento. Que les dejemos encontrarnos de la manera que les apetezca. Del mismo modo, cuando se acuesten por la noche, que aceptemos su estado de ánimo. Esta sintonía facilita mucho el respeto de los límites establecidos.

Cuando decimos a los hijos: «Aquello fue entonces y esto es ahora», les ayudamos a pasar a la realidad presente, tanto si es la hora de los deberes como si es la hora de acostarse. Entrar en un momento nuevo conscientemente aporta claridad a la relación con ellos y les ayuda a desprenderse del pasado y entrar en el presente.

LA ABUNDANCIA DE LAS COSAS «TAL COMO SON»

Una clienta me preguntó: «¿Cómo cambio mi enfoque a uno más consciente? ¿Cómo mantengo la calma genuinamente ante un suficiente cuando lo que deseo es gritar?»

Le dije: «No puedes fingir la consciencia. Es mejor decirle al niño que querrías gritar en lugar de fingir que no. Si bien no deberíamos cargar a los hijos con nuestros sentimientos, es importante permitirnos el espacio para expresarlos de vez en cuando, cuando necesitamos mucho hacerlo. Si esto se convirtiera en un patrón, sería preocupante, ya que deberíamos ser capaces de metabolizar e integrar nuestros sentimientos solos la mayoría de las veces. No obstante, si se cambia la filosofía y se plantea la idea de que un aprobado no significa fracaso, entonces no hace falta fingir ni gritar. Cuando uno ve genuinamente la sabiduría del aprobado, todo cambia. Cuando el aprobado no refleja la muerte del potencial, sino que se interpreta como el nacimiento de la consciencia del niño, además de la oportunidad de conectar con él más profundamente, entonces es posible ver la abundancia en lugar de la carencia.»

«¿Cómo traduzco este enfoque con palabras?», preguntó. «Bueno», contesté, «puedes decir algo así: "La nota no es importante ahora mismo. Vamos a pensar en tus puntos fuertes y las áreas en que precisas ayuda. Cuando lo hagamos, estaremos en el buen camino. Las asignaturas son como músculos que deben fortalecerse. Es más importante desear trabajar el múscu-lo que la complacencia de que uno ya lo sabe todo."»

Cuando nos centramos en el crecimiento personal como el único parámetro del éxito, las trampas externas de logro se vuel-ven menos importantes para nosotros. Cada momento es una oportunidad para ser más auténticos. Fingir no tiene sentido. Los pensamientos de abundancia nos permiten ver resplandor en cada error, fracaso y riesgo con mal final.

Esto no significa que actuemos sin cuidado. De hecho, todo lo contrario: significa que nos mantenemos firmes en lo que es importante, el crecimiento de la auténtica identidad. Cuando cada decisión se toma en sintonía con la persona que somos en el momento presente, ¿cómo va a ser nada un «error» o algo «malo»? Por tanto, cuando vemos a los hijos actuar del mejor modo que su consciencia presente les permite, ¿por qué íbamos a juzgarlos por los fracasos que inevitablemente experimenta-rán? Con el cambio de enfoque, les enseñamos a valorar el cre-cimiento ganado con cada experiencia.

Mucha gente habla de lo que llaman la «ley de la atracción». Seducidos por la promesa de riqueza y éxito, pretenden hacer que esta «ley» les funcione, y casi siempre acaban decepciona-dos. Los tableros de visión donde exponemos nuestros sueños y deseos pueden ser útiles, y estoy a favor de ellos. Pero no son útiles si pretendemos que sustituyan el hecho de estar presen-tes en la realidad del día a día porque estamos fijados en el fu-turo.

Es cierto que los pensamientos, si bien neutros, poseen el poder de formar un montón de creencias, que a su vez crean emociones en nuestro interior que funcionan como un imán, y nos atraen a situaciones que las reflejan. Si nos hallamos inmer-sos en pensamientos que solo generan creencias y emociones debilitantes, es probable que nos abrume la ansiedad y las per-sonas y situaciones negativas. Parece que atraemos la negativi-dad. A la infelicidad le gusta estar acompañada.

Tomemos como ejemplo una situación en que el niño esté ganando demasiado peso. Es posible que usted se diga: «Mi hijo tiene sobrepeso.» Este pensamiento puede ser neutro, solo que rara vez lo es. En su lugar, activa su ansiedad y envía una señal a su banco de pensamientos para que genere más creencias del estilo. La próxima creencia puede ser: «Mi hijo no va a ser popular en el colegio.» Esta creencia a su vez envía una señal en busca de otras creencias semejantes, como: «Soy un mal padre porque no controlo lo que come mi hijo.» Sin cesar, la cadena de pensamiento-creencia sigue. Enseguida, se sentirá tan angustiado que su hijo lo notará y lo absorberá. Las repercusiones pueden ser infinitas. Al fin y al cabo, los pensamientos no pueden atraer la realidad, pero las creencias sí, porque forman nuestro ser interior. El universo responde a los sistemas de creencias que albergamos en el interior. Por este motivo es importante formar las creencias que puedan generar la máxima libertad en nuestro interior en lugar de ansiedad. En vista de que atraemos más de lo mismo nos corresponde reaccionar de otra manera ante los hijos, sin la negatividad y el miedo que solemos que nos dominen.

En lugar de entrarnos el pánico cuando el niño aumenta de peso, podemos aceptar la situación «tal como es», sin historias mentales ni juicios. Por supuesto que podemos responder a la situación, pero en lugar de activarnos, simplemente actuaremos. Tal vez decidamos tomar un nuevo enfoque en lo concerniente a la alimentación de toda la familia y eliminar toda la comida procesada. Tal vez nos apuntemos a una clase de yoga o ejercicio físico juntos. También podríamos ser conscientes de los alimentos que tomamos. Más importante aún, podemos prestar atención a la manera en que utilizamos la comida para anestesiarnos y sobrellevar situaciones.

Si consideramos esta situación como una llamada para que despertemos, libraremos al niño de la carga de «arreglarse». En aras de la salud, nos sentiremos agradecidos de la llamada para cambiar los hábitos. En lugar de resentimiento ante la situación, la veremos como una oportunidad de mayor conexión y vivencia. Desde este estado de energía llena de presente, podemos decirle al niño: «Comprendo que te disguste tu peso y la presión por cambiar de aspecto. ¿Quieres que hablemos del tema?» O podemos sugerir: «Vamos a observar nuestra relación con la comida. Incluida la mía. Hablemos de cómo podríamos relacionarnos con los alimentos con más consciencia y equilibrio.»

En algunos casos, resulta más fácil afrontar la situación «tal como es». En otros casos puede ser difícil. Vamos a tomar el ejemplo de una situación común que a muchos padres les cuesta tolerar y gestionar: la falta de respeto.

Mantener ecuanimidad cuando los hijos se muestran irrespetuosos es difícil. La mayoría de padres saltamos con las groserías y nos las tomamos como algo personal. Sin embargo, en lugar de poner en marcha una cadena de creencias furiosas sobre lo irrespetuoso que está siendo el niño, todas basadas en el miedo, podemos optar por no invertir más energía en el comportamiento negativo. Entonces, se irá disipando, ya que solo crece si nuestra energía negativa lo alimenta.

En vez de ello, echamos mano de otro tipo de energía desvinculándonos de las palabras y preguntándonos: «¿Por qué siente mi hijo la necesidad de relacionarse así conmigo? ¿Hay algo a lo que no estoy prestando atención? ¿Estoy siendo demasiado controlador? ¿Estoy siendo incoherente con los límites? ¿Por qué mi hijo se rebaja hablándome así?»

Si no podemos mantener la calma, podemos marcharnos —sin resoplidos—. Si somos capaces de hacerlo amablemente, tal vez podamos recomendar al niño que se pregunte si está haciendo las cosas todo lo bien que podría. Si necesitamos irnos primero, podemos recomendárselo más tarde cuando todos hayamos recuperado el control de las emociones.

Yo le digo a mi hija: «Tu tono desagradable de antes me indica que te pasaba algo. ¿Es así? ¿Puedes decirme qué es?» Al eliminar mis sentimientos de la ecuación, puedo dejarle espacio para la introspección.

Siempre dice algo como: «Estoy enfadada por lo que me ha pasado con mi amiga y lo he descargado contigo», o tal vez: «Estoy nerviosa por una cosa del colegio» o «Estaba cansada».

En las sesiones de terapia, ayudo a los padres a ver que reaccionar genera un ciclón de energía negativa que engulle a todos. Les explico que no deben abandonar sus sentimientos, solo dejar a un lado la carga emocional. En vez de resoplar y suspirar, incitar y engatusar, o gritar y chillar —todo lo cual simplemente magnifica el comportamiento que deseamos eliminar— nos concentramos solo en los pensamientos que amplifiquen el cambio que deseamos ver. Por supuesto, no hace falta decir que hay que hacerlo de manera genuina. Esto no tiene nada que ver con los elogios vacuos de las cualidades del niño, ya que el elogio falso en un momento como este no ayuda para nada.

Cuando respetamos, comprendemos y empatizamos, llegamos al deseo innato de los hijos de lograr el éxito y vivir relaciones respetuosas con nosotros. Podemos decir algo como: «Sé que deseas el éxito. Sé que quieres hacer bien las cosas. Vamos a trabajar juntos.» Entonces, en lugar de centrarnos en lo que el niño *no* hace, nos centramos en lo que *está* haciendo y quiere seguir haciendo. Esto conduce la energía en la dirección correcta.

Cuando los hijos ven que somos capaces de relacionarnos con ellos de una manera que saca y capitaliza sus puntos fuertes, aprenden a controlar sus reacciones. El hecho de no ser avergonzados ni culpados los libera para centrarse en los cambios que desean llevar a cabo. Como padres, cuanto más nos alejemos de pensamientos y afirmaciones negativos, más espacio abrimos para que fluya la energía positiva de los hijos.

En el caso de la mala educación y las faltas de respeto, necesitamos llegar a los sentimientos que subyacen tras el comportamiento. Entonces podemos exponer al niño las maneras en que el comportamiento influye negativamente en su vida. Podemos decirle: «Sé que te sientes frustrado cuando intentas expresar algo, pero entonces me frustro yo más contigo. ¿De qué otras formas podrías expresarte para satisfacer tus necesidades? ¿Podemos ver por qué nos provocamos? Vamos a identificar el patrón y ver cómo podemos ayudarnos más.»

El elemento crucial en todo esto no es reflejar cómo nos

hace sentir a *nosotros* el comportamiento del niño —insultados, decepcionados o heridos—. Si lo centramos en nosotros, el niño acabará reaccionando contra nuestra energía en vez de centrarse en la suya.

La aceptación elimina el escozor de la negatividad. Aceptar la situación «tal como es» conlleva gracia, rendición y sobre todo gratitud. Todos estos elementos crean una carga positiva en nuestro banco mental con el poder de exteriorizarse.

La aceptación no es algo pasivo —es muy distinta a la resignación—. La aceptación es un proceso activo de comprensión exacta de cómo se creó la situación presente con la intervención de ambas partes y de lo que puede enseñarnos. Si tenemos que cambiar algo, debemos presentar negatividad cero ante nuestra realidad «tal como es».

Un aspecto de la aceptación que suele pasarse por alto es que como todas las cosas existen en un continuo, podemos crear el cambio centrándonos en el polo contrario de donde se nos ha llamado la atención. Lo mencionamos en un capítulo anterior, pero quiero acentuarlo ahora porque es una energía poderosa que pueden utilizar los padres. Por ejemplo, si su percepción es que su hijo exhibe la energía de la falta de respeto y el desafío, en lugar de centrarse en este comportamiento como haría normalmente —un enfoque que servirá solo para reforzar el comportamiento—, céntrese en el polo opuesto del continuo. De esta forma acepta al niño sin reforzar el comportamiento indeseado.

Para hacerlo, note cuando su hijo *no* se muestra irrespetuoso ni desafiante. Entonces amplifique este comportamiento deseable. Por ejemplo, cuando mi hija está almorzando tranquilamente, aprovecho la oportunidad para decir algo como: «Me encanta lo apacible que estás. Me siento conectada contigo cuando simplemente disfrutamos de la compañía de ambas así.» Lo que no debemos hacer en estos momentos es comparar el comportamiento apacible del niño con los momentos de discusiones —una trampa en la que los padres caen fácilmente—. Entonces el elogio se convierte en un sermón disfrazado.

Con el tiempo, cuanto más destaquemos el respeto y amabilidad del niño, más respetuoso y amable será. Dejando de centrarnos en el comportamiento negativo, que inevitablemente aumenta nuestra propia negatividad, simultáneamente intensificamos el respeto y la amabilidad que mostramos hacia el niño.

SU REACCIÓN ES EL DESENCADENANTE DE LA DEL NIÑO

Su hijo constantemente capta su tono, energía y señales no verbales. Es posible que ahora comprenda mejor lo que le hace saltar, pero ¿sabe que usted puede ser la causa de que salte su hijo? Más importante aún, ¿es consciente de que su hijo puede reaccionar de una manera particular por la manera en que usted lo trata, con o sin sutileza?

Presionamos a los hijos mucho más de lo que ellos nos presionan a nosotros. Por ejemplo, ¿cuándo empieza un niño el día con listas y horarios como nosotros? No programan millones de actividades para nosotros ni nos obligan a ir a sitios donde no queremos ir. No nos amenazan cuando no comemos lo que nos dicen o no nos vestimos con las prendas que eligen. Nosotros somos los que iniciamos estas dinámicas, rígidamente obligándoles según nuestros estándares. Naturalmente, presentamos estas cosas como oportunidades, acciones para favorecer su buena salud, exponerlos a las posibilidades de la vida y muestras de apoyo. Si fuéramos sinceros con nosotros mismos, admitiríamos que todo es mera manipulación para salirnos con la nuestra.

Nuestra energía y maneras de ser están cargadas de vibraciones que los demás captan. Como padres, es crucial que nos demos cuenta de que nuestra simple presencia, aunque no digamos una palabra, tiene un impacto en el comportamiento de los hijos. Esto nos debería recordar que nos preguntásemos: «¿Cómo estoy contribuyendo a esta situación? ¿De qué manera mi energía o mis acciones favorecen que mi hijo reaccione así?» Cuando comprendemos nuestro papel al crear cada situación, ya no culpamos al otro.

Una vez que reconocemos que todas las cosas surgen de una interdependencia, vemos lo simplista que es castigar a los hijos por su comportamiento.

El comportamiento no surge de la nada. Algo provoca a los hijos, igual que algo nos provoca a nosotros. La fuente puede ser externa o puede venir de los padres. Puede surgir de un lugar profundo del interior del niño más allá de su consciencia. Hacerlo responsable sin mostrarnos compasivos ni curiosos por la razón del comportamiento es cruel e improductivo.

Cuando comprendemos que el comportamiento no deseado es una señal de otra cosa, se nos recuerda que conectemos con los hijos más profundamente. Cuando observamos su comportamiento a través de la lente de causa y efecto, en vez de apresurarnos a juzgarles el carácter, se nos despierta curiosidad por sus sentimientos y experiencias. Este enfoque es maravilloso para construir la confianza y así acercar a los hijos.

Conrad, un padre de cincuenta y siete años, vino a verme porque había sufrido síntomas de trastorno por estrés postraumático tras un infarto. El impacto de saber que su corazón no había funcionado bien fue tan profundo que quedó afectado emocionalmente, hasta el punto de ser casi incapaz de salir de casa por miedo a sufrir otro infarto y hallarse en una situación en que no pudieran ayudarle. Enseguida se limitó a pasarse el día en la cama. Sus hijos, que veían que no se recuperaba, empezaron a manifestar sus propios síntomas.

Brenda, la hija de ocho años de Conrad, no solo empezó a sacar malas notas, sino que empezó a resistirse a salir también de casa. Mientras, su hijo Daniel, de seis años, empezó a portarse mal en el colegio, mostrándose cada vez más agresivo. Al principio Conrad y su esposa no relacionaron los problemas de los niños con la incapacidad de su padre para gestionar su afección. Cuando vinieron a verme, fue porque creían que necesitaban aprender mejores estrategias para evitar que empeorasen los problemas de los niños. Solo cuando me fijé en el estrés de Conrad se dieron cuenta de que estaba influyendo directamente en los niños.

Conrad había optado por encerrarse en lugar de mostrarse proactivo como respuesta a su enfermedad cardíaca, y se había sumido en un estado de ansiedad en que no veía manera de seguir adelante que no fuera replegarse. Esta sensación de indefensión estaba siendo absorbida por los niños y manifestada en sus propias vidas. Estaba claro que, a menos que Conrad solucionara su ansiedad, sus hijos iban a crecer creyendo que ellos tampoco eran capaces de superar las dificultades de la vida.

El problema de Conrad era que no alcanzaba a ver lo benevolente que había sido la vida al ofrecerle un aviso para que cambiase de estilo de vida. Al contemplar su ataque al corazón como un acontecimiento extremadamente negativo, consideraba todo el episodio no solo como algo catastrófico sino además malévolo. Le expliqué que si no aceptaba el hecho de que la vida le ofrecía una oportunidad de crecimiento, destruiría las vidas de sus hijos. Su miedo de ser incapaz de disfrutar plenamente de la vida de nuevo tras el infarto era el resultado de su falta de confianza en su propia resistencia. Como se imaginaba frágil, se había convencido de que estaba seguro solo cuando permanecía absolutamente inmóvil.

Cuando le demostré que podía vivir con la imperfección de una enfermedad cardíaca —y que no debía necesariamente destruirle, sino que podría ser el factor que le hiciera más humano y compasivo— reveló que había crecido con unos padres extremadamente controladores de quienes había heredado la creencia de que cuanto más controlamos la vida, más segura es. En otras palabras, su infarto había hecho saltar su mundo por los aires y destruido sus fundamentos dejándole acurrucado como un feto. Precisaba una nueva visión del mundo. Pero, ¿cómo se forja una nueva visión del mundo?

Pocos de nosotros cambiamos porque sabemos que necesitamos cambiar. Por lo general, acostumbramos a cambiar solo cuando tocamos fondo. Tal vez nuestro matrimonio se esté disolviendo, nuestro empleo esté en riesgo, nuestra salud esté delicada o nuestros hijos tengan problemas. En muchos casos, parece que solo una crisis posee la capacidad de hacernos cambiar.

En ocasiones, somos tan rígidos que ni siquiera una crisis puede liberarnos. Este era el caso de Conrad. Tardó mucho en dejar atrás su creencia de que estaba incapacitado, cuando de hecho no lo estaba para nada. Solo cuando entró en contacto con su ansiedad y se permitió sentir sus sentimientos sin dejar que lo abrumaran y lo dirigieran, pudo reconocer que lo que él era en su identidad esencial nunca había sufrido un infarto.

Los que verdaderamente triunfan en la vida son los que saben estar angustiados sin dejar que la angustia les domine. La responsabilidad sagrada que tenemos como padres consiste en deconstruir la estúpida noción de que como humanos no deberíamos sentir angustia. Es como decir que el sol debería brillar cada día y nunca debería llover o tronar. O como lo expresó Conrad, con justificada indignación: «Cómo me atrevo a ser tan joven y sufrir un infarto.»

Estamos hablando de cómo ocurre el cambio. Cuando nuestra energía cambia internamente, el cambio se refleja externamente. Al principio, el cambio puede no ser notable. Igual que el Gran Cañón se formó capa a capa, cada cambio que hacemos se añade a los anteriores. Al nutrirnos de la energía abundante disponible en el universo, contamos cada vez con más oder para crear el cambio deseado. Cuando más abundancia ᴠentimos en lugar de centrarnos en la escasez, más se refleja en nuestra vida.

En vez de intentar que cambien los hijos, debemos transformar nuestra energía de un estado de necesidad a uno de poder basado en la consciencia de la abundancia a nuestra disposición. Con la pregunta «¿Puedo convertirme en lo que mis hijos necesitan?» empezamos a encarnar las cualidades que deseamos que adquieran.

Esto no solo es aplicable a la educación de los hijos. Es un principio con el poder de transformar todos los aspectos de nuestra vida. Podemos convertirnos en el cambio que deseamos ver en el mundo. El principal ingrediente es el poder que nos otorgamos nosotros mismos. La energía está en nuestro interior, y podemos retarnos a descubrirla. La cuestión que debemos plantearnos es: «¿Creo suficientemente en mí mismo para hacerlo?»

Cuando dejamos de oponernos a los ofrecimientos de la vida, nos rendimos no solo a lo que surja sino también a cómo nos sentiremos ante ello. Como le dije a Conrad: «Claro que te sientes decepcionado, incluso aterrado. Es natural, no obstante, como temes tanto sentir tus sentimientos, tu deseo de sentir otra cosa te está impidiendo vivir el ahora. En su lugar, si aceptas que hay momentos en que te hundes, y esto forma parte de tu situación, puedes enseñar a tus hijos que no pasa nada por sentirse mal a veces sin imaginar que significa que uno se derrumbe por dentro.»

Pasar de creer que la vida es lo que nos pasa *a* nosotros, a comprender que la vida es lo que pasa *para* nosotros y con nuestra participación, nos permite encontrar la joya de cada experiencia. Empezamos a vivir como protagonistas y creadores, listos para ser propietarios de nuestro papel, y siempre rápidos en crecer y adaptarnos según lo requiera el momento. Al dejar de pensar que tenemos derecho a obtener ciertos resultados, nos damos cuenta de que parte de la razón de que este resultado no se manifestara somos nosotros —y en consecuencia el objetivo deseado puede disfrutarse solo con la voluntad de someternos a una metamorfosis—. Cada momento nos ofrece infinitos caminos que podríamos seguir, y precisa que seamos conscientes de las decisiones conscientes e inconscientes para poder diseñar la energía que nos proporcione el deseo que deseamos ver cumplido. Cuando comprendemos el poder que tenemos para elegir, nos sentimos más amos de nuestras vidas. Así surgen el coraje, la resistencia, la valentía y la creatividad para vivir de otra manera.

Transformar la reacción
en expresión auténtica

Muchos de nosotros pensamos que no tenemos otra opción que reaccionar cuando el comportamiento de los hijos nos provoca. Nuestro instinto nos hace saltar. Si algo nos irrita, no lo pensamos dos veces y simplemente reaccionamos. «Eh, ¿qué te pasa? ¿No puedes dejar de hacer eso?» No se nos ocurre decir, «¿Por qué me pongo tan nervioso? ¿Puedo comunicar mis necesidades con respeto sabiendo que el otro no tiene malas intenciones? ¿Puedo apartarme de esta situación si me resulta insoportable?»

El estado de nuestro mundo externo es de muchas maneras el reflejo del de nuestro mundo interno. La mayoría de nosotros somos educados por padres que tuvieron vidas interiores enturbiadas. Como resultado, lo reflejamos en nuestro desarrollo y es probable que pasemos la misma confusión a los hijos. Estos espejos del alma nebulosos y los legados de inconsciencia se pasan de generación en generación. Sin saber cómo, muchos de nosotros preferimos culpar a otro de lo que encontramos en el mundo externo en lugar de captar que es un reflejo de nosotros mismos que se nos muestra.

Los hijos son espejos especialmente eficaces, porque aunque podemos divorciarnos de la pareja y abandonar a los amigos, los hijos son para siempre. En nuestra relación con ellos más que en cualquier otra, se nos obliga a examinar los aspectos de nuestra manera de ser que normalmente negaríamos o evitaríamos. Cuando somos capaces de mirarnos en el espejo que nos ponen delante y arreglar nuestros problemas, no solo despejamos la niebla que nos nubla la visión, sino que además empezamos a ver a los hijos tal como son. De este modo, nos convertimos en un reflejo de su auténtica identidad.

Los padres suelen temer que si no se les permite «reaccionar», se sentirán asfixiados, falsos o resentidos. Hay formas diferentes de responder a la reactividad. Muchos de nosotros simplemente no somos conscientes de cómo comunicarnos sin añadir carga emocional. No estamos acostumbrados a estar presentes con nuestros sentimientos sin permitir que nos dominen, y tampoco sabemos defendernos asertivamente sin ser agresivos. Pocos de nosotros hemos aprendido a decir nuestra verdad con un lenguaje sencillo.

Si nos hubieran dejado decir nuestra verdad «tal como es» de pequeños, ahora seríamos capaces de conectar con nuestra auténtica voz por vía directa, en vez de necesitar recurrir a la manipulación, el control y toda clase de artimañas emocionales. Decir la verdad como uno la siente debería ser la cosa más fácil del mundo, pero como representaba una amenaza para nuestros cuidadores, ahora nos resulta la cosa más difícil de hacer. Retomar la expresión auténtica con los hijos es uno de los mejores regalos que podemos hacerles, ya que abre el camino para que ellos sepan ser directos.

Transformar nuestras reacciones en expresiones de auténtica comunicación puede ser un gran cambio en la relación con los hijos. Veamos cómo funcionaría con algunos ejemplos verídicos donde se observa cómo pasar de las reacciones emocionales a la auténtica expresión:

Reacción:
¡Deja de jugar con el móvil mientras te hablo! No puedo creer que no hayas estudiado para el examen. Guarda el móvil o te lo quitaré y no te lo devolveré.

Expresión auténtica:
Sé que no te das cuenta de que ahora estás distraído. Veo que inconscientemente estás evitando el examen. ¿Puedo ayudarte a planificarte para preparar el estudio?
O:
Creo que no te das cuenta de las consecuencias de tus decisiones en este momento, y esto me preocupa. Necesito que me ayudes a recordarte cómo te afectan tus decisiones. ¿Podemos hablar de tu decisión de no estudiar y de cómo podemos cambiar esta energía?

O:

Veo que eres incapaz de apartarte de las maquinitas. Te doy cinco minutos más para ocuparte de tus responsabilidades solo. Pero si pasado este tiempo todavía las esquivas, tendré que quitarte el móvil hasta que acabes el trabajo. No quiero que me pongas en esta posición, pero tengo que ver que eres capaz de regularte solo.

Reacción:

Estás siendo desobediente e irrespetuoso. No me puedes hablar en este tono. Estás castigado el fin de semana.

Expresión auténtica:

Veo que necesitas recurrir a este tono negativo conmigo. Es evidente que estás molesto; si no, no hablarías así. Voy a tomarme un respiro de cinco minutos. Tómate tú también unos minutos para pensar cómo satisfacer tus necesidades.

O:

Veo que ahora te abruman tus emociones. Quiero saber cómo te sientes, pero cuando me hablas así, es difícil escuchar tu corazón. Cuando quieras compartir tus sentimientos sin insultarme, aquí me tienes.

O:

Me resulta muy difícil escucharte cuando me arrojas palabras duras. Yo también tengo sentimientos y me duele que me hables así. Voy a salir y alejarme un rato de ti. Cuando estés listo para comentar el tema con calma, podemos volver a intentarlo.

Cuando nos expresamos de manera auténtica, aportamos amabilidad, consciencia y responsabilidad a la situación. Permitimos a los hijos que sepan que son sabios y capaces, que sabemos que ahora estamos cargados y que estamos dispuestos a realizar los cambios necesarios para modificar la dinámica entre nosotros. Cuando los hijos ven que actuamos desde el corazón y que no pretendemos señalarlos como los malos de la película, les permitimos bajar la guardia y unirse a nosotros para hallar soluciones que funcionen para ambos.

Nuestra responsabilidad como padres consiste en recordar que dentro de cada niño existe el deseo de que lo vean, le escuchen y le comprendan. La mayor ansia del niño, como he dicho anteriormente, es saber la respuesta a la pregunta: «¿Soy bueno, estoy bien, valgo la pena?» Anhelan que se comprenda su visión del mundo, su perspectiva y sus sentimientos, para notar que son importantes por derecho propio. Quieren que su voz importe, que su opinión cuente y que sus aportaciones se consideren valiosas.

Los niños están en sintonía con sus sentimientos, de modo que sienten lo que sienten y no temen decirlo. Pero, ¿qué hacemos a menudo cuando conocemos sus sentimientos, especialmente si son dolorosos? En vez de sintonizar con ellos, desconectamos. Les mandamos callar. O les avergonzamos y quizás incluso les hagamos pensar que están locos si sienten eso. En consecuencia, acaban pensando que algo pasa con ellos. Por supuesto, esto es un reflejo de nuestra incapacidad de sentir nuestros verdaderos sentimientos. Cuando aceptamos nuestras luces y nuestras sombras, otorgamos a los hijos permiso para que hagan lo propio. Les recordamos que el verdadero coraje radica en ser transparentes y auténticos.

Nuevo compromiso para dejar atrás el pasado

Aunque quiero aferrarme a lo que debería ser
y a cómo debería haber ido la vida,
sé que mi resistencia a lo que es
viene del miedo,
que me ciega a las joyas del momento presente.

Si puedo dejar atrás mi necesidad de control
podré entrar en lo desconocido con vigor.

Fluyendo con coraje, resistencia y poder,
puedo convertirme en el agente
de la transformación que deseo presenciar.

Sin resistirme a nada,
saludo el momento presente con consciencia y alegría.

16

Del caos a la quietud

Desde nuestra respiración hasta la sucesión de las estaciones, la naturaleza sigue ritmos. Aunque en la superficie las cosas cambian, todo está conectado a una base que une. Si bien se transforma sin esfuerzo en cada momento, la vida fluye desde un lecho de quietud sin precisar más que «lo que es».

De joven, paseaba por la playa cercana a mi casa en Mumbay, la India, y recuerdo que le preguntaba a mi madre: «¿Adónde van las olas?»

Me respondía: «Vuelven al océano. Vienen a saludar y luego se despiden. Una llega y otra se va. Una a una. Muchas se van, pero mira lo grande que sigue el océano.» Era una respuesta simplista para una niña pequeña, pero se me quedó. Sin darse cuenta, mi madre me enseñó que en la vida todo sufre idas y venidas. Son sabios los que no se dejan seducir por unas ni otras, sino que se aposentan en la quietud que subyace tras la realidad. Al hacerlo, trascendemos tanto los tirones como los empujones de la vida.

Cuando los hijos nos ven emocionarnos al recibir una promoción en el trabajo o un elogio de un amigo, absorben la idea de que estos acontecimientos externos nos dominan. Del mismo modo, cuando nos ven desesperados al perder el empleo —o simplemente ganar un par de kilos— absorben la manera en que nuestro estado de ánimo puede ser esclavo de los acontecimientos externos. En oposición a ello, cuando nos ven equilibrados, resueltos y resistentes ante circunstancias difíciles, aprenden a fluir con la vida en lugar de luchar contra ella. Aprenden que habrá días en que estarán alegres y otros en que no, pero que ni unos ni otros afectan a lo que somos en nuestro interior. Podemos sentirlo todo, pero nada de esto nos define. Nos define solo nuestra identidad esencial.

Comprender que la vida sigue ritmos nos ayuda a permanecer estables ante los problemas de los hijos. Comprendemos que sus estados de ánimo no son permanentes y que no definen quiénes son, como los nuestros no nos definen a nosotros. Siempre y cuando dejemos que lleguen y se marchen, los estados de ánimo pasan. No definen la persona que somos.

La calidad del océano no cambia porque algunas olas sean altas y otras bajas. Con nuestra esencia ocurre lo mismo. Se trata de una cualidad intemporal, impertérrita a nuestros estados de ánimo, éxitos o imagen. Si somos capaces de rendir al ego y aceptar nuestra esencia como padres, seremos capaces de desprendernos de gran parte del caos y la disfunción. Se trata de vernos a nosotros mismos y a nuestros seres queridos no por las representaciones superficiales sino por la esencia más profunda e intemporal.

EL PODER DEL SILENCIO

Uno de nuestros mayores aliados no aprovechados es el silencio. La mayoría de nosotros tememos practicarlo, y creemos que significa que existe un vacío solo porque no implica *hacer* nada. Estar quieto y en silencio nos resulta incómodo no solo porque va en contra de la dieta de ajetreo y logros constantes con la que nos educaron, sino porque nos pone dolorosamente en contacto con el vacío interior donde deberíamos hallar nuestra verdadera identidad.

La incomodidad de enfrentarnos a nosotros mismos en la quietud absoluta nos conduce a comer demasiado, beber en exceso, socializar sin más y dedicarnos a multitud de actividades con el fin de evitar estar quietos. Este zumbido constante de la mente crea falta de armonía y desequilibrio. La mente no puede funcionar óptimamente cuando está asediada por innumerables opiniones, críticas e ideas.

Sentarnos en silencio unos minutos a lo largo del día nos permite empezar a ser conscientes de nuestra esencia, y podemos recargar pilas. Tomarnos unos minutos para sentarnos, respirar y ser conscientes supone un descanso del bombardeo de información que la mente debe procesar constantemente. Estos minutos para centrarnos nos permiten recordar lo que verdaderamente importa en la vida —la conexión con uno mismo y los demás—. A pesar de tener todas las trampas de los logros externos, si no estamos conectados, en realidad no tenemos nada.

Del mismo modo que un chaparrón limpia el aire, diez minutos de respiración y calma nos aclaran. Los hijos enseguida detectan el cambio de energía. Detenernos a lo largo del día nos permite pensar antes de hablar para centrarnos en la manera en que nos comunicamos. Esta atención centrada es esencial para educar conscientemente.

Estar quieto significa acallar tanto el charlataneo verbal como el interior. Significa observar el parloteo mental pero no escucharlo. Cuando lo practicamos a diario, el parloteo poco a poco se va reduciendo. Puede seguir interminablemente solo si interactuamos con él. Si dejamos de interactuar con él y en vez de ello simplemente lo dejamos pasar, se disipa.

Para practicar el estado de calma y silencio, pido a los padres que intenten no decir nada a los hijos durante períodos de tiempo concretos —a menos que los hijos les necesiten—. Esto no significa que los padres ignoren al niño o que lo dejen solo. Es una invitación para estar en presencia de los hijos sin deseo de moldearlos ni cambiarlos. Pido a los padres que canalicen la energía que utilizarían si hablasen para únicamente observar a los niños. Les sugiero que noten de qué manera se sienta el niño. ¿Deja caer los hombros? Luego que se fijen en sus ojos, su sonrisa, el tono de voz. Dejar suficiente tiempo de silencio posee un gran efecto en nuestra manera de responder a los niños.

Cuando un padre me hace una pregunta específica y práctica como «¿Qué debo hacer si mi hijo se deja abierto el tubo de pasta de dientes?», respondo: «No digas nada en cinco minutos.»

«¿Y si deja encendida la luz?»

«No digas nada en cinco minutos.»

«¿Y si suspende un examen?»

«No digas nada en cinco minutos.»

«¿Y si se muestra maleducado conmigo u otra persona?»

«No digas nada en cinco minutos.»

«¿Y si me golpea o golpea a su hermano?»

«No digas nada en cinco minutos.»

En este momento, sospecho que estarán sonando todas las alarmas. Esto es una locura, ¿no? Es natural asustarse cuando nos piden que abandonemos un hábito. Tal vez crea que le estoy privando de sus derechos como padre y así favoreciendo el comportamiento negativo. O que estoy siendo demasiado permisiva. O que estoy dejando que el niño se salga con la suya portándose mal.

No decir nada durante cinco minutos no significa ninguna de estas cosas. No significa que no vayamos a hacer nada. Simplemente que dejamos espacio para que la acción más adecuada se nos ocurra, ya que la sabiduría tiende a surgir solo si somos capaces de apartarnos de la situación unos momentos para calmarnos y recomponernos. Significa que no nos precipitaremos, aunque pensemos que las cosas están claras. Una vez que compruebe el poder de este enfoque que le transformará a usted y a sus hijos, se regalará unos minutos de silencio para que surja la mejor acción a seguir.

Mi clienta Olivia estaba rabiando. «Mejor que te sientes ahora mismo», le dijo a su hijo, «o no vas a ir a dormir a casa de la abuela.» Cuando Tristan se puso a gritar, Olivia lo recogió, lo sacó del restaurante, canceló la noche en casa de la abuela y lo llevó a casa. Más adelante explicaba: «Estaba disgustadísimo por no ir a dormir a casa de los abuelos, pensaba que había aprendido la lección, pero al día siguiente se puso maleducado y molesto otra vez. No sé qué hacer.»

Cuando le enseñé a Olivia que había reaccionado demasiado deprisa, se sorprendió: «Pensaba que debía decir algo allá mismo, en el mismo instante. ¿No es lo que siempre me dices que debemos hacer?»

Le expliqué: «Es distinto conectar con lo que el niño necesita en el momento que reaccionar a la propia incomodidad. Tristan estaba intranquilo. Obviamente necesitaba ayuda para calmarse. En lugar de buscar la manera de ayudarlo, reaccionaste con amenazas y castigos. Claro que se rebeló. Cuanto más protestaba, más perjudicado salía. ¿Y si no hubieras dicho nada agresivo? ¿Y si te hubieras tomado un momento para sintonizar con él, tal vez sentándolo en tu regazo o cogiéndolo en silencio? ¿No habría sido mejor que el resultado que conseguiste gritándole?»

Olivia vio que estaba estresada del trabajo y por eso estaba lista para saltar a la mínima que algo no se ajustara a sus expectativas. Al ver que su enfado había condenado a su hijo al fracaso, dijo: «¿Cómo puedo aprender a realizar una pausa? Debo aprender.»

Le contesté: «Es un músculo que hay que entrenar. Quedarse callado no significa consentir ni ser pasivo. Simplemente significa que uno se toma el tiempo para respetar lo que ocurre y hallar la respuesta adecuada dada la situación concreta.»

Un período de silencio nos permite entrar en nuestro interior y encontrar otra manera de comunicar nuestros deseos. En vez de iniciar una descarga entre los hijos y nosotros, podemos utilizar la zona de reactividad cero para acercarnos a los niños en lugar de pelear con ellos. En la tranquilidad de unos minutos, la posición inicial sobre algún tema tiene ocasión de desaparecer y empezar a apreciar otros puntos de vista.

El silencio nos permite vernos no solo a nosotros sino también a los hijos bajo una nueva luz. Al observarlos, sintonizamos con su energía no verbal y prestamos atención a sus señales. Nos sensibilizamos ante su postura ante la vida y ante nosotros. El *qué* poco a poco queda sustituido por el *cómo*. Nos preguntamos sobre la situación de una manera que no haríamos cuando estamos distraídos o en pleno caos. Preguntas como estas pueden ser válidas en estos momentos:

- *¿Se trata de una situación de vida o muerte?*
- *¿Cuál es la perspectiva aérea de esta situación, el contexto más amplio?*
- *¿Es ahora el mejor momento de sacar este tema con mi hijo?*
- *¿Hay otra manera de definir mis deseos para que sean recibidos?*
- *¿Cómo puedo haber contribuido a esta situación?*

Con un momento breve pero crucial de silencio, somos capaces de ir más allá de la inconsciencia y conectar con la sabiduría del corazón. El viaje hacia el corazón no siempre puede durar cinco o diez minutos; en ocasiones puede durar mucho más. Independientemente de ello, nos permite desarrollar claridad, compasión y coraje. Por esta razón, es un camino que lleva directamente al corazón de los hijos.

CUANDO HABLAR CREA PROBLEMAS Y EL VALOR DE LA ESCUCHA PROFUNDA

Cuando las cosas no salen según lo planeado, como suele pasar, creemos que debemos hablar con los hijos. Si bien existe un momento para el diálogo y la interacción, a veces nuestro instinto de hablarlo todo procede más de nuestra propia ansiedad y desconexión que de la auténtica conexión. Hablar de algo nos permite sentirnos cómodos, porque pensamos que hemos alcanzado una resolución. La cultura occidental nos anima a desahogarnos, expresarnos y hablar de lo que nos molesta. Nuestra adicción a discutir las cosas es más una señal de nuestra incomodidad interna que de una voluntad genuina de acercarnos al otro. Surgida de la sensación de carencia, suele proceder de la necesidad de ser validados, aprobados y comprendidos. Cuando funcionamos a causa de la carencia interior, confundimos a los hijos y les apartamos de nosotros en lugar de acercarlos.

Esto no significa que el estoicismo emocional sea un enfoque más acertado. Si tanto la discusión como el estoicismo surgen del deseo de evitar la incomodidad y no son una respuesta auténtica a algo que ocurre en el momento presente, son igualmente inconscientes. Este elemento de inconsciencia es lo que hace reaccionar más a los hijos, escudándose de la imposición de los objetivos ocultos que ni siquiera nos damos cuenta que tenemos.

Muchos padres se asombran de que los hijos se encierren en sus habitaciones y se nieguen a salir de su santuario. Se preguntan: «¿Por qué mis hijos no quieren hablar conmigo con lo abierto que soy y lo dispuesto que estoy a discutir las cosas?» La razón por la que los hijos nos dan la espalda es que notan que nuestro deseo de hablar persigue nuestro interés: la necesidad de gestionar nuestra ansiedad y ejercer control.

A Paula le costaba dejar ir a su hijo, Tom, que tenía catorce años y se alejaba de la relación simbiótica que compartían desde que era pequeño. Como muchos chicos de su edad, a Tom le interesaba más jugar con los amigos que pasar tiempo con su madre. Como resultado de su inseguridad, Paula sobrecompensaba intentando entablar conversación con él cada vez que estaban juntos. Si notaba que Tom estaba callado o de mal humor, se ponía en alerta y decía cosas como: «¿Qué pasa, Tom? ¿Estás enfadado? Me tienes aquí para hablar, dime qué te pasa. Quiero que te sientas cómodo y hables conmigo, puedes compartir lo que estés pasando.» Cuando Tom se mostraba evasivo y se encogía de hombros, sin decir nada, Paula lo tomaba como señal de rechazo.

Desesperada cuando vino a verme, Paula se quejaba: «Siento que se está alejando de mí. Deseaba que conserváramos una fuerte unión para que me pudiera contar cualquier cosa. Es como si estuviera perdiendo a mi hijo.» El motivo por el que se sentía así era que creía que hablar era la única manera de conectar con Tom.

Rosalie, madre de Theresa, de nueve años, se sentía igual. Cada vez que Theresa se estresaba por algo como el colegio o sus amistades, Rosalie le soltaba un sermón. Convencida de que mantenía la conexión, decía cosas como: «Oh, cariño, sé lo mal que debes sentirte. Comprendo lo que estás pasando y puedes contar conmigo. Dime por qué te sientes así para que pueda ayudarte.» Sus palabras parecían tranquilizadoras e incluso conscientemente en sintonía con su hija. No obstante, Theresa cada vez callaba más. Frustrada, su madre se mostraba más vehemente. Al final, la niña exclamaba: «¡Deja de hablar, mamá! No me gusta hablar contigo porque nunca me escuchas. No soporto que siempre me digas qué tengo que hacer, pensar y sentir.»

Como las palabras de Rosalie no llegaban a su hija, debemos preguntarnos si lo que decía pretendía verdaderamente servir las necesidades de su hija o las suyas propias. Como Tom, Theresa daba a su madre el mensaje de que necesitaba a alguien que la escuchara en vez de sermonearla. Ambas madres, a pesar de sus buenas intenciones, actuaban para «arreglar» las cosas, cosa que sus hijos captaban.

Cuando hablamos para satisfacer nuestras necesidades y no para conectar de verdad, los hijos captan nuestras intenciones de control y se cierran en lugar de abrirse. Siempre digo a los padres que una señal de que hablan para obtener el control en vez de la conexión es la respuesta de los hijos. ¿Se abren y comparten o cada vez se muestran más agitados y reticentes para acabar cerrándose del todo?

Hablar por evitar el silencio crea la antítesis de la conexión. Como dije a Paula y a Rosalie: «En apariencia, se diría que deseas conectar con tus hijos, pero si eres completamente sincera, en realidad están intentando convencerlos de tu punto de vista o cambiar sus acciones. Los niños lo captan e inmediatamente crean un escudo defensivo. A menos que uno sea lo bastante valiente para examinar por qué está hablando y sea claro con sus intenciones, los hijos seguirán cerrándose.»

Yo animo a los padres a hablar solo cuando es esencial, especialmente si los hijos son preadolescentes y adolescentes. A los diez años de edad, los hijos ya saben cómo hablamos y qué decimos, no necesitan nuestras palabras de consejo ni advertencia. Lo que sí necesitan es que les escuchemos y sintonicemos con ellos. Debemos crear espacio para que ellos se acerquen. Para que esto ocurra, necesitamos el silencio para atraer la conexión.

Muchos de nosotros como padres debemos dejar de cometer el error de preguntar, sondear, cuestionar, opinar, sermonear, teorizar, formular hipótesis, concluir, criticar, juzgar, regañar y el resto de cosas que hacemos que alienan a los hijos. En lugar de ello, deberíamos callar gran parte del tiempo, mantenernos abiertos, sin enjuiciar, sin criticar, con cuidado para no meternos donde no nos llamen.

Hablar desde el corazón en vez de la cabeza significa decir pocas cosas. El corazón no precisa palabras para comunicarse, solo abrirse para ofrecer receptividad y calidez. Todo esto es energético. Es un sentido que tiene que ver con la profundidad sin palabras del respeto mutuo. Al dejar atrás nuestra obsesión de comunicarnos a nivel verbal, un gesto como tocar las manos o mirar a los ojos se vuelve poderoso. Escuchamos profundamente a los hijos y sus sentimientos y deseos expresados o no expresados con palabras. No decimos nada hasta que la comunicación surja de esta escucha profunda.

Cuando los padres se frustran en su relación con los hijos, les digo: «Eso es porque no les escuchas de verdad.» Se lo toman como si quisiera decir que deben hacer lo que quieran los niños. Les aclaro: «No quiero decir que haya que ceder. La escucha profunda no tiene nada que ver con la indulgencia. Se trata de comunicar nuestra atención, disponibilidad y consciencia.»

Cuando nos comprometemos a escuchar profundamente a los hijos, cambiamos la frecuencia de la comunicación. En lugar de ansiedad, distracción o la pretensión de controlar la conversación, sintonizamos con el corazón y los sentimientos del niño. Lo ilustraré con una interacción reciente con mi hija. Con doce años, es independiente para llevar a cabo sus tareas cotidianas de higiene y rara vez me pide ayuda o consejo para cuidarse. Pero una noche cuando iba a cepillarse los dientes, me llamó al baño. «¿Te acuerdas de cuando me cepillabas los dientes de pequeña? ¿Puedes hacerlo otra vez? Por los viejos tiempos.»

Mi reacción inicial fue: «Qué tontería, Maia. Ya sabes cepillarte los dientes sola.» No tuve que decir una palabra. Captó mi frecuencia enseguida al ver que tensaba los hombros y fruncía el ceño. Noté que le temblaba el mentón y vi decepción en su rostro. Su frecuencia había cambiado para reflejar la mía.

Al verlo, me pregunté: «¿Por qué me resisto a su alegre petición?» Necesitaba escuchar su corazón. ¿Qué intentaba conseguir con la petición? La respuesta estaba clara. Quería regresar a una época de su infancia idílica para ella. Me pedía que conectáramos de un modo que recordaba con felicidad. Me fundí. «Pues claro», me retracté, «será un honor. Yo también echo de menos aquellos días.» Maia estuvo encantada y disfrutamos del momento fingiendo que volvía a tener cuatro años.

Pasar de las frecuencias típicas de control a una frecuencia en sintonía con la conexión es clave para mantener los corazones abiertos para los hijos. Nuestra falta de consciencia de nuestras frecuencias de comunicación y las de los hijos provoca muchas de las disfunciones que experimentamos en nuestras relaciones. Creemos que mientras las palabras sean consoladoras o tranquilizadoras, por ejemplo, los hijos no captarán nuestra ansiedad subyacente, cuando probablemente sea lo único que capten.

Abrirnos para escuchar profundamente a los hijos nos libra de tener que arreglarlos y rescatarlos constantemente. De nuevo, reitero que escuchar a los hijos no significa ceder ni consentirlos. Significa que nuestras respuestas vendrán de la sintonía con lo que resulte óptimo para su buen desarrollo. En lugar de saltar, encarnamos una función clave de la educación consciente, la de observador. El rol de observador impasible es clave para esta tarea, ya que solo con el despertar de estas facultades podemos sintonizar plenamente con lo que los hijos experimentan o necesitan de nosotros momento a momento.

DESCUBRIR EL PODER DE LA PRESENCIA

Cuando Peggy, una clienta, aprendió a acceder silenciosamente a su poderosa presencia, se sorprendió de lo fácil que le resultó transformar entonces la relación con sus hijos. Antes de aprender a estar presente, amenazaba y castigaba a sus hijos regularmente, y creía que la única manera de influir en ellos era quitarles las cosas o escarmentarlos. Como resultado, incluso las mínimas interacciones enseguida se convertían en luchas de poder.

Observé una situación en que Peggy pidió a sus hijos que dejaran de jugar con los móviles mientras estaban en mi consulta para una sesión familiar. Como no estaban acostumbrados a prestarle atención, siguieron con lo que estaban haciendo. Peggy les quitó los móviles mientras les amenazaba con todos los castigos posibles. Como respuesta, la miraron como si estuviera loca. Entonces, uno se enfurruñó y el otro le propinó a su madre unas patadas en las espinillas y se marchó.

Peggy se dirigió a mí desesperada. «Esto es lo que siempre pasa», dijo. «Me basta con decirles una pequeña cosa y al momento la casa se convierte en un campo de batalla.»

Peggy no acertaba a ver la irracionalidad de su enfoque porque, como padres, nos tomamos carta blanca para comportarnos como nos plazca con los hijos. Cuando le dije que la manera de tratar a sus hijos en esta ocasión era equivalente a tirar de la oreja a una amiga por llegar tarde o darle un bofetón por olvidarse de su cumpleaños, Peggy lo comprendió. No nos atreveríamos a reaccionar así con nuestros iguales.

No nos damos cuenta de lo negativas que son las señales

surgidas del miedo para los hijos. Como comenté a Peggy: «Pasaste de una petición a una amenaza en cuestión de segundos. Había muchas otras posibilidades. ¿Por qué no pensaste en recurrir a alguna de ellas?»

Peggy no sabía de qué le estaba hablando. «¿Qué tipo de posibilidades quieres decir?», preguntó.

Le expliqué: «Para reaccionar como lo hiciste, algo tuvo que pasar en tu interior en el momento en que formulaste la petición y tus hijos no la cumplieron de inmediato. Cuando identifiques de qué se trata, podremos seguir. ¿Qué sentiste cuando les pediste que dejaran de jugar con los móviles?»

«Es fácil», dijo Peggy, «me sentí mortificada. Me daba vergüenza lo que hicieran delante de ti. Cuando fue el momento de dejar los móviles, sabía que se resistirían a hacerlo. Temía su reacción y esperaba que enfurecieran.»

«Exacto», comenté. «Esperabas resistencia, o sea que cuando no los dejaron enseguida, lo interpretaste como resistencia. En base a tu interpretación, automáticamente pasaste a las amenazas.»

«Lo hice, ¿verdad?», admitió Peggy, sopesando lo que había pasado por su mente.

«¿Y si esperaras que te escucharan?», pregunté. «¿Habrías reaccionado de otra forma?»

«Supongo que habría sido más paciente y relajada», admitió Peggy.

Continué. «Si tu enfoque mental hubiera sido distinto, centrado en tu sosiego, no habrías temido la reacción de los chicos. Esto les habría permitido notar el poder de tu presencia, transmitido por tu enfoque relajado. Por ejemplo, podrías haberte situado frente a los niños, bajado los móviles y mirado a los niños a los ojos al pedirles que dejaran de jugar. Como hubieras actuado desde una posición de poder como líder, habrían quedado fascinados con tu claridad y potente presencia, lo cual no les habría dejado otra opción que seguir tus instrucciones. La auténtica presencia es mucho más efectiva que las estrategias y amenazas.»

Peggy se mostró escéptica. Con la falta de grandes gesticulaciones, parecía baladí. Necesitaba experimentar de primera mano su funcionamiento. Le aseguré que cuando la voz, la mirada y la posición están fijadas en la calma de nuestro centro vital, conectamos profundamente con las personas. Pero nos perciben indefensos, y nos vemos obligados a intensificar las acciones para obtener la atención del niño, cuando actuamos desconectados de nuestro poder interior.

DAR TIEMPO AL TIEMPO

Aunque nuestro deseo sea fuerte, las cosas requieren tiempo para manifestarse en el universo físico. Nada pasa antes de tiempo. Por esta razón, no podemos apresurar a la vida para aliviar nuestra inseguridad y ansiedad. De hecho, cuanto más inseguros y ansiosos estemos, más interferiremos en las vibraciones positivas que enviamos y más tardarán las cosas en manifestarse.

Simplemente observar es comprender que las cosas se manifestarán a su debido tiempo. Cuanto más firmemente lo creamos, menos frenéticos nos mostraremos. De hecho, lo que necesitamos es precisamente lo contrario de la energía frenética. Necesitamos energía que fluya de la calma.

Muchos de nosotros no soportamos sentarnos a esperar. Observar mientras las cosas siguen su curso nos resulta doloroso. En realidad tememos que nuestros deseos no se materialicen. Como tenemos miedo, no nos atrevemos a plantar las semillas necesarias y esperar a que germinen a su debido tiempo. La confianza es el elemento clave. ¿Cuántos de nosotros confiamos realmente en nosotros mismos, y en el universo, para que nos traiga lo que precisamos?

Cuando se trata de los hijos, toda la preocupación, dudas, confusión y comparaciones surgen del miedo en lugar de la confianza.

Uno de los mayores obstáculos para la confianza es que nos

vemos influidos por los «debería», que nos impiden escuchar nuestra propia brújula interna. Como no invertimos en nuestra identidad, confiada por naturaleza, intervenimos antes de tiempo, interferimos cuando no deberíamos, vigilamos ansiosos y microgestionamos. Toda esta actividad ansiosa impide a los niños encontrar su propio camino, resolver sus problemas y seguir su propio curso.

Cuando esperamos un bebé, no es bueno tener miedo los nueve meses de espera. En vez de temer que las cosas no sigan su curso natural, es preferible hacer los preparativos adecuados, como decorar la habitación donde dormirá el bebé y comprar las cosas necesarias para cuando llegue. Pues es lo mismo cuando el niño ha nacido y adquirimos la responsabilidad de educarlo. Nuestra tarea consiste simplemente en plantar las semillas, y después apartarnos y observar con emoción al niño que regará las que considere más afines a él e ignorará las que no. La ansiedad aparece solo si intentamos elegir las semillas que debe regar. ¿Quiénes somos nosotros para dictarle qué regar?

Plantar semillas significa dar más valor al viaje que a la llegada a un objetivo en particular de nuestra fantasía. Valoramos el proceso, no el sueño de un producto perfecto cuya «perfección» se base en su rendimiento. Aunque los hijos no logren un elevado nivel de rendimiento, celebramos su identidad para que sepan que les queremos incondicionalmente. Paradójicamente, este enfoque tiene el efecto de inspirarles para llegar a más. Cuanto mejor se sientan con ellos mismos, más probable es que sigan su llamada interior imperturbablemente. Confiarán en sí mismos porque es lo que nos han visto hacer durante sus años de crecimiento. En momentos de duda, buscarán en su archivo emocional y hallarán nuestra fe en su desarrollo, y se acordarán de tomárselo con calma y darse tiempo para disfrutar del camino.

Educar es un juego mental de intervención estratégica. Es un viaje de confianza que funciona solo cuando nos rendimos realmente al universo y su abundancia de energía. Cuanto más confiemos, menos ansiedad nos provocará el futuro de los hijos. Comprometidos con la idea de que cada cosa tiene su momento, no dudamos cuando las cosas no salen a nuestra manera. Nos rendimos a lo que ofrece la vida. Si no necesitamos algo para nuestro crecimiento, simplemente no se nos presentará. Aceptamos que todas las cosas bellas de la naturaleza requieren tiempo y espacio para surgir.

En nuestros apretados horarios simplemente no dejamos tiempo para cosas que deberíamos. No ponemos parachoques para no acabar locos si nos pilla un atasco, o para no atacar a los hijos si se entretienen. En el mundo actual, crear tiempo de reflexión es todo un arte. Los que son capaces de organizar su vida con suficiente tiempo de reflexión de hecho se dan la oportunidad de recargar pilas. En vez de ver estos momentos sin actividad como vacíos e inútiles, un padre consciente los considera valiosos y los ve como oportunidades de conexión, creatividad y diversión. Los hijos necesitan saber que la vida no solo es trabajo como tampoco es todo juego. Hallar el equilibrio entre ambos es parte del arte de la vida consciente.

Nuevo compromiso para dejar de hacer

Apartarse un poco del mundo exterior;
dejar los platos sucios, dejar a un lado el enfado;
dejar las tareas por hacer.
Es hora de recogerse hacia el interior
para estar en silencio, acallar el jaleo.
Esta es la única manera de favorecer el cambio.

No temas adentrarte en tu interior.
Bajo el parloteo yace una joya brillante,
segura, presente, resuelta, en calma.
Hay que pelar las capas, una a una:
primero la vergüenza, luego la falta de valor, luego el miedo.
Al llegar a la nada, sabrás que
estás cerca.

Cuando alcances tu identidad verdadera en la capa más pro-
    funda,
finalmente conocerás la autenticidad y la libertad.
Libre del miedo, emergerás fuerte y seguro,
listo para encontrar el espíritu de tu hijo,
sin cargas, sin restricciones, salvaje.

17

Del rol al no rol

Sin darnos cuenta, gran parte de lo que *pensamos* que somos viene dictado por lo que *somos*: género, raza, clase social, lugar entre los hermanos, y si somos guapos o listos. Incluso antes de cumplir los dos o tres años de edad, los padres quieren saber si el niño es atlético, artístico, revoltoso o introvertido. Sentimos la necesidad de identificarnos e identificar a los hijos con etiquetas y roles, sin los cuales nos sentimos incapaces de relacionarnos en el mundo.

Es importante considerar la pregunta: «¿Quién soy sin mi nombre, rol, religión o identidad?», en especial en el contexto de la paternidad. La razón de su trascendencia en la relación paternofilial es que nuestro insistente apego a los roles y otras medidas externas de valor —el «qué» en contraposición al «quién»— puede resultar práctico en algunos momentos, pero acaba en juicios, rigidez y falta de flexibilidad.

Lara, la madre de Lindsey, de dieciocho años, dejó de venir a las sesiones. Cuando pregunté por su ausencia, me dijo que estaba pasando una especie de depresión. Al no ser una persona con tendencia a la depresión, supe que estaba reaccionando contra algo. Cuando escapó de la nube bajo la cual había estado y volvió a las sesiones, me reveló la razón de su depresión. Lindsey se estaba preparando para graduarse en el instituto y comenzar la universidad. La perspectiva de la marcha de su hija y su incipiente vida como adulta autónoma aterraba a Lara. En vez de sentirse contenta, era incapaz de hallar alegría en la madurez de su hija. La idea de perder su identidad como «madre» de su «hija» era lo que conllevó la depresión. Era su manera de decir: «No estoy preparada para este cambio. No lo respaldo. Me niego a sentirme feliz por esto.»

Lara se puso a llorar. «Ya no es mi pequeña. No puedo creerlo. Echo de menos ser su madre. Me encantaba esta parte de la educación. Me encantaba cuidarla y estar junto a ella durante sus experiencias. Ahora seguirá adelante sin mí.»

Comprendí el sentimiento de pérdida que Lara experimentaba. Es natural sentirlo ante la perspectiva de la marcha de los hijos cuando inician sus propias vidas. Los que nos aferramos a nuestra identidad como Mamá o Papá lo pasamos peor, está claro. Aun así, se trata de una etapa por la que todos los padres debemos pasar. El grado en que podemos transformarnos en lo que los hijos necesitan en este momento de su vida nos permitirá en mayor o menor medida darles paso a la siguiente fase de su crecimiento hacia la madurez.

Lara prosiguió: «Como me he sentido tan triste, no he estado cercana ni a mi hija ni a mi esposo estos últimos meses. En lugar de estar a su lado, he hecho que se preocuparan por mí.»

Respondí: «En vez de iniciar la nueva etapa de su vida sin cargas, tu hija está preocupada por su madre. Tal vez esta sea tu manera de mantener viva tu conexión con ella. Al mantenerla a tu lado, haces que su felicidad dependa de ti. Así, sigues sintiéndote necesaria. Tu necesidad de sentirte necesitada es lo que está malogrando la capacidad de tu hija para disfrutar de esta evolución. Si no vigilas, se la robarás por completo.»

Lara resolló, apenas capaz de creer que había manufacturado su depresión para resistirse a la inevitable transición que su hija experimentaba. Le recordé que su compromiso con su identidad de madre era lo que le había permitido educar a una hija estelar. Ahora era hora de que Lindsey encarnara todas las lecciones aprendidas de la presencia de su madre en su vida. Entonces pregunté: «Ahora, cuando es momento de recoger el fruto de tu trabajo y ver florecer a tu hija, ¿de verdad quieres cortarle las alas? ¿No preferirías verla convertirse en la mujer que has educado? Es hora de desprenderte de tu necesidad de que dependa de ti y pases a la siguiente fase de vuestro viaje juntas como espíritus afines.»

La razón por la que Lara estaba tan traumatizada era que no había hecho el trabajo necesario a lo largo de los años para desvincularse de su papel de mamá.

Ahora que se veía obligada a separarse de su hija, le resultaba extremadamente difícil. Cuando no nos vemos como el mentor espiritual de los hijos y nos apegamos al rol de padres, limitamos no solo la capacidad de los hijos de individualizarse, sino también nuestra capacidad de relacionarnos con ellos de manera recíproca como profundos aliados.

Muchos padres me dicen: «¿Cómo voy a deshacerme de mi rol cuando he tenido que ser madre las 24 horas del día todos estos años? No sé hacer de madre a medias.»

«Un mentor espiritual es el que sabe hacer de padre y mostrarse disponible, pero consciente de dejar que se desarrollen como seres espirituales», explico. Ven su rol más allá de ser «Mamá» o «Papá», y en su lugar se centran en lo que las almas de sus hijos precisan. Se preguntan: «¿Qué aspecto de su desarrollo requiere atención ahora mismo? ¿Cómo puedo ampliar mi consciencia para ayudar a mis hijos a fluir en la más auténtica expresión de su identidad?»

Para cumplir con el papel de mentor espiritual hay que sustraerse al veneno para padres que hemos estado ingiriendo. En vez de centrarnos en si el niño ha respondido bien todas las preguntas en un examen, nos centramos en cómo se siente si no lo ha hecho. En lugar de centrarnos en si el niño encaja en un rol social, nos centramos en cómo se siente cuando está solo. El foco pasa de los marcadores tradicionales del éxito a los que la sociedad suele ignorar. A nosotros nos interesa si se ríen mucho, si sienten profundamente, si aman sin miedo, y lo libremente que lloran.

ATENDER A LA ORIENTACIÓN DEL UNIVERSO

Utilizo la analogía del universo para ayudar a los padres a apartarse de sus roles y guiarlos para que acepten otra manera de estar con los hijos. ¿Por qué el universo? Porque es un reflejo de nuestro ser interior. Si nos viéramos como imágenes reflejadas de la abundancia del universo, recurriríamos a esta fuente ilimitada de recursos de nuestro interior y animaríamos a los hijos a recurrir a la suya. Finalmente nos daríamos cuenta de que el cielo existe aquí en la tierra, y que es nuestra propia consciencia lo que nos impide disfrutar de esta feliz realidad. Cuando contamos con la abundancia del universo, nos damos cuenta de lo infinita que es, resplandeciente y copiosa. Podemos disfrutar de esta abundancia solos y en nuestras relaciones con los demás, especialmente la pareja y los hijos, recurriendo al todo de nuestro centro vital.

Aprovechar la abundancia de la realidad comienza por aceptarnos tal como somos. Es algo fundamentalmente distinto a vernos principalmente en un rol en particular, como el de mamá o papá. Si bien los roles pueden ser útiles en ocasiones, deben apuntalarse en la totalidad del puro *ser*. De lo contrario, los roles pueden fácilmente acabar desequilibrando nuestra energía al quedar atrapados en una imagen mental de lo que «deberíamos» ser como mamá o papá, en lugar de ser quienes verdaderamente *somos*.

La naturaleza puede jugar un papel poderoso a la hora de proporcionar el equilibrio necesario —equilibrio que luego pasaremos a los hijos—. Considero este aspecto tremendamente importante, ya que mi experiencia como terapeuta me indica que nuestra desconexión del mundo natural contribuye a gran parte de los malestares, depresiones y disfunciones que tantos niños experimentan. Animo a los padres a ayudar a los hijos a estar en contacto con la naturaleza y los principios que la rigen. Como niños del universo, queremos que crezcan de forma orgánica —no de manera forzada ni prescrita como suele ser el caso cuando nos imponemos roles y se los imponemos a ellos—.

Contemplo el desarrollo del niño como ser como si fuera una flor de múltiples pétalos, capa sobre capa. Si observamos solo una capa, no descubriremos toda la belleza de la flor. Del mismo modo, los niños presentan diversas capas, y nuestra tarea consiste en apoyarlos para explorar toda su belleza interior —con la advertencia, recalcada anteriormente en el libro, de que el potencial se vea como una experiencia diaria, no como un objetivo hacia el que empujamos a los hijos en el futuro.

Aceptar la energía de la naturaleza nos permite sustraernos a los roles rígidos que nos encorsetan y entrar en la universalidad de la experiencia humana. Esta sensación de humanidad común nos permite disipar las ideas de separación y disfrutar de la nueva libertad de simplemente ser unos junto a otros sin normas ni expectativas. Así es como empieza la verdadera conexión con otra persona.

LA ZONA SIN ROLES: REVELACIONES DE LA NATURALEZA

Como hemos visto, nuestro apego a los «debería» que van de la mano con los rígidos roles como padres nos separa del corazón y obstruye las vías de conexión profunda con los hijos.

Para desprenderme de mi rol egotista y plantarme en mi esencia, me ayuda volverme hacia los que tradicionalmente se han considerado los elementos clave de la naturaleza. Aunque estos «elementos» estén evidentemente lejos de la forma científica moderna de comprender el universo, su cualidad intemporal simboliza la profunda necesidad que todos poseemos de aprender de estas cualidades del mundo natural que nos sostiene. Echemos una ojeada a estos elementos y aspiremos a reflejar en nosotros sus cualidades más fundamentales.

Tierra

La energía de la tierra está anclada, plantada, enraizada y es firme. Es la base de nuestra existencia. Infinitamente generosa, es el inicio y el sustento de todas las formas de vida. Cuando personificamos esta energía en nuestra familia, se nos recuerda que permanezcamos firmemente anclados ya que contenemos los diversos estados de ánimo y emociones de los hijos, sin menoscabo de rabietas y momentos difíciles. Así permanecemos firmes y confiados cuando decidimos establecer un límite para vivir mejor.

Al mismo tiempo, adoptamos un estado mental de abundante cuidado y compasión cuando los hijos experimentan fracasos o chocan con sus limitaciones. Nos mantenemos fuertes cuando sienten miedo o ansiedad.

¿Cómo se da eso en la práctica? Para ilustrarlo, si los hijos están pasando demasiado tiempo ante las pantallas, no les etiquetamos de «malos» y nos enfrentamos a ellos. La oposición directa siempre obtiene resistencia. En vez de ello, nos preguntamos: «¿Qué necesita mi hijo para desarrollarse plenamente?» Si la respuesta es que precisa más tiempo alejado de los dispositivos electrónicos, entonces le ayudaremos a iniciar actividades *sin* pantalla —no porque las pantallas sean malas sino porque el desarrollo del niño se está torciendo y desequilibrando—. Del mismo modo, si los hijos pasan demasiado tiempo solos, les presentamos personas y experiencias. Por otro lado, si nuestro hijo es extremadamente social y pasa mucho tiempo con otras personas, necesitamos ayudarlo a equilibrar su desarrollo favoreciendo períodos cortos de introspección, tal vez apuntándolo a una clase de yoga infantil o leyendo cuentos juntos durante una hora.

No pretendo que orquestemos el tiempo y las actividades de los hijos, como un director de orquesta que amplifica ciertas medidas mientras que silencia otras. Este enfoque fomenta nuestro rol como guías espirituales de los hijos que vigilan dónde puede encallarse su desarrollo. Ayudarlos a ser libres de la rigidez es distinto a forzarlos a comportarse de una determinada manera. De nuevo, todo depende de la energía con que nos relacionemos con ellos. Si estamos en la relación con el objetivo de arreglar, controlar y manipular, automáticamente dibujamos las líneas de la batalla. En lugar de ello, cuando la dinámica se dirige al apoyo de sus esfuerzos por crecer, hallaremos poca resistencia o ninguna.

En todo momento, somos una presencia constante en las vidas de los hijos con la que pueden contar para disponer de una base sobre la cual crecer y florecer de manera equilibrada, que extraiga la plenitud de su humanidad.

Aire

El aire es el espacio que rodea y existe entre todas las cosas. El espacio rezuma ligereza y expansión, cualidades que deseamos que los hijos encarnen. Apresurados, fatigados, preocupados, a menudo experimentamos la energía opuesta, manifestada como pesadez, constricción, represión y limitación. Por otro lado, el espacio se manifiesta como quietud y silencio, que reflejan la paz interior de nuestra esencia, mientras que el aire es poderoso cuando toma la forma de viento contra el cual nadie se tiene en pie.

El símbolo del espacio nos invita a plantearnos si dejamos a los hijos su propio espacio, no simplemente en términos de privacidad y el derecho a las posesiones, aficiones, preferencias y pasiones propias, sino también en nuestra manera de respetar sus ritmos naturales y de vida, adaptando nuestra propia energía si es necesario.

Al permitir a los hijos ser ellos mismos, les animamos a forjar sus propias relaciones con el universo que no dependan de las notas, logros o «buen» comportamiento. Cuando los hijos sienten esta conexión íntima con su propio espacio y lugar en el mundo, adquieren la propiedad de sus sueños y objetivos.

Fuego

Pienso en el fuego como fuerza encargada de quemar los residuos de la vida. De acción rápida y destructiva, puede forzar cambios que tal vez llevemos tiempo evitando —un retraso que puede apoyarse y ser secundado escondiéndose bajo un rol—. Así, cuando nos desafía un problema con el que no queremos lidiar, sentimos la tentación de decir: «¡Porque soy tu madre!» o una réplica similar.

Al mismo tiempo, el fuego es cálido, seductor y salvador. En lugar de ver la energía del fuego como una amenaza, la considero un símbolo de desembarazo de las fuerzas negativas de la vida para que el corazón cálido y cariñoso salga a relucir.

Cuando encarnamos la energía del fuego en el hogar, nos acordamos de ser bondadosos y amigos del cambio, y al mismo tiempo rápidos a la hora de enfrentarnos a rasgos negativos como la inseguridad, el exceso, el gasto, el odio, la postergación y el letargo. Al dejar que se quemen nuestra obsesión con el pasado o nuestra preocupación por el futuro, utilizamos la energía para invertir plenamente en el presente nuestro y de los hijos.

La energía del fuego nos enseña algo que puede servir tanto para potenciar la vida como para destruir algo en ella, en función del uso que le demos. Basados en esta analogía, comprendemos que los fallos de los hijos pueden convertirse en puntos fuertes y viceversa.

El niño extrasensible puede aprender que si bien es susceptible a que le hagan daño, esto también le permite ser compasivo y amable. El niño agresivo puede aprender que aunque esto pueda aportarle ventajas, también puede aislarle. El niño asertivo puede exponerse a situaciones en que aprenda a tener paciencia y a trabajar en equipo. De forma similar, se puede invitar al niño tímido a arriesgarse hasta cierto punto.

La cuestión es no oponerse a las propensiones naturales del niño, sino equilibrarlas para que crezca con una personalidad redondeada cuya vida refleje el estado de todo integrado.

Todos los padres poseen los medios para equilibrar la energía de sus hijos. Si observamos que nuestro hijo es muy sensible, podemos equilibrarlo con actividades estructuradas de juego rudo o ayudándolo a curtirse con una instrucción al efecto. Si el niño es insensible, podemos ayudarlo creando las cualidades de antídoto exponiéndolo intencionadamente a situaciones para fomentar la empatía.

Al incluir este principio de equilibrio en mi vida, procuro redondear la energía de mi hija ocupando el extremo opuesto de lo que ella esté experimentando. Por ejemplo, si está ansiosa, yo me instalo en la confianza; si está enfadada, me instalo en la calma; si está frustrada, me instalo en la paz. Al resistir la tentación de unirme a su energía y amplificarla, intento aprovechar las propiedades del antídoto. Este silencioso pero profundo cambio de mi energía le permite a ella equilibrarse de forma natural y hallar el camino de regreso a su identidad.

Por tanto, el fuego nos recuerda que debemos ser respetuosos con el poder que cada uno posee para crear o destruir la vida. Todo depende de las llamas que elijamos avivar.

Agua

El agua simboliza la capacidad de fluir con el curso de la vida. Fluir es un concepto importante a la hora de enfocar las actividades cotidianas. En vez de luchar angustiosamente con miedo, fluir significa ver la vida como algo que no nos provoca agonía.

Hallamos este principio en el *Tao Te Ching*, que habla así: «Actúa sin hacer, trabaja sin esfuerzo.» Los atletas conocen esta sensación de fluir como «la zona», en que la excelencia es espontánea y sin esfuerzo al ser absorbido el individuo por el deporte. Cuando fluimos, logramos un gran rendimiento y no es estresante en absoluto. Estamos relajados, pero totalmente implicados.

Quizás haya usted experimentado este fluir alguna vez. Resulta estimulante, ¿verdad? Yo propongo que estos momentos de culminación abran una ventana a la posibilidad de vivir toda la vida de manera similar.

El agua evoca otras imágenes. Igual que a veces fluye pero a veces está en calma, corre suavemente o en torrente, nos recuerda que nos mostremos igual con los hijos. Si bien los roles pueden resultar restrictivos, se nos pide que fluyamos con los estados naturales de los hijos en lugar de resistirnos a lo que son. Esto implica moverse más allá de los obstáculos hacia mares de expansión. También requiere ser amable con ellos aunque con una presencia potente. En otras palabras, el agua nos invita a emanar una energía tanto calmada como intensa en función de lo que cada situación requiera.

Muchos de nosotros nos sentimos ofendidos por lo desafiantes que son los hijos. Pero esta energía negativa se nos vuelve en contra, aunque normalmente no somos conscientes de hasta qué punto. Solo cuando nos comprometemos a aceptar la existencia plenamente, en vez de insistir en la restricción que tiende a acompañar los roles definidos al detalle, conseguimos hacer el cambio necesario. No importa quiénes sean nuestros hijos, todos necesitamos empezar a partir de la aceptación total.

«Pero, ¿cómo voy a ver la integridad del todo en mis hijos cuando estén en plena rabieta?», pregunta un padre, comprensiblemente.

Si aceptamos que los individuos de nuestra vida tienen derecho a sus propios sentimientos y acciones, y que su mejor comportamiento surge de su sentido de soberanía en su vida, pasaremos de la resistencia y el resentimiento a la aceptación. Esto no significa que no vayamos a respetar y validar nuestras propias acciones y sentimientos, solo que dejaremos de resistirnos a los suyos.

EL PODER DEL ANTÍDOTO

La naturaleza se equilibra sola. Caliente y frío, luz y oscuridad, vida y muerte. Cada realidad está formada por dos opuestos. Si pudiéramos recordar esta verdad crucial, tal vez podríamos cambiar la relación con los hijos drásticamente.

Tomemos el ejemplo de un niño que no quiere ducharse y se pone a gritar solo con oír la palabra. Es probable que el padre de este niño suba la voz en un esfuerzo por razonar con el niño, y luego le regañe cuando no se atenga a razones. El pequeño escucha el enfado del padre, se pone nervioso y empieza a gritar y patalear más. El padre se impacienta y grita a pleno pulmón. El niño se tira al suelo y se pone a golpear al padre, que se ofusca y le da un bofetón.

Se trata de un efecto dominó, aparentemente iniciado con la negativa del niño a ducharse. Pero no es el niño el que hace caer la primera ficha: es la reacción del padre. Por eso los niños, especialmente los niños pequeños, no pueden hacer cambiar esta situación. El padre es quien debe hacerlo. A ver, el padre adopta la energía del niño a lo largo de toda la escena. El niño sube la voz y el padre hace lo propio. El niño tiene una rabieta y lo mismo hace el padre, que se pone casi histérico. En vez de aportar calma a la situación, el padre va subiendo la apuesta y aumentando la tensión.

Aquí es donde podemos aprender de la naturaleza, ocupando la energía del polo opuesto en lugar de alimentar la reactividad del niño, decibelio a decibelio. En el caso del niño que se resiste a la ducha por ansiedad, el enfoque debería aplicar la energía del antídoto en forma de calma y juego. Por ejemplo, uno podría cantar para contrarrestar los gritos del niño e inventar un juego con burbujas de jabón, o entrar en el agua con el niño y calmarlo con el jabón y las burbujas. Si el niño nota la mínima ansiedad en el padre, solo servirá para aumentar la suya. Más bien, el niño precisa notar el polo opuesto —energía calmada— en el padre para cambiar de marcha.

Los problemas con los hijos no surgen porque nuestras energías choquen, como podría parecer, sino porque ambos exhibimos un comportamiento *idéntico*, de manera que chocamos frontalmente. La manera de evitar el conflicto con alguien no es insistiendo porque es «nuestro derecho como padres» poner las normas, sino proyectando la energía opuesta, la energía de antídoto. Por eso, si el niño está muy angustiado, usted debe reducir su propia ansiedad. Si el niño está particularmente agresivo, puede ayudarlo reduciendo su propia agresividad.

Cuando hablamos o intentamos conectar con la misma energía emocional que experimentan los hijos —algo que tendemos a hacer los padres— involuntariamente reforzamos la energía en lugar de calmarla. Es por este motivo que hablar con un niño angustiado casi nunca funciona, simplemente le encierra más con su ansiedad. Aunque nos parezca que mostramos interés, empatía o compasión, es probable que obedezcamos al plan secreto de acabar con el malestar del niño. Decirle a un niño angustiado «Mira el lado bueno», «Hablemos de otra cosa» o «Comprendo lo que estás pasando, pero...», sin duda va a aumentar la ansiedad del pequeño.

No podemos esperar que los hijos refrenen su comportamiento. Pero con un cambio de nuestra energía, les ofrecemos el espacio y les damos permiso para cambiar de comportamiento. Al influirles nuestra energía, debemos ser conscientes de no expresarnos superficialmente, y, más importante, que nuestra energía proporcione el antídoto de la suya.

EL PODER DEL ESPACIO DE CONTENCIÓN

Un aspecto clave de saber qué fomentar y qué limitar en los hijos es la capacidad de proporcionar un recipiente emocional para cuando su energía sea destructiva. Si su hijo está cansado y dice: «Estoy pesado porque estoy cansado», hay que aceptar su estado. Pero si empieza a decir «Te odio» y a mostrarse maleducado con usted u otros miembros de la familia porque está cansado, su emoción debe ser contenida. El espacio de contención puede ser una simple pausa o algo más potente como la orden de «alto». Ser el espejo de los hijos significa reflejar para ellos cuándo están fuera de lugar y devolverles la consciencia.

Contener las emociones de los hijos es muy distinto a desautorizarlos desde una posición de poder, recurriendo a un rol y diciendo algo como: «Soy tu padre. ¡Vas a respetarme!» Lejos de pretender dominarlos, necesitamos actuar como observadores periféricos de su reactividad emocional y no dejarnos arrastrar por ella. Para ello, cuando mi hija presenta emociones fuertes, me recuerdo que simplemente se ve abrumada por sus sentimientos. El espacio de calma de su interior ha quedado nublado por las emociones que son manifestaciones de su miedo interior.

Buda habló de desprenderse de los altibajos emocionales. Su enfoque era observar estos estados sin entrar en ellos. De esta manera nos enseñó a librarnos de la garra de las experiencias transitorias. Se trata de una enseñanza valiosísima para pasar a los hijos. Cuando les vemos perderse en la tormenta de sus reacciones emocionales, podemos evitar ser absorbidos por su energía y reaccionar ante ella. Al mantenernos serenos, les mostramos que las emociones pasarán y ellos volverán a su centro. Pero ¿cómo pueden aprenderlo si nos ven constantemente manipulados por nuestros estados de ánimo transitorios?

Ser el contenedor de las emociones de los hijos no es fácil y requiere introducirnos en el espacio sagrado de nuestro interior, un espacio tranquilo y en calma. Piense en este espacio sagrado como la energía de la tierra, profundamente asentada. La energía de una catedral, espaciosa y reverente. La energía de la cima de una majestuosa montaña, elevada e inamovible. La energía del océano, ilimitada y en expansión. Cuando entramos en este poderoso estado, somos capaces de ser los espacios contenedores seguros que los hijos necesitan cuando pierden el control.

Para acceder a mi centro de calma, me ayuda dedicar quince o veinte minutos al día a sentarme en un espacio en silencio y simplemente observar mis pensamientos. Si no lo ha probado y desea hacerlo, es posible que al principio no lo aguante, ya que pocos de nosotros estamos acostumbrados a la quietud excepto cuando dormimos. O es posible que se adormezca. No obstante, si mantiene la práctica durante un período de tiempo, algo milagroso empieza a ocurrir. Notará que empieza a mantenerse alerta más y más tiempo. Y que es capaz de observar sus pensamientos con mayor claridad. Entonces es cuando se dará cuenta de que no necesita reaccionar con cada pensamiento. Lo más importante es que se dará cuenta de que los pensamientos son meramente patrones energéticos que entran y salen de la mente con poco arraigo. El único poder que poseen es cuando nos aferramos a ellos y los convertimos en una historia. Si no lo hacemos, el pensamiento simplemente pasa.

Igual que cuando proporcionamos un contenedor para la volatilidad de los hijos, esta solo pasa. Al aumentar nuestra habilidad para hacerlo, seremos capaces de relacionarnos con los hijos como ellos necesitan, a veces estableciendo límites, otras veces animándoles a extenderse por el espacio que les rodea. A su debido tiempo, esta danza entre retener y soltar se convierte en algo automático, y padres e hijos siguen intuitivamente el ritmo de los otros.

La imagen de un espacio de contención nos indica que cuando no estamos ansiosos ya no estamos atrapados por los pensamientos ni reactividad emocional, lo cual nos permite ser neutrales ante el comportamiento de los hijos. En lugar de reaccionar ciegamente, utilizamos el humor, los cuentos, los juegos de rol y otros procesos para difuminar el comportamiento del niño. De esta manera el espacio de contención ayuda a los hijos a trabajar con sus sentimientos, y les permite ser más fieles a lo que son.

CREAR ESTANCIAS DE LUZ

Cuando estamos llenos de caos interior y maquinaciones mentales, o sea que nos sentimos estresados y tensos, lo transmitimos en forma de distracción, impaciencia y frustración. Nuestra tolerancia merma y enseguida alzamos la voz a los hijos. Ser padres deja de ser divertido y nos preguntamos cuándo sentiremos alivio y ligereza. Entonces es cuando podemos sentir la tentación de reforzar nuestra autoridad en base a nuestro «rol». Sin embargo, si nos calmamos y simplemente observamos, en lugar de saltar con las reacciones habituales, nuestra quietud interior crea espacio para profundizar en nuestra relación con los hijos: algo que no acaece cuando nos metemos en un rol.

Permítame definir algunas maneras de empezar a crear espacio en nuestro interior:

Espacio para la curiosidad. Cuando cesa el ataque verbal y nos hallamos en un estado sin amenazas, se nos despierta la curiosidad por el comportamiento del hijo. En lugar de intentar controlarlo, intentamos comprenderlo. Podemos decir algo así como:

> «Siento curiosidad por tus ideas sobre este tema. ¿Quieres compartirlas?»
> «Me pregunto qué opinas de esto. ¿Puedes decírmelo?»
> «Me encantaría saber cómo has llegado a esta conclusión. ¿Me lo explicas?»
> «Me fascina tu manera de pensar y sentir. Me gustaría saber más.»
> «Parece que tienes sentimientos fuertes. ¿Quieres compartirlos conmigo?»

Con este enfoque no invasivo y abierto, invitamos a los hijos a expresar sus sentimientos más profundos, y al mismo tiempo les animamos a mirar hacia su interior. Lo hacemos sin la necesidad de imponer nuestras ideas. Les permitimos llegar a sus propias conclusiones. Cuando se desvíen, podemos ofrecerles amablemente otras opciones si se muestran receptivos —y destaco la palabra «ofrecerles», para que las consideren, lo cual es distinto a imponerlas.

Obligar a un niño a ver las cosas a nuestra manera si no está preparado para ello es inútil. En tal situación, lo más indicado es simplemente plantar semillas con sugerencias o preguntas amables. Aunque hacer esto pueda parecer intranscendente, los niños siempre prestan atención en mayor o menor medida. A su debido tiempo, realizarán su proceso de introspección. Ser capaces de hacerlo les irá bien, especialmente cuando no estemos con ellos.

Espacio para compartir. Cuando nos hallamos en un estado mental no reactivo, podemos sumergirnos en nuestras experiencias infantiles y preguntarnos si hay alguna conexión con la situación o los sentimientos de nuestros hijos. Tal vez nos inspirará para compartir una anécdota con la que puedan identificarse. Siempre y cuando no la utilicemos para sermonearles, puede ser útil para:

> Igualar el campo de juego.
> Compartir nuestra humanidad.
> No demonizar el comportamiento.
> Establecer vínculos de ser humano a ser humano.
> Confiar a nuestro hijo un aspecto personal.
> Mantener abiertas las vías de comunicación.
> Transmitir alguna lección que hemos aprendido, pero sin sermonear.

Cuando el niño observa que en lugar de echarle la culpa, le abrimos el corazón, se siente seguro, listo para acurrucarse en el confort de nuestra relación. Abrir nuestro corazón les indica que también es seguro para ellos hacerlo. Compartir en profundidad crea un momento de conexión poderoso y les proporciona recuerdos que probablemente atesorarán durante mucho tiempo.

Espacio para el humor. Cuando nuestros tentáculos de control se retraen, podemos incluso contemplar la situación presente con humor. Esto nos permitirá tener un enfoque más liviano, y comunicar así lecciones poderosas como:

La vida no es una tragedia, aunque uno se haya portado mal o cometido un gran error.

La vida siempre nos da algo frente a lo que sonreír o reírnos.

Nada es tan malo que signifique el fin del mundo.

No se gana nada convirtiendo una situación en una catástrofe.

Tomarnos las cosas a la ligera nos permite sustraernos a ellas y crecer.

Cuando vemos las cosas desde una perspectiva más amplia y con sentido del humor, los niños aprenden a ver la vida igual. En vez de teñirlo todo de dramatismo o tragedia, aprenden a fluir con la vida ligeros.

Espacio para la creatividad. Cuando estamos calmados, es más fácil recordar que a los niños se les permite cometer errores. Ciertamente, la infancia no es para ser perfectos, sino para aprender y crecer. La calma también nos permite implementar estrategias creativas para ayudar a los hijos a interiorizar la lección que deseamos que aprendan. Yo utilizo un par de ellas para ayudar a los niños a absorber algunos valores que precisarán en la vida:

- **Inversión de roles.** *El niño actúa como si fuera el adulto y el adulto como si fuera el niño. Esto permite al niño ver las cosas desde nuestro punto de vista. Igual de importante, nosotros obtenemos la visión del niño. El ejercicio favorece la comprensión mutua.*

- **Juegos de roles.** *No hay mejor manera para que el niño capte una habilidad que practicando con nosotros a lo largo de unos cuantos días y a veces semanas. Para ayudarlos a separarse de los padres al ir al colegio, dormirse solos o utilizar el orinal con independencia, practicar con ellos es de gran valor. Ayuda a los niños a comprender que todas las habilidades son como músculos que hay que entrenar,*

cosa que requiere tiempo y energía. Con este enfoque, en-
señamos a los hijos habilidades en lugar de limitarnos a
verter sobre ellos sentimientos de enfado y vergüenza.

Tendemos a estar tan acostumbrados a los castigos y amenazas que no se nos ocurre que pueda haber una manera completamente distinta de gestionar una situación: un enfoque que
no menosprecie la identidad del niño sino que la aliente. Existen muchas formas inteligentes de enseñar a los niños a comportarse. Pero para aprovecharlas, debemos abandonar nuestra reactividad.

La recompensa al tomarnos un momento de pausa es inmediata. Los ojos de los hijos se iluminan, sus hombros se relajan
y sus corazones dicen: «Gracias por tratarme como a un ser humano y comprender que merezco la oportunidad de aprender
de mis errores.»

Nuevo compromiso para deshacerse de los roles

Las definiciones definen pero también sofocan;
los roles regulan pero también controlan;
los títulos impresionan pero también degradan;
las etiquetas loan pero también socavan.

Todos estos extras externos
fortalecen el falso ego
y aportan alivio temporal
al problema agudo más profundo

del vacío que sentimos dentro.

A menos que toquemos las cicatrices y costras,
todas las joyas, coronas y banquetes del mundo
no serán suficientes
para llenar los huecos del interior.

Por tanto...

En lugar de ropajes elegantes
y gruesas máscaras,
necesitamos atrevernos a desenmascararnos y desvestirnos,
mudar la piel,

porque es aquí,
en nuestra desnudez,
donde podemos encontrarnos uno a otro
y descubrir quiénes hemos sido siempre.

18

De las emociones a los sentimientos

La gente suele confundir las emociones con los sentimientos, como si ambos fueran lo mismo. Yo los considero enormemente diferentes. Sucintamente, reaccionamos con una emoción cuando no somos capaces de gestionar los sentimientos. Cuando nos sentimos incómodos, creamos una cortina de humo de reactividad. Por ejemplo, comemos, bebemos, fumamos, culpamos, avergonzamos, tenemos rabietas, etcétera. Parecen sentimientos pero en realidad son maneras de evitar el verdadero sentimiento.

La verdad es que los sentimientos pueden experimentarse únicamente en un lugar profundo y silencioso de nuestro interior. Se llora por ellos, se camina con ellos, se tocan e incluso se experimentan como temblores y estremecimiento. Los sentimientos pueden reconocerse solo a un nivel visceral muy personal. Como la mayoría de nosotros no estamos preparados para sentir los sentimientos, sentirlos *realmente*, lo que hacemos es verterlos en los seres queridos en forma de reacciones emocionales.

Cuando sentimos los sentimientos, no tenemos tiempo de actuar con emociones reactivas. Sintonizamos y dejamos que el sentimiento nos hable, nos inunde y nos transforme. Conscientes de que estamos bajo oleadas de sentimiento, hacemos lo contrario de actuar con la emoción. Nos callamos, quedamos quietos y dejamos que el significado del sentimiento nos haga crecer.

Como nos han condicionado para hacer exactamente lo contrario, nos resulta más cómodo el drama y movimiento de las emociones. Los niños son blancos fáciles contra los cuales disparar nuestro malestar. Sin embargo, no están bien equipados para gestionar nuestras proyecciones emocionales. Es una carga demasiado pesada y les aplasta el ánimo. Por esta razón, les debemos un esfuerzo por procesar nuestros estados internos. De esta manera, no tendrán que cargar con ellos el resto de su vida.

El primer paso consiste en ponerse *debajo* de la emoción. Por ejemplo, cuando notamos que estamos impacientes y vituperantes con los hijos, nos detenemos y prestamos atención. «Estoy atosigando a mi hijo, pero ¿qué siento realmente ahora mismo?»

Si estamos gritando para que el niño se acueste, podemos preguntarnos: «¿A qué obedecen mis gritos?» Superficialmente, puede parecer que los gritos responden al miedo de que no vaya a dormir suficientes horas o de que nos desobedezca. Si observamos mejor es posible que la realidad sea que estamos cansados y necesitamos un rato para nosotros para recuperarnos de un largo día de trabajo. En otras palabras, la emoción se dirige hacia el niño, mientras que el sentimiento es la necesidad de tiempo para cuidarnos. En este caso, podemos decir con calma: «Ha sido un día muy largo y estoy cansado. No tengo energía y necesito descansar. Por eso empiezo a sonar impaciente y me cuesta mantener la calma. ¿Puedes ayudarme, por favor? Tú también necesitas descansar.» Cuando somos sinceros con los hijos con las reacciones emocionales, pasamos a hablar con el corazón, nos hacemos completamente responsables de lo que estamos experimentando. Si hablamos así, es más probable que nos comprendan y empaticen con lo que sentimos.

Supongamos que nuestra verdadera preocupación sea la necesidad de sueño del niño. Aunque no lo expresemos y simplemente notemos el miedo que experimentamos por su falta de sueño, esto nos tranquilizará. Podemos ser conscientes de esta ansiedad y sustraernos a ella en parte, tal vez diciendo: «Cuando actúo por ansiedad, creo más ansiedad en mí y en mis hijos. Es preferible que mi hijo deje de dormir unos minutos a que se provoque desconexión entre nosotros.» Como siempre digo a mis clientes: «Debes sentir el sentimientoy descartar la reacción.»

Lo que ocurre en este proceso de escucha silenciosa y sentimiento es que la ansiedad, que se ha encubierto y que se dispara cuando los niños hacen algo que se opone a nuestra idea de control, queda integrada. Esta energía ahora queda disponible para reinvertirla en nuestras vidas y las de los hijos. Desatados de la resistencia desafiante y la volatilidad emocional, se convierte en un poderoso flujo de creatividad.

Tyler, de catorce años, tenía un enorme proyecto escolar que completar al final del fin de semana. Dado a dejarlo todo para el último momento, sacaba de sus casillas a Alan, su ansioso padre. Alan es nervioso por naturaleza y su ansiedad pudo con él cuando, a la hora de la cena del sábado, Tyler confesó que se había distraído con los videojuegos en la habitación todo el día en lugar de trabajar en su proyecto y que, de hecho, no había abierto el libro.

Alan explotó: «Castigado un mes sin salir de casa», gritó. «No puedo creer que seas tan perezoso. Vas a suspender.»

Tyler se quejó: «Pero el próximo fin de semana tengo la final con el equipo de fútbol. Me ha costado mucho estar en el equipo.»

«Deberías habértelo pensado antes», espetó Alan. «Los deberes son más importantes que el fútbol. Estás castigado un mes y punto.»

Difícil de intimidar, Tyler elevó la voz: «Odio este tipo de trabajos. No me importa el colegio. Solo quiero jugar al fútbol. Soy bueno. Seré jugador profesional algún día. ¡No me perderé el partido más importante!»

Alan estaba furioso. «¿No te lo vas a perder? ¿Quién te crees que eres para hablarme así? Una palabra más y te quedarás castigado el resto del curso.»

Tyler se levantó y se dirigió a las escaleras para volver a su habitación. «Te odio», gritó por encima del hombro. «Siempre piensas que voy a fracasar. Si fracaso es porque no me dejas en paz. Es culpa tuya.» Con esto, Alan lo castigó para el resto del curso.

El lunes en el trabajo, un colega le comentó: «Alan, estarás emocionado con el partido del sábado. Tyler es muy bueno, seguro que se dedica al fútbol como profesional.»

Alan deseaba no haber sido tan radical. Había animado a Tyler a jugar al fútbol y sabía que tenía talento. Al haber sacado las cosas de quicio al enfadarse por la desidia de Tyler, se había acorralado él solo. ¿Cómo podría perdonarle el castigo sin perder la credibilidad?

Alan había empezado a venir a terapia unas semanas antes del incidente porque le preocupaba el rendimiento académico de su hijo. Creía que Tyler no estaba motivado y no rendía a la altura de sus posibilidades, por eso quería que le viera. Como suelo hacer, empecé con sesiones para el padre. Cuando Alan llegó a mi consulta aquella semana y me contó lo sucedido, le ayudé a comprender que estaba consiguiendo perpetuar la resistencia de Tyler al trabajo escolar.

«Deseo que Tyler triunfe en el fútbol», dijo Alan. «Pero también quiero que saque buenas notas. ¿Y si no consigue hacer carrera como futbolista? Necesitará estudios universitarios.»

Como la mayoría de padres, Alan tenía las mejores intenciones. Todos queremos ver a los hijos volar alto. Ponemos tanto empeño en su éxito que haríamos casi cualquier cosa para ayudarles y sacrificarnos por ellos, como Alan me decía en la consulta aquella mañana.

El problema es que nuestro deseo de ver triunfar a los hijos nos hace interactuar con ellos a través de una lente de miedo a que fracasen —un miedo que los hijos integran—. Pero, ¿cómo podemos evitar que el miedo se apodere de nosotros? ¿No es el fracaso una posibilidad real?

El miedo tiende a torcer las cosas y hacer que ocurra lo contrario de lo que deseamos. En el caso de Tyler, sentía la ansiedad de su padre y le provocaba resentimiento. Era demasiada presión. En vez de animarlo a trabajar en el proyecto, la presión le había hecho rendirse. Es decir, estaba diseccionando el problema con precisión cuando dijo que era culpa de su padre porque no dejaba de atosigarle.

«Tu intención era ayudar a tu hijo, pero todo quedó enturbiado por tu ansiedad», le expliqué. «Cuando temías no poder controlarlo, tus emociones se apoderaron de ti anulando tu capacidad de ser objetivo y eclipsando lo que realmente sientes. En lugar de trabajar con tu hijo para encontrar soluciones a la situación, te has convertido en su enemigo. Ahora, en vez de lidiar con su propia resistencia a los deberes del colegio, su atención ha pasado a resistirse a ti. O sea, la relación de Tyler con sus deberes debería ser entre él y sus maestros, y tú la has hecho tuya.»

«No lo pretendía», confesó Alan. «Solo quería ayudarle. No sé cómo la discusión llegó tan lejos. Realmente no quiero que se pierda el partido este fin de semana. Ni siquiera estoy tan enfadado con él. Solo quiero ser un buen padre.»

«La manera de arreglarlo es empezando por lo que sentías inicialmente», expliqué. «Tu sentimiento era muy distinto a tu reacción emocional. El sentimiento era preocupación y el deseo de proteger a Tyler de las consecuencias de una mala nota. El problema es que te angustiaste pensando que su postergación le causaría problemas en el colegio. Al escuchar la voz angustiada de tu interior, te sentiste abrumado, por eso reaccionaste con rabia. Tu emoción eclipsó tus verdaderos sentimientos.»

«Pensaba que eran lo mismo», dijo Alan.

«Tu sentimiento era de apoyo a tu hijo, el deseo de lo mejor para él. Pero al angustiarte, tus emociones de miedo se hicieron con el control y te condujeron hacia lo contrario de lo que pretendías. Tu preocupación por Tyler aumentó tu ansiedad de forma natural. La cuestión es tolerar la ansiedad en lugar de reaccionar contra ella y enfurecer.»

«¿Qué quieres decir con "tolerar"?»

«Cuando somos capaces de saber lo que sentimos, sea lo que fuere, y simplemente dejamos que nos invada sin dejarnos abrumar, aprendemos a tolerar el sentimiento sin caer en una reacción emocional.»

Los sentimientos son respuestas orgánicas a las situaciones de la vida. La ansiedad es un sentimiento natural. No obstante, cuando no sabemos estar con ella y tranquilizarnos, nos gana. Cuando esto ocurre, nos inunda la emoción y bloquea lo que realmente sentimos. Las emociones llevan una carga de resistencia. Entonces es cuando surgen las emociones improductivas como los celos, el deseo de manipular o controlar, la inclinación a hacer mohínes y poner mala cara, las ganas de distanciarnos o la tendencia a cargar contra alguien. Todo porque no somos capaces de escuchar nuestros sentimientos y tranquilizarnos desde nuestro interior.

¿Qué hacer, pues, cuando uno se siente ansioso?

Lo primero es reconocer lo que se siente. Muchos de nosotros vivimos desconectados de nuestros sentimientos, lo cual significa que constantemente reaccionamos destructivamente en lugar de responder constructivamente. Mientras estemos en sintonía con los sentimientos y podamos identificar cuándo una reacción emocional empieza a empañarlos, no los proyectaremos en los hijos.

Cuando expliqué esto a Alan, preguntó: «¿Quieres decir que si supiera escuchar mi sentimiento original de ansiedad y aprendiera a calmar este sentimiento, no me habría atado de pies y manos castigando a Tyler?»

«Exacto. Como nunca hemos aprendido a escuchar nuestra ansiedad, simplemente sintiéndola y observándola, acabamos encendidos. Si hubieras reconocido que el rendimiento académico de Tyler te hace saltar, podrías haber evitado la reacción en que caíste. En lugar de ello, habrías aceptado la ansiedad que sentías, sin dejar que fuera el foco de atención. Así sigue siendo un sentimiento y no contamina tu relación con tu hijo.»

«Es como darme una pausa para pensar», dijo Alan perspicazmente. «Dejarme espacio para calmarme antes de tomar una decisión, para no arrepentirme de ella.»

Puede tomar un momento para calmarse y formularse preguntas como las siguientes:

- *¿Por qué me provoca ansiedad el rendimiento académico de mi hijo?*
- *¿Por qué actúo como si esto se tratara de mí?*
- *¿Qué me dice esto sobre mi propia autoestima?*
- *¿Por qué vinculo lo que siento con el rendimiento de mi hijo?*

Estas preguntas demuestran que la ansiedad surge del ego. Está unida a la sensación de tener derecho a algo, cosa que nos lleva a querer controlar a los hijos. Pensamos que como les hemos traído al mundo, son nuestro reflejo. Esto nos hace creer que tenemos derecho a esperar ciertas cosas de ellos. Como nosotros mismos no somos rectos, cuando el reflejo que nos devuelven no se ajusta a nuestras expectativas, nos perturba. Entonces recurrimos a la manipulación, al dominio, al enfado.

Cuando nos sentimos seguros, no necesitamos al ego, con su correspondiente actitud defensiva. Simplemente podemos ser nosotros mismos sin imaginar que somos de otra manera, como hace el ego. Cuando nuestra identidad es sólida, no precisamos ninguna imagen. No necesitamos *pensar* en nosotros *en absoluto* porque estamos totalmente inmersos en simplemente *ser* nosotros.

Desde este estado de plenitud de nuestro centro, en lugar de la deficiencia del ego, experimentamos la vida como algo benevolente, dispuesta a tender una red de apoyo cuando pasemos un bache. Funcionamos desde la confianza que nos da paz y alegría. No se trata de intentar creer en uno mismo, que es cosa del ego. No hay que intentar nada. No tenemos que reafirmarnos, tener fe ni elaborar pensamientos positivos sobre nosotros. Simplemente disfrutamos de ser nosotros y esto nos permitirá disfrutar al ver cómo se despliegan las vidas de los hijos desde su interior en lugar de pensar que debemos orquestar el proceso.

La identidad esencial no necesita buscar la estima —ni de los hijos ni de nosotros mismos—. Ni siquiera pensamos en ella porque está encarnada en nosotros. Es nuestro estado natural, algo que solo llegamos a cuestionarnos porque la familia, el sistema educativo o la sociedad lo ponen en duda.

Nuestra principal inquietud ante la idea de escuchar los sentimientos es que no creemos que podamos hacerlo. Como ya he dicho, estar en reposo es un concepto que nos asusta a muchos de los que vivimos en un remolino de actividad. En cuanto algo nos incomoda, nuestra reacción refleja es mirar hacia fuera. En vez de calmarnos, hacemos lo opuesto. Buscamos maneras de escapar a la incomodidad que experimentamos.

«Cuando haya parado para escuchar mis emociones, con el fin de volver a sentir la conexión con Tyler, ¿entonces qué hago?», preguntó Alan.

«Le apoyas», expliqué. «La mejor manera de hacerlo es desprenderte del resultado de sus decisiones. Puedes dedicarte a fomentar su bienestar solo en la medida en que estés desvinculado del resultado. Cuando estéis profundamente conectados, de manera que sienta tu enorme cariño y esté seguro de tu interés en su bienestar, crearás espacio para que su motivación aparezca. Mientras le presiones para que haga cosas, esto no sucederá. Solo cuando quites tus manos, pero sigas comprometido con él, él hallará en su interior el camino que su alma le dirija a seguir.»

Cuando hemos estado presionando a un niño, ya sea intencionadamente o sin darnos cuenta, es posible que siga un período en que su motivación quede en barbecho. Entonces debemos mantener la calma y confiar en que, después de este período de recuperación, hallará su propio camino. Es como plantar una semilla en otoño y luego esperar todo el invierno hasta que el calor y la lluvia de la primavera la hagan brotar. Si, durante su latencia, dejamos que nuestra ansiedad nos empuje a cometer el error de desenterrarla para ver qué hace, la mataremos.

Una variación sutil de este error es decirle al niño: «Tienes que cometer tus propios errores y tomar tus propias decisiones. Ya eres lo bastante mayor para darte cuenta de las consecuencias de una mala nota. Eres tú y no yo el que tendrá que enfrentarse a estas consecuencias. Tú eres quien debe sentirse tranquilo con tu esfuerzo y rendimiento.» Cuando ofrecemos consejos de este tipo, imaginando que estamos dando libertad a los hijos para seguir su rumbo, en realidad estamos intentando atajar un camino que solo pueden recorrer desde su interior. Seguimos pretendiendo obtener un resultado, si bien lo hacemos sutilmente. De este modo, desenterramos la semilla en su período de latencia.

La ansiedad de Alan surgió de nuevo. «¿Estás diciendo que no haga nada para ayudarle más que ser una presencia llena de amor? ¿Y si sigue jugando con el ordenador cuando debería estar estudiando? ¿Me limito a ignorarlo?»

«Deja tiempo a Tyler para que fije su rumbo. Deja que la interacción adecuada con los maestros tenga lugar si no entrega los trabajos. A su debido tiempo, el colegio sin duda se pondrá en contacto contigo. En este momento, puede ser beneficiosa una intervención. Como está claro que los videojuegos se han convertido en una distracción, se podría decir con tranquilidad algo así: "Si te viera consumir drogas y no hiciera nada, sería un padre negligente. O si te viera subirte al coche borracho y no te quitara las llaves, te estaría fallando. En el colegio me dicen que no estás prestando la debida atención a los estudios. Mereces darte la oportunidad de hacer los trabajos. Intervendré si es necesario y pondré los límites que creo que precisas, pero preferiría que los crearas tú mismo, ya que tienes edad para hacerlo."»

Cuando Tyler vea a Alan como su aliado, no su oponente, es probable que responda positivamente. Se le ofrecen opciones, no se le obliga. Solo si nos sustraemos al resultado podemos ofrecer apoyo real —y, como hemos visto, los niños instintivamente notan la diferencia cuando hay interés genuino por su bienestar o cuando nuestra motivación son otros objetivos ocultos—. Pero una intervención de este tipo debe realizarse en el momento oportuno, cuando la vida la requiere, no como resultado de nuestra ansiedad. Por supuesto, esto significa que debemos estar siempre atentos a lo que está pasando. Solo con una consciencia que ha despertado y está verdaderamente presente se puede saber cuándo es el momento correcto. A una persona que actúa desde la consciencia el momento oportuno se le presenta con mucha antelación, siempre con pistas a lo largo del camino.

Muchos padres no se dan cuenta, pero los hijos desean colaborar con nosotros. Sin embargo, tienen que notar que seguimos sus ritmos, y pretendemos ayudarles a alcanzar sus objetivos, no los nuestros. Los hijos necesitan saber que actuamos porque confiamos plenamente en su bondad, no por miedo a su fracaso. Para acentuar lo que vimos anteriormente, las vibraciones que emitimos son clave, porque resonarán con nuestras palabras.

«Respecto al partido de fútbol del sábado», siguió Alan, «¿qué hago?»

Respondí: «Habla desde el corazón. Dile a Tyler que dejaste que tu miedo sacara las cosas de quicio. Admite que estabas angustiado y no sabías cómo gestionar tus sentimientos, de modo que reaccionaste. Explícale que te das cuenta de que merece tu confianza y quiere destacar. Acaba diciéndole que tienes ganas de disfrutar viéndolo jugar el fin de semana.»

Alan siguió mis sugerencias y Tyler respondió favorablemente negociando un plan para acabar el trabajo del colegio.

Nuestros sentimientos son barómetros del alma, mientras que las reacciones emocionales son indicadores de que el ego se ha activado. Si escuchamos los sentimientos sinceros y dejamos que las reacciones ocurran en nuestro interior sin arrastrarnos ni alarmarnos, pasaremos a un estado tranquilo y más integrado.

Ser conscientes de lo que nos pasa es clave para no arrojar nuestros problemas sin resolver sobre los hijos. Mientras mantengamos la consciencia, no proyectaremos los problemas en ellos. Cuando nos tomamos la pausa para digerir las emociones en nuestro interior, observando en silencio sin comentarnos nada, nos calmaremos y habremos integrado otra pieza del pasado que nos hará más sabios y más fuertes.

A medida que las emociones nos engullen menos, descubrimos que somos mucho más de lo que el ego imaginaba que éramos. En nuestro interior residen poderes y recursos que van más allá de nada que conozcamos. Gracias a los problemas que surgen con los hijos, que nos llegan como un regalo para ellos y para nosotros, por fin descubrimos lo maravilloso que es ser la persona que somos.

CREAR UNA VÍA DIRECTA HACIA EL SENTIMIENTO

El problema que subyace tras todos los conflictos en nuestra vida y en el mundo es que no se nos ha permitido sentir lo que sentimos. En su lugar, nos han enseñado a distorsionar lo que sentimos y volverlo contra los demás.

El apego a lo que sienten los hijos es en realidad la antítesis de permitirles sentir a *ellos*. Confundimos nuestro interés por sus sentimientos con la aceptación de sus sentimientos, e imaginamos que les estamos dando espacio. Sin embargo, vernos seducidos por los sentimientos de los hijos o mostrar algún tipo de reparo ante los mismos, envía la señal de que deben temer los sentimientos. Al no mostrarnos neutrales ante sus sentimientos y tratarlos no solo como algo normal sino inevitable, la carga con que los marcamos inconscientemente hace que el sentimiento se enquiste e incluso a veces aumente en una espiral de descontrol.

Los niños necesitan recibir el mensaje de que los sentimientos son una parte de la vida cotidiana, como lo son sus miedos. Siempre habrá sentimientos y miedos, del mismo modo que siempre habrá pensamientos. Dejando que todos ellos existan sin inmiscuirse en ellos, controlarlos ni evitarlos, hace que puedan ir y venir de manera natural. Es al intervenir y pretender gestionarlos cuando las cosas se tuercen.

Cuando disponemos de un camino claro y directo para los sentimientos, de forma que no temamos reflejarlos si es necesario, no nos dejamos arrastrar por ellos. Podemos decir: «Ahora mismo estoy triste» o «Me siento frustrado». El simple y claro reconocimiento de los sentimientos nos permite reconocerlos sin ser abrumados por su fuerza.

Cuando los hijos nos ven reaccionar a ellos ensimismados, de manera imprevisible e incluso desenfrenada, no solo aprenden a desconfiar de nosotros, sino que empiezan a temernos. Por desgracia, cuando vemos una expresión de miedo en el rostro de un niño, tendemos a confundirla con una de respeto. De hecho, estamos tan seducidos por el mito de que debemos estar al control que, de forma sutil, en realidad disfrutamos de la sumisión que creamos en los hijos al darles causas para temernos. Hace crecer nuestro ego, nos hace sentir poderosos y, por tanto, importantes.

Cuando recurrimos a las amenazas, que son el chantaje emocional, el miedo del niño puede adoptar la forma de obediencia superficial, pero surte poco efecto para cambiar el comportamiento de manera duradera. En todo caso, bajo la superficie, el niño se ve inundado por emociones como el resentimiento, el enfado y —si el maltrato continúa— incluso el rencor. Al contrario, cuando los niños perciben que se hallan en una zona donde no se les maneja en base a unos fines ocultos, se hacen merecedores de la confianza depositada en ellos. Desarrollar dicha confianza requiere tiempo y compromiso, y ocurre solo como fruto directo de nuestra propia madurez.

Si deseamos crear una conexión con los hijos, necesitamos reprogramarnos para dejar de controlarlos. Para conseguirlo, debemos aceptar el momento presente «tal como es». Por ejemplo, la manera de trabajar en nuestra reactividad en el caso de una habitación desordenada consiste en preguntarnos: «¿Por qué la ropa por el suelo afecta mi sensación interna de estabilidad? ¿Por qué me siento personalmente amenazado hasta el punto de insolentarme ante mi hijo?»

Consumidos por un estándar mítico sobre «cómo deberían ser las cosas», acostumbramos a sentir que no contamos con otra opción que reaccionar saltando. Nos vemos constreñidos. No obstante, al examinar cada reacción e identificar qué mito la provoca (a menudo más de uno), podemos empezar a domesticar nuestra reactividad. Todo lo que se precisa es observar lo que nos decimos a nosotros mismos en tales situaciones. Esto nos permite reconocer el mito o mitos culturales que nos apresan.

¿Significa esto que nunca nos enfadaremos con los hijos? En absoluto. El problema no es tanto que nos enfademos, sino cómo vayamos a responder a la emoción que nos va a inundar. ¿Responderemos de manera ciegamente reactiva, repartiendo castigos? ¿O existe una manera más sana de bailar la danza de la educación que comunique conexión y cariño?

Al prescindir del elemento emocional en cualquier situación y presentar nuestros sentimientos sinceros sobre un asunto, creamos la sensación de hallarnos en una sociedad. Compartir los sentimientos con los hijos es radicalmente distinto a reaccionar emocionalmente. La culpa queda eliminada de la ecuación, como toda volatilidad. Esto nos libra de discutir un problema con la plena consciencia de que ambas partes tienen derecho a estar de acuerdo o en desacuerdo. Al crear la sensación de unidad y negociar con calma, podemos llegar a una decisión conjunta. Todas las partes se hacen responsables del acuerdo. Es decir, como los hijos ven que operamos sin pretender controlarles y que sinceramente queremos su ayuda, quieren apoyar los acuerdos a los que se llegue e incluso pueden ofrecer sugerencias que no se nos habían ocurrido.

Si imaginaba usted que defendía una educación sin intervención ni injerencia, tal vez ahora comience a darse cuenta de la mayor implicación que requiere la educación consciente. Se precisa más tiempo y energía para compartir los sentimientos genuinamente y discutir un asunto hasta conseguir pisar un terreno común que para gritar: «¡Porque yo lo digo!» Los niños no responden bien a las órdenes y dictados. Nadie lo hace.

¿Cómo podría desarrollarse un diálogo con los hijos en que expresáramos nuestros sentimientos libres de emociones negativas? ¿Exactamente cómo podemos darles voz para que acepten la decisión que resulte de nuestras negociaciones?

La siguiente conversación es un ejemplo de cómo implicar a los niños en la toma de decisiones ya a los dos o tres años de edad:

MADRE: Cuando tu habitación está desordenada me hace sentir incómoda porque me gustan las cosas organizadas y limpias. ¿Tu habitación te hace sentir incómodo?

NIÑO: No, está bien así.

MADRE: ¿Y si mamá tuviera la casa igual de sucia que tú tienes la habitación? ¿Cómo te sentirías entonces?

NIÑO: No me gustaría. Me gusta la casa limpia. Pero me gusta mi habitación desordenada.

MADRE: Entonces, ¿tienes diferentes exigencias para ti y para mí? Yo intento exigirme a mí igual que te exijo a ti. Me gusta tener la casa limpia y me encantaría que tu habitación también estuviera limpia. ¿Podemos idear un plan juntos para que todos estemos contentos? Prefiero que tu habitación esté limpia para que aprendas a vivir de forma organizada. Mi vida no cambia si tu habitación está en desorden, pero quiero enseñarte esta valiosa habilidad. Es importante que aprendas a ser organizado. Igual que a ti te gusta que sea organizada y limpia en casa, me gustaría que hicieras lo mismo en tu habitación. ¿Qué puedo hacer para ayudarte?

NIÑO: Yo limpiaré mi habitación una vez a la semana. Si no está limpia, ¿vendrás a recordármelo? ¿O me ayudarás a organizarme?

MADRE: Claro.

Una vez que el niño experimenta nuestra energía no reactiva, está más abierto a que nos impliquemos en su vida. Se asoma a nuestras preocupaciones y halla maneras de colaborar en lugar de ir a la contra. Todo empieza siendo conscientes y domesticando nuestra reactividad para que en vez de asustarlos con nuestras explosiones emocionales y cerrándonos, los niños escuchen nuestros sentimientos. Ya no tenemos que seguir exigiendo: «¿Me escuchas?» o «¿Me oyes?»

La gestión de los sentimientos es una de las cosas más difíciles de dominar, especialmente cuando experimentamos miedo. ¿Qué significa en la práctica sentir el miedo?

Sentimiento: Usted está impaciente porque su hijo está tardando mucho. Se siente indefenso, frustrado e incompetente.

Reacción: Quiere que se apresure, puede que incluso le grite.

Aceptar el miedo: Nota que se siente provocado. Esta es la señal de alarma para detenerse. Apriete el botón interno de parada.

Observe su agitación, respire hondo y luego deje que reine el silencio en su interior. Si es necesario, salga de la habitación. Examine su miedo preguntando:

- *¿De qué tipo es el miedo que estoy experimentando?*
- *¿Qué temo que ocurra?*
- *¿Es algo tan malo?*
- *¿Es el fin del mundo?*
- *¿Me doy cuenta de que mi miedo surge de mi pasado?*
- *¿Veo que no tiene nada que ver con mi hijo?*
- *¿Puedo dejar que el sentimiento pase y refugiarme en la confianza?*

Al examinar el miedo, simplemente se observa. Al hacerlo, afirme:

- *Mi miedo viene de mi yo perdido.*
- *Mi miedo surge de mi idea de que necesito ser perfecto.*
- *Mi miedo está vinculado a la creencia de que no soy lo bastante bueno.*
- *Mi miedo está relacionado con la presión de educar a un niño modélico.*
- *Mi miedo es natural y normal.*
- *Mi miedo no me define, solo es un aspecto de mí.*
- *Permito que mi miedo esté ahí mientras fluyo durante el día.*
- *El hecho de sentir miedo no tiene por qué chuparme la energía.*
- *Todo lo que debo hacer es observar mi miedo y dejar que sea lo que es.*
- *Dejo que mi miedo repose en silencio en mi interior. Tengo que procesarlo yo, nadie más.*
- *Mi miedo se disolverá cuando lo deje simplemente ser.*
- *Mi miedo se intensificará si lo niego o reacciono contra él.*

Al permitir que el miedo sea lo que es y reconocerlo por lo que es, lo integramos. Ahora podemos dirigirnos al niño con calma y centrados de manera que se sienta escuchado.

Nadie va a proteger a los hijos de nuestra reactividad. No les queda otra opción que sucumbir o enfrentarse a nosotros. De un modo u otro, van a gastar mucha energía psíquica luchando contra nosotros —energía que deberían invertir en ensoñaciones y juego espontáneo—. Debemos tomarnos en serio la protección del alma de nuestros hijos. Ellos acuden a nosotros para que respetemos su auténtica voz y alimentar su verdadera identidad, no para que les convirtamos en una copia de lo que somos nosotros.

Nuevo compromiso para abandonar la reactividad

Mi relación con el enfado, aunque íntima
y fugazmente poderosa,
ya no tiene propósito
y lleva demasiado tiempo conmigo.

Cuando ya no sirve para transformar
o inspirar coraje,
está obsoleta y hay que alejarse de ella,
desprenderse de su caos, ruido y drama,

dejando atrás un silencio
del que nace la verdad.
El silencio puede ensordecer al principio,
pero, cuando se acepta, da a luz al rugido de una revolución.

19

Del enredo a la autonomía

Una clienta llamada Valerie me explicó: «Constantemente insisto a mi hijo Daniel para que trabaje más en el colegio, porque el mundo es una jungla. Sé cómo les va en la vida real a los chicos negros como Daniel. Sé lo implacable que es el mundo. Como soy consciente de la crueldad de la sociedad, intento prepararlo para ello.» Con el deseo de preparar a su hijo para enfrentarse al «mundo real», Valerie constantemente le impone su propia interpretación de este mundo cruel e injusto, junto con las emociones que ella experimenta. Le inculca una visión llena de miedo y ansiedad.

Para Valerie, el mundo es inseguro e injusto. Teme por su hijo a causa del color de su piel. Sus miedos son justificados a sus ojos y sería inútil decirle que no son válidos. Muchos de los terapeutas a los que ha acudido han minado sus sentimientos diciéndole que vive en el pasado y que el racismo es una cuestión de percepción, no la realidad. Valerie se ha sentido ninguneada y decepcionada porque nadie parece comprender sus motivos.

Yo adopté un enfoque diferente: «Comprendo perfectamente tus motivos. Tienes razón en que este mundo es cruel e injusto, especialmente para las personas de color. Conecto plenamente con tu sentimiento de querer proteger a tu hijo y prepararlo lo mejor posible.»

«Ah, ¿sí?», dijo Valerie, sorprendida y aliviada porque alguien finalmente comprendía y validaba sus sentimientos.

«Tus sentimientos son absolutamente válidos y muy reales. El problema no es si alguien ajeno a ti los comprenda o no. El problema es que tú los comprendas. Son tuyos, y como son tuyos, tienes todo el derecho a sentirlos.»

«Me han dicho que soy una paranoica y que voy a provocar exactamente lo que temo.»

«No estás paranoica. Esto es un juicio sobre tus sentimientos. Los sentimientos no pueden juzgarse. Son lo que son. Los sentimientos deben sentirse en su estado "tal como son". Lo que debes comprender es que no has estado sintiendo tus sentimientos.»

«Ah, ¿no?», exclamó Valerie.

«Has estado reaccionando a ellos, proyectándolos en tu hijo. Al hacerlo lo estás convirtiendo en un manojo de nervios.»

«¿Cómo siento mis sentimientos sin ponerle nervioso? Eso es lo último que deseo. Necesito que sea fuerte y se sienta poderoso. Pensaba que es lo que estaba haciendo.»

«Los sentimientos se sienten escuchándolos en el interior. Son tuyos, no suyos. Debes entablar amistad con ellos y dejar que suban y bajen sin pretender arreglarlos. Tú pretendes arreglar tus sentimientos. Quieres que desaparezcan como quería tu última terapeuta. En esencia, estás haciendo lo mismo que ella: los estás invalidando.»

«¿Eso hago?», preguntó, incrédula.

«Estás tan incómoda y ansiosa por tu hijo que haces todo lo posible para cambiarlo para no tener que angustiarte por él. Lo atosigas y le das la lata para que se convierta en una persona diferente, le comunicas constantemente que no es suficientemente bueno tal como es. No soportas sentirte angustiada, y crees que si insistes lo bastante para que cambie, ya no tendrás que sentirte angustiada. En otras palabras, todo se trata de ti.»

«No puedo creer que le haya estado utilizando para arreglarme. Pensaba que le estaba ayudando. Ahora veo que lo que hacía era controlarle para poder manejar mis sentimientos dolorosos.»

«Tu dolor es real. Tus miedos son reales. Aquí es donde nos confundimos. Son reales no porque lo sean para todo el mundo. Son reales y válidos porque lo son para ti. Pero que lo sean para ti no significa que lo sean para tu hijo. Respétalos porque son tuyos y los debes sentir, pero no creas que tienes derecho a convertirlos en sentimientos de tu hijo. No son la realidad de tu hijo; son la tuya. Estás proyectando tus experiencias en él. En lugar de ello, necesitas aprender a escuchar estos sentimientos dolorosos y procesarlos. Esto quizá signifique llorar de indefensión, o tal vez hablar de ellos con otras personas que también los sientan, pero siempre se trata de tu voluntad de reconocer que proceden de tu pasado, de tu perspectiva, de tu visión de la realidad. Nadie discute tu perspectiva. La disputa es lo que le hagas a tu hijo a causa de lo que tú sientes.»

«Entonces, ¿cómo puedo cerciorarme de que este mundo tan cruel no le trate injustamente?»

«No puedes cerciorarte de nada. Es lo mismo que preguntar cómo puedo asegurarme de que mi avión no se estrellará. Pides a la vida que te otorgue una certeza que va contra su naturaleza. En la vida nada es inherentemente permanente, todo posee fuerzas destructivas y creadoras. Comprender que esta es la naturaleza básica de las cosas te ayudará a dejar de sentir la necesidad de buscar garantías. Tu preocupación no es solo que la vida trate a tu hijo injustamente, sino que quizá sea en mayor medida una cuestión de si él es demasiado frágil para manejar la situación. Y esto es otra proyección. No hay manera de saber la resistencia de los hijos a la hora de enfrentarse a las cosas. Sin embargo, al transmitirles nuestros miedos, podemos estar seguros de que no tendrán demasiada. Es nuestra angustia por si los chicos de color o las chicas jóvenes vayan a ser capaces de superar lo que la vida les depare lo que acaba paralizándolos, no la propia realidad. En lugar de proteger a los hijos de las situaciones dolorosas, es mucho más útil cambiar el enfoque y enseñarles que pueden ocurrir cosas desagradables, pero que disponen de los recursos para superarlas.

»Algunos niños pueden ciertamente caer presa de depredadores sexuales o acosadores; enseñemos pues a los niños a respetar sus límites, confiar en su voz interior y sentirse seguros para informar de cualquier violación de su persona inmediatamente. Algunos niños serán rechazados por sus compañeros muy injustamente, preparémosles para esta realidad sin angustiarles sino ayudándoles a sentirse seguros y fuertes. Démosles las herramientas para reconocer a un acosador y el lenguaje para combatirlo. En lugar de enseñar a las niñas a seguir dietas para encajar en los estándares sociales de belleza para que no sufran el dolor del rechazo, enseñémosles que están bien tal como están, y que si las insultan, sean capaces de gestionarlo. Al enseñar a los hijos que están completos tal como son, les enseñamos a mantenerse fuertes.»

«Entonces, ¿qué hago con sus notas justas? ¿Dejo que las saque?»

«Tu preocupación no pueden ser los resultados ni su rendimiento. Debes centrarte en ti misma. Pregúntate esto: "¿Estoy creando las condiciones para que mi hijo experimente su propia relación con su éxito o su fracaso? ¿O estoy interfiriendo en este proceso? ¿Cómo puedo apoyar a mi hijo sin responsabilizarme de su rendimiento escolar? ¿Qué tipo de energía estoy aportando a la situación? ¿Cuánta negatividad estoy aportando? ¿Le estoy enseñando autoconfianza o autodenigración? ¿Cómo interfieren mis miedos en su éxito?"»

Valerie reflexionó. Finalmente dijo: «Soy yo, ¿verdad? Le he paralizado con mi miedo. Ahora se ha desvinculado por completo. No creo ni que lo intente. En lugar de darle esperanzas y confianza en abundancia, he creado un desagradable sentimiento en él. Probablemente deteste estudiar para un examen porque sabe que voy a apretarlo y volverlo loco. Tengo que parar. Espero ser capaz de hacerlo.»

Valeria aprendió una lección importante aquel día. Vio cómo los sentimientos no resueltos de los padres pueden convertirse en reacciones emocionales nocivas que perturben la autoexpresión auténtica de los hijos.

LA TRAMPA DE LA FUSIÓN EMOCIONAL

Cuando a los padres les resulta imposible diferenciar sus sentimientos de los de sus hijos es porque experimentan un elevado nivel de enredo, o lo que se conoce más técnicamente como «fusión emocional».

Al hacernos más conscientes, empezamos a deshacer el embrollo en nuestra mente. Es como sacar todos los calcetines de la colada y disponerlos en montoncitos ordenados. En términos familiares, dejamos de proyectar los sentimientos en los hijos y empezamos a colocarlos en el montón correspondiente —un montón en nuestro interior, no en los hijos—. Este proceso nos permite ver a los hijos tal como son, de modo que les comprendemos con independencia de la idea que tengamos de ellos.

Separarnos emocionalmente de los hijos de esta forma nos da miedo a muchos. Nos parece que significa que nos separamos de los deseos del corazón, o pensamos que es como interponer distancia física entre nosotros y ellos. Sin embargo, estoy describiendo un tipo de separación completamente distinta: una forma de separación que posibilita la conexión real. Hablo de terminar la fusión, para separar nuestras emociones de las de los hijos, nuestras experiencias de las suyas, nuestras historias internas de las suyas.

La razón por la que no disfrutamos de intimidad con los hijos gran parte de las veces es que en lugar de encontrarlos tal como son y valorarlos por su resistencia, proyectamos nuestro propio estado interno en ellos. Este estado interno nos resulta familiar porque surge de nuestro interior, y proyectarlo en el niño nos proporciona un seudosentimiento de intimidad con él. No nos damos cuenta de que no estamos conectando con el niño en absoluto, sino solo con lo que proyectamos en él, que es meramente nuestra idea de la persona que es. Mientras la otra persona nos permite mantener nuestra idea de cómo es, nos sentimos conectados. Pero en el momento en que nuestra idea del otro no le parece bien, la sensación de conexión acaba.

Es por esta razón que los padres se sienten tan amenazados por sus hijos adolescentes. El adolescente se enfrenta al control parental declarando: «Soy mi propia persona y necesito hallar mi manera de expresar mi individualidad. Como no lo permitiréis, necesito romper con vosotros.» Animar a alguien a que sea su propia persona, separada de nosotros, puede parecer una amenaza a la conexión, mientras que es en realidad el camino hacia la conexión verdadera, porque solo los individuos autónomos pueden establecer una auténtica conexión.

El proceso de aumentar la consciencia de uno mismo conduce a la separación emocional sana de los hijos, porque produce claridad y orden mental. Nos hacemos responsables de cómo percibimos la realidad y valoramos que los demás no tengan la misma percepción. Es este ordenamiento de nuestro paisaje interior lo que yo denomino «separación emocional». En vez de estar enredados o fusionados, cada uno se sostiene por sí solo emocionalmente. Podemos hacerlo porque estamos conectados a nuestro marco interno de referencia. Aunque pueda sonar a amenaza, esta separación emocional es la única manera de conectar los latidos de dos corazones singulares.

DESARROLLAR LA AUTONOMÍA EMOCIONAL

Al separar lo que sentimos de cómo reaccionamos, y mantener a raya nuestras ideas y objetivos ocultos en relación con los hijos, empezamos a cambiar nuestra manera de ser. Si antes actuábamos desde un estado de necesidad y carencia, ahora nos implicamos realizados y fuertes. De repente, nuestra dependencia de la aprobación de los demás, de su afirmación y validación, se esfuma.

La autonomía emocional es esencial para la educación consciente. La primera fase de la separación emocional tiene lugar cuando el niño tiene menos de tres años, y le siguen las etapas clave de transición de la infancia: jardín de infancia, educación primaria y la prueba final de la educación secundaria. Cuando a los padres les resulta difícil reconocer estas etapas clave como una llamada para dejar más libertad a los hijos para sentir, errar y caer, crean una dependencia poco saludable en ellos. Los niños empiezan a sentir que pueden derrumbarse si sus padres no están con ellos para ayudarles a procesar las cosas.

La simbiosis es absolutamente necesaria durante la primera infancia. No obstante, cuando la simbiosis se extiende más allá de las necesidades del niño y responde al deseo de los padres de sentirse necesarios, el niño sale perjudicado. Normalmente hablamos de adolescentes que se rebelan, pero más bien son los padres los que se rebelan contra el derecho del adolescente a aumentar su grado de soberanía. Los padres que se sienten amenazados por la búsqueda de autonomía del adolescente se rebelan contra él con la pretensión de ejercer mayor control. El adolescente está haciendo exactamente lo que se supone que debe hacer. De hecho, cuanto más se rebela, más a gritos pide que los padres dejen de proyectarse en él. El adolescente se porta «mal». Al contrario, se está encargando de iniciar la separación de las proyecciones de los padres, porque los padres no han iniciado esta tarea tal como el adolescente necesitaba.

Las batallas entre padres y adolescentes son causadas por la guerra de los padres contra la separación natural, sana y necesaria que el adolescente está tratando de conseguir. En lugar de etiquetar a los adolescentes de «difíciles», debemos darnos cuenta de que casi siempre son los padres los que están siendo difíciles. Los adolescentes parecen difíciles solo cuando no tienen otra forma de contrarrestar lo difíciles que están siendo los padres.

Los hijos siempre intentan utilizar su poder y autodirigirse. Para que se produzca una verdadera conexión, necesitamos ver lo amenazados que nos sentimos internamente por el deseo de los hijos de ser ellos mismos. Cuando nos centramos en nuestra consciencia, nos damos cuenta de que cada uno de nosotros tiene derecho a sus propios sentimientos, separados unos de otros. Cuanto más clara sea esta comprensión, más capaces seremos de respetar a los hijos tal como son. Sin inyectar nuestro estado mental en ellos, respetamos lo que sienten, lo que valoran y el curso que eligen para su vida. Les vemos como seres diferenciados de nosotros y comprendemos lo privilegiados que somos al ayudarles a tomar su propio camino.

Los niños a los que se permite sentir sus sentimientos y experimentar su propia vida a su manera son fuertes para afrontar los riesgos adecuados y vivir la vida como una aventura. Como están seguros en su ser, son capaces de confiar y amar con el corazón abierto. En consecuencia, no temen admitir cuándo nos necesitan. De hecho, cuanto más independientes sean en relación con sus emociones y percepciones, más capaces son de depositar su confianza en nosotros cuando es necesario.

Como terapeuta, siempre estoy atenta a mi propia necesidad inconsciente de que mis clientes dependan de mí. Elizabeth, una de mis clientas, estaba pasando una mala época durante una de nuestras sesiones recientes. Lloró prácticamente todo el rato. Le recordé que podía contar conmigo si necesitaba hablar entre sesiones. En la siguiente sesión, me dijo: «Me supo mal que no me llamaras o me enviaras un mensaje para preguntar cómo estaba. Me sentí rechazada. Pero entonces me acordé de que siempre me hablas del rol de víctima y me di cuenta de que, si te necesitaba, solo tenía que llamarte. No estabas ignorándome. De hecho, al contrario, me estabas demostrando que yo era fuerte y podía manejarme sola.»

Con los menores detalles, comunicamos a los seres queridos que no creemos en ellos o no confiamos en que sean lo bastante fuertes para salir del paso solos. Incluso hoy, constantemente debo reprimir mi instinto de enviar mensajes a mi hija diciendo: «¿Qué tal?» o «¿Cómo te va?» Debo tener fe en nuestra conexión, y saber que si desea compartir algo conmigo, lo hará. Les recuerdo a los padres que cuando los hijos se encierran en su habitación, no deberían colarse dentro. Los hijos están diciendo: «Necesito estar solo ahora mismo.» El respeto de los padres por su autonomía demuestra que se sienten seguros de su conexión. Por supuesto, si deben empezar los deberes o comer, podemos invadir su espacio, pero no para conectar por nuestra necesidad.

Mis clientes con frecuencia dicen cosas de este tipo: «Soy estúpido, no puedo creer que haya hecho esto.» Como respuesta, no me apresuro a hacerles cambiar de opinión ni decirles que son listos y que no se preocupen. En vez de ello, me uno a su percepción de la situación y digo algo como: «Sé que te sientes estúpido. Es un sentimiento válido porque comunica que quieres hacer mejor las cosas. Pero recuerda que los sentimientos son solo un estado de la mente y no hay que temerlos.» Entonces exploramos el sentimiento en lugar de paralizarnos por miedo al mismo.

Con los hijos, el enfoque tradicional consiste en contradecir sus afirmaciones negativas con: «No, no eres estúpido. Eres listo.» ¿Este tipo de respuesta mitiga las preocupaciones y la sensación de deficiencia de los hijos? Al contrario, impone nuestros pensamientos. Lo que más necesitan los hijos en tales momentos no es sentirse listos de repente, sino aprender a procesar el sentimiento de que son «estúpidos».

Aquí es donde tendemos a equivocarnos como padres. Nuestro deseo de evitar el malestar de ver sufrir a los hijos nos empuja a intervenir e interferir en su relación con su ser interior. En lugar de ello, debemos recordar que los sentimientos son solo eso: sentimientos. No definen a la persona. Cuando lo tenemos claro, sentimos menos angustia por lo que nosotros o los hijos sentimos en un momento dado, cosa que nos hace más capaces de ayudarles a vivir la amplia gama de sus sentimientos.

No tema el desacuerdo

Cuando los hijos comprenden que el desacuerdo no es necesariamente una señal de que las cosas van mal, desarrollan la confianza para sintonizar con su interior y dar voz a sus sentimientos. Aprenden a aceptar el desacuerdo en sus relaciones y o temen la incomodidad de negociar entre diferentes opiniones. En lugar de ver el desacuerdo como señal de un problema, lo contemplan como algo sano.

Esto puede observarse en el caso de Maureen, que vino a terapia apesadumbrada porque se peleaba constantemente con su hija de diecisiete años. Cuando le pregunté por qué se peleaban, Maureen dijo: «Pues, por cualquier cosa. Yo digo azul, ella dice rojo. Yo digo italiano, ella dice chino. Y enseguida nos estamos insultando. Me preocupa perderla a causa de estas desavenencias.»

Maureen explicó con orgullo que siempre había estado muy unida a su hija. «Siempre habíamos sido como dos gotas de agua. Nunca, jamás discutíamos. Era como mi sombra. Me seguía allá donde fuera. Pero este año algo ha cambiado y ahora no quiere darme la razón en nada. Me da miedo perderla.»

Maureen había controlado a su hija hasta el punto de que la niña no había sido capaz de desarrollar su verdadera identidad. Lo hizo para reforzar su propia sensación de poca personalidad. El hecho era que esta hija diligente había estado traicionando sus propios sentimientos y opiniones durante años con el fin de proporcionar a su madre una transfusión de identidad. Era casi como si intuitivamente supiera que era su bote salvavidas. Maureen dependía tanto de su identidad como madre que pensaba que no sería nada sin este rol. Esto la hacía aferrarse a su hija, que ahora había alcanzado una etapa en que deseaba poseer su propia voz y disfrutar de un espacio alejado de la vigilancia de su madre. Esto es lo que provocaba tantos desacuerdos.

Al pasar las semanas, Maureen aprendió a valorar el desacuerdo como una manera de respetar a los demás como seres independientes. En vez de sentirse amenazada, empezó a integrarlo en su vida. Descubrió que la desconexión no se produce cuando existe desacuerdo sino cuando hay intolerancia de las diferencias.

La verdadera unión implica una interdependencia sana en que tanto el padre como el hijo valoran y ayudan al otro sin sentir que deben hacer concesiones para apuntalar al otro. En lugar de verse agobiado por el otro, uno se siente fuerte y libre de ser exactamente como es, mientras se mantiene una conexión estrecha. La auténtica conexión es distinta al enredo, porque la unión no tiene nada en común con la necesidad de controlar. La verdadera conexión nos libera, mientras que la fusión nos paraliza.

ACEPTAR EL DOLOR

Si hay algo que nos enreda con los sentimientos de los hijos, es verlos sufrir. Pero cuando los sentimientos de enredo surgen en una situación dolorosa, podemos aprovecharlos para crecer.

Mi hija contaba apenas ocho meses de edad. Estábamos jugando en la cama cuando me distraje, se cayó y se golpeó la cabeza con el suelo de madera. El sonido del golpe todavía sigue vivo en mi memoria. Empalideció, se le pusieron los ojos en blanco y casi se desmaya. Me entró el pánico, incapaz de creer lo descuidada que había sido. Cuando me puse en contacto con el médico, dijo que le haría algunas pruebas al día siguiente si seguía lánguida.

Acuné a mi hija en mi regazo durante horas mientras pasaba de momentos de sueño profundo a momentos de llanto angustiado porque el golpe le dolía. Cada vez que lloraba, el corazón me daba un vuelco y me quedaba sin aliento. Por mucho que lo intentaba, era incapaz de dejar mis emociones a un lado. No había otra persona a quien culpar. Sin nadie contra quien reaccionar, me veía obligada a sentir toda la potencia de la experiencia. ¿Esto era malo? Al contrario. Al no disponer de una válvula de escape mi visión del dolor cambió por entero.

Al recibir a mis clientes aquella semana, todos y cada uno

señalaban que me veían distinta. Me notaban más presente, más abierta y menos ensimismada. Me sentía diferente. Llorar durante horas y afrontar todos los «y si» posibles había surtido el efecto de dejarme en un lugar de profunda conexión con la maravilla de estar vivo. Esta experiencia de cambiar de la cabeza al corazón me ayudó a conectar con otros padres. Reconocía su distracción, poco juicio y reactividad de manera menos moralizante y más humana y terapéutica.

Un aspecto de la epifanía que experimenté supuso ver que incluso los peores sentimientos de dolor no nos destruyen. Al contrario: pueden enseñarnos empatía. De hecho, he aprendido que las experiencias dolorosas poseen el potencial de hacernos crecer mucho más profundamente que las «felices». Al ponernos en contacto con nuestras limitaciones y nuestra falibilidad, nos recuerdan nuestra humanidad y disipan toda necesidad de superioridad.

Nuevo compromiso para deshacernos del miedo al dolor

Me someto humildemente a dejar que cada experiencia dolorosa
me cambie.
Aunque sea doloroso, confiaré y
me rendiré,
afrontaré el dolor sin pretender reducirlo ni
evitarlo.
Lo haré porque sé
que resistirme a él solo hará que empeorarlo,
pero si acepto su realidad
conducirá a una consciencia profunda
de lo que significa ser humano,
y, por tanto,
a una conexión más significativa
con los que viajan conmigo por la vida.

20

Del juicio a la empatía

Era un día perfecto, sin una nube en el cielo, con caballos pastando en campos verdes y niños correteando. Era un día típico en el campamento ecuestre de verano de mi hija en Long Island, Nueva York. Era el día en que los padres iban a ver a sus hijos, que tenían que demostrar su talento en el concurso hípico anual. Los niños, cada uno con su caballo favorito, estaban alegres y ocupados ensillando y cepillando a los animales.

Cuando los caballos estaban a punto de entrar a la pista, escuché un arrebato: «No quiero este caballo. Quiero montar a *Rosie*. ¡Solo montaré a *Rosie*!» Era la voz de Savannah, de diez años.

«Oh, oh», pensé, aliviada de que no fuera mi hija. «Allá vamos. ¿Cómo gestionarán sus padres esta situación?»

Observé a sus padres, agachados junto a ella, como enseñan los libros, con voz empática. «Comprendemos que estás triste porque no te han dado a *Rosie*. Pero podemos intentar encontrar una solución y...»

Savannah les cortó, protestando más fuerte: «No quiero, no puedo. Quiero irme a casa. ¡Vamos a casa ahora!» La niña berreaba y la escena había congregado a un círculo de niños a su alrededor.

Ajena al numerito que estaba montando, Savannah gritó: «No podéis obligarme. No os quiero. Me voy.»

En este momento, la madre dijo: «Mira, Savannah, si montas este caballo hoy, estaremos tan orgullosos de ti que el fin de semana te llevaremos al parque acuático.»

Sonreí por dentro: «Aquí está la zanahoria.» ¿Qué más iba a prometer la madre para sobornar a la niña para que montara el caballo?

Cuando Savannah no pareció impresionada, la madre la engatusó: «Y luego podemos ir a tu tienda favorita, Juicy, y comprar aquel pantalón tan mono que querías.»

Como Savannah no parecía responder, la madre subió su apuesta. «Solo por montar hoy», siguió, «podemos ir a la tienda Apple y comprar la funda nueva para el iPad que querías. ¿Qué te parece?»

Emperrada, Savannah gritó: «No me importa. Dejadme. Me voy al coche.»

Ahora intervino el padre, tomando a Savannah por el brazo y tirando de ella hacia él. Cogiéndola fuerte por los hombros, los dientes apretados, masculló: «No nos hables en este tono. Deja de ser una niña mimada.»

«¡No soy una niña mimada! Pero no quiero quedarme aquí. ¿Por qué no nos vamos?», rogó Savannah.

El padre continuó: «Hemos pagado miles de dólares para este campamento. Tú eres la que quiso venir, o sea que ahora montas el caballo que te han dado o nunca más voy a pagarte una clase de hípica.»

Alterada, Savannah gimoteó: «Lo siento, papá, no puedo.»

«Es tarde para sentirlo», se interpuso la madre. «Las disculpas no llevan a ninguna parte. Mira la escena que has montado. Estoy avergonzada y muy decepcionada. Nos vamos ahora mismo y no volveremos nunca.»

La madre se fue enojada tirando de Savannah, desconcertada.

Antes de siquiera poder ordenar mis pensamientos, mi hija y sus amigas vinieron corriendo: «¿Has visto lo que han hecho sus padres?», dijo Maia.

«Pobre Savannah, me sabe mal por ella», dijo Allison, llorosa.

«¿Por qué no podían dejar que se quedara a vernos? ¿Qué problema había?», añadió Paula, indignada.

Estaba a punto de mostrarme de acuerdo con ellas y expresar mi desaprobación por la manera en que los padres de Savannah habían llevado la situación. Si hubiera tenido lugar cinco años antes, me habría permitido una diatriba: «¡Cómo han podido! Yo lo hubiera enfocado de otra manera. Nunca alzaría la voz en una situación como esta. De hecho, no habría hecho falta porque mi hija no hubiera tenido una rabieta así.» Contemplando la situación de manera simplista, como las niñas, habría culpado a los padres de educar a una niña tan narcisista. Pero al haber estado en su mismo lugar y haber observado mi propia reactividad, he desarrollado una comprensión más humilde y compasiva de tales situaciones.

Expliqué a las niñas: «Resulta fácil para nosotras juzgar a los padres de Savannah, y tenéis razón en que no deberían de haber reaccionado con tanto enfado. Pero debéis comprender que se sentían indefensos y no sabían qué hacer. No pretendían ser desagradables pero se han visto atrapados en una situación imposible. Cuando seáis madres, entenderéis cómo se han sentido.»

Aunque comprendía los sentimientos de las niñas, era importante que fueran conscientes de que los problemas de las relaciones no siempre son simples. Los niños a menudo reaccionan a los padres declarando: «¡Eres malo!» Si bien el sentimiento subyacente de verse traicionados puede ser válido, al final no les sirve de nada sentirse victimizados por nadie, menos aún por sus padres.

En el caso de Savannah, padres e hija se dejaron llevar por la ansiedad, cosa que les condujo a cerrarse a las diversas opciones de que disponían. Ambas partes se paralizaron como resultado de lo que percibieron como ofensas de la otra. Así es como los conflictos acaban en punto muerto y quedamos indefensos para cambiar la situación. Resulta fácil juzgar a los demás, discernir entre lo bueno y lo malo. Pero he descubierto que esta manera de ver el mundo no nos lleva demasiado lejos.

Cuando nos preguntamos cosas como qué causaba la pataleta de la niña, sin duda al principio emitimos algún tipo de juicio como: «Es una niña malcriada. Necesita aprender que no siempre puede salirse con la suya. Debería ser más agradecida.» Es decir, nuestra reacción inicial ante situaciones negativas suele ser negativa. Es casi como si estuviéramos programados para responder solo negativamente ante una situación negativa: como si responder positivamente o incluso de forma neutra fuera a desprestigiarnos. Una vez emitido el juicio, concluiremos que la única manera de tratar a una «niña mimada» es regañándola o manipulándola de alguna forma. A nuestro parecer, estamos siendo racionales. No nos damos cuenta de que nuestros juicios son erróneos y completamente tendenciosos.

El primer paso para desenmarañar una situación reactiva como la de Savannah consiste en tomar consciencia de cómo proyectamos nuestros sesgos, opiniones y juicios en el comportamiento de los demás, sin intentar comprender el significado más profundo de lo que se está comunicando. Como son «nuestros» hijos, unilateralmente imponemos nuestras proyecciones en ellos según nuestro estado de ánimo en un momento determinado. Cuando nos contestan, nos ofendemos y llamamos a su derecho de defenderse «grosería» y «falta de respeto». Esto es porque esperamos que sean recipientes pasivos de nuestros juicios solo porque son niños. Hay algo no solo inherentemente injusto en ello sino también perjudicial para la capacidad de los hijos de protegerse contra el tratamiento injusto en el futuro. Entonces nos preguntamos cómo es posible que dejen que les acosen o aguanten relaciones con maltratadores.

QUÉ SIGNIFICA VERDADERAMENTE EMPATÍA

Si pretendemos elevar la consciencia respecto a las habituales trampas de la educación, debemos ir más allá del juicio sobre lo que está bien y lo que está mal. Vamos a examinarlo de otra manera. No nos centraremos en el comportamiento, sino que nos preguntaremos qué estamos experimentando individualmente a nivel interno. Todo nuestro comportamiento en última instancia emerge de lo que sentimos. Solo sumergiéndonos en los sentimientos podremos descubrir qué instiga nuestro comportamiento y decidir cómo actuar.

¿Qué sentía Savannah? Para empezar, estaba claramente abrumada por la situación. Sus emociones habían sido secuestradas por las enormes expectativas ante su actuación. Su ansiedad sobrepasó su capacidad de gestionar la presión. Cuanto más la acorralaban sus padres, mayor era su reacción en contra, hasta que al final se desmoronó. Los padres de Savannah no captaron toda esta información vital.

Contrariamente a lo que sus padres creían, nada de esto era voluntario ni siquiera consciente por parte de Savannah. Se trataba de un brote inesperado y completamente inconsciente de energía angustiada. Cuando la angustia abruma al individuo, todos los intentos de racionalización son vanos. El lenguaje de la lógica cae en saco roto. Hay que emplear un lenguaje distinto para comunicarse con la ansiedad. A los padres no se les ha enseñado este lenguaje. Es un lenguaje que procede del corazón en lugar de la mente. Es un lenguaje de apertura y coraje en lugar de control y manipulación.

Los libros sobre educación nos proporcionan técnicas que parecen ayudarnos a ayudar a los hijos, pero de hecho la mayoría nos enseñan a manipularlos para que dejen de sentir lo que sienten. Estos libros buscan resultados en que todos salgan «felices» en lugar de centrarse en cómo podemos sintonizar con nuestros sentimientos y con los de los hijos «tal como son».

Aunque los padres de Savannah primero probaron la respuesta que sale en los libros de texto en un intento por empatizar con su hija, está claro que no la ayudaron a gestionar la difícil situación. A pesar de aparentar ser compasivos y empáticos, claramente, tal como se desarrolló la situación, no lo eran verdaderamente. Más bien, tenían un objetivo y la empatía era una mera técnica para que Savannah hiciera lo que ellos querían.

Cuando sentimos verdadera empatía, no hay objetivos ocultos. Una respuesta genuinamente empática reconoce inmediatamente que el otro se halla en un estado totalmente distinto al nuestro, y que con el fin de conectar con él, debemos renunciar a nuestras motivaciones ocultas. Esta renuncia requiere una presencia que comprenda que la conexión con otra persona es un vínculo en que la energía fluye en dos sentidos momento a momento sin garantías sobre cómo acabarán las cosas. Hay que entender que se trata del *proceso* de comunicación, y no de dónde pretendemos llegar o los objetivos de quién se pretenden lograr. Uno debe reconocer la importancia de caminar juntos cada trecho del proceso, ambas partes comprometidas y fortalecidas.

Una madre me dice que empatiza con su hija. «Comprendo por lo que está pasando», insiste. «Me doy cuenta de que está angustiada e intento ayudarla para que deje de estar nerviosa.» ¿Es esto verdadera empatía? Por un lado, la madre afirma que comprende lo que está experimentando su hija, de modo que suena a empatía. Pero entonces sigue para declarar, en efecto: «No me gusta lo que estás sintiendo. Quiero hacer desaparecer estos sentimientos.» Esto no es empatía en absoluto.

Los hijos captan este lenguaje ambiguo y quedan confundidos acerca de lo que se supone que deben sentir. La mayoría de nosotros hemos cometido este error de pensar que nos mostramos empáticos cuando en realidad no es así. Creemos comprender lo que no comprendemos. Por eso muchos niños gritan a sus padres: «¡No me entiendes!» Tienen toda la razón. No les entendemos.

La empatía es la capacidad de conectar con lo que el otro siente. Esto requiere que aceptemos que nuestro hijo, pareja o amigo se sienta de una determinada manera. Por supuesto lo hará, ya que somos dos seres distintos. Este es el orden natural de las cosas en una relación sana. No necesitamos cambiar al otro, como tampoco necesitamos cambiar nosotros. Simplemente debemos reconocer la validez de los sentimientos del otro, aunque a la vez queramos que se reconozcan los nuestros. Al principio, encontrar espacio en nuestro interior para ambas perspectivas resulta extremadamente complicado. Solo lo conseguiremos si no estamos bajo el asedio de nuestras propias emociones. La ansiedad constriñe nuestro espacio interior y hace que rápidamente se transforme en control, que enseguida se convierte en enfado. Esto es exactamente lo que ocurrió con los padres de Savannah.

Los hijos notan cuando los padres conectan con ellos o cuando les pretenden manipular para que cumplan los deseos de los padres. Esto solo sirve para hacerles sentir que no se les escucha y que sus deseos no son importantes, lo cual aumenta su ansiedad. Cuando no conectamos con ellos de manera empática y genuina, nos complicamos la vida. Cuando los niños sienten que no se les escucha, se cierran y dejan de colaborar. Si supiéramos empatizar con ellos, crearíamos vías maravillosas para una relación estrecha, conectada y cooperativa.

En una situación como la de Savannah, si la niña supiera comunicar lo que le ocurría en realidad, probablemente diría algo como: «Es como si hubiera una tormenta en mi interior que me engulle, y vosotros la estáis empeorando. Necesito que os calméis, que os riáis conmigo y me mostréis otra manera de gestionar mi miedo en lugar de gritarme.» La realidad es que a los padres de Savannah les interesaba su angustia solo en la medida en que buscaban la forma de superarla para que la niña hiciera lo que querían. Montarla en el caballo era todo lo que importaba. Pero cuanto más se centraban en lo que Savannah debía hacer para contentarles, más se angustiaba ella.

En todo esto existe un subtexto. El problema real no era que Savannah montara el caballo nuevo. El problema era ayudarla a experimentar el oleaje de su ansiedad. Ninguna de las estrategias de los padres —simpatizar, ordenar, sobornar ni amenazar— pretendía solucionar este problema. Incluso los padres empezaron a desmoronarse, porque la ansiedad de Savannah había provocado la suya. En tal estado, no podían de ningún modo ayudarla a superar sus sentimientos.

Los padres de Savannah necesitaban conectar con sus sentimientos. Para ello, debían apartar sus propios sentimientos.

Si sus propios sentimientos les resultaban abrumadores, debían alejarse y gestionarlos, como he explicado en capítulos anteriores.

Los padres necesitaban centrar su atención en Savannah, encontrarla allí donde ella se hallaba. Para hacerlo, debían aparcar sus creencias sobre lo que la niña «debería» hacer y simplemente aceptarla en el punto en que se encontraba. Podrían haber dicho algo como: «No pasa nada si no quieres montar. Habrá otras ocasiones. Vamos a dar un paseo.» Así es como empatizamos con los sentimientos de otro. No ahuyentamos esos sentimientos. Tampoco nos permitimos que nos trastornen. Más bien, nos tomamos con filosofía los sentimientos de los hijos. Al hacerlo, les demostramos que no tienen que temer la ansiedad.

La aceptación debe ser aceptación *verdadera*. Hay que prescindir de intentar que el niño haga lo que esperábamos que hiciera. Las miras ya no están puestas en montar el caballo. Lo único que importa es estar presentes con el niño, a su lado, tranquilos y con aceptación. Abandonamos por entero las motivaciones ocultas.

El enfoque que sugiero es contrario al enfoque habitual de decir al niño en una situación similar: «No tengas miedo.» En vez de instar al niño a afrontar su ansiedad y conquistarla, lo que yo propongo es tranquilizar al niño: «La ansiedad es normal, no te preocupes por tu angustia. Haz como si fuera ilusión o felicidad. Deja que exista, ni la niegues ni te resistas a ella.» Cuando la negamos o le oponemos resistencia, la ansiedad se afila. Es mejor afrontarla en su estado crudo y puro. Entonces, a su debido tiempo y de forma natural, se irá disipando. No porque la hayamos apartado a la fuerza, sino porque la habremos subsistido con apostura.

Si pudiéramos sintonizar con la ansiedad de los padres por el hecho de que su hija no quiere montar, escucharíamos pensamientos como:

- *¿Qué pensarán los otros padres?*
- *¿Cómo es mi hija en comparación con los demás?*
- *¿Se reirán de ella los niños?*
- *¿Y si he malgastado todo este dinero?*
- *¿Y si dejar que no monte es enseñarle a rendirse cuando las cosas se ponen difíciles?*
- *¿Qué dice esto de su capacidad para triunfar en el mundo?*

Si la madre de Savannah no se hubiera sentido provocada, podría haber pedido a su hija que la llevara a los establos y le enseñara los caballos. Sin presionarla a hacerlo, solo pedírselo. Si aceptara, demostraría una curiosidad genuina por todo lo que la niña ha aprendido, reforzando lo que ha logrado en lugar de centrarse en lo que todavía no ha conseguido. Podría pedirle que le contara historias sobre los caballos y sus experiencias con ellos. El enfoque se centraría en el proceso de su aprendizaje, omitiendo todo lo relacionado con su actuación.

Verdaderamente desconectada de si la niña actuaba o no, después podría pedirle que le enseñara un caballo con el que sí que sintiera conexión. Podría sugerir que montara aquel caballo unos minutos para ver si se sentía cómoda —pero solo si hubiera una voluntad total, sin coaccionar—. O tal vez preferiría pasear al caballo por la pista. Pero de ningún modo intentaría persuadirla para que actuara, algo que debería salir de la niña.

Es crucial que la niña se sintiera completamente cómoda con su elección de actuar. Es muy posible que Savannah captara la energía y desapego de su madre respecto al resultado. Contagiada de su estado relajado, es posible que valorara su propia competencia como amazona y su capacidad de participar en la actuación con cualquier caballo aunque no fuera *Rosie*. No obstante, de ser verdaderamente genuina, cualquier decisión sería aceptable.

Alguien podría argumentar: «Este enfoque puede interpretarse como que no pasa nada si los hijos abandonan.» Mi respuesta es que incluso más que la afición a montar, lo principal aquí es el deseo de Savannah de explorar sus intereses, que sería válido aunque la niña decidiera dejar la equitación.

Explorar un interés, tal vez disfrutar de una afición un tiempo, es lo que hacemos siempre, ya que nada es permanente. Antes o después, por mucho que a Savannah le gustara montar, es posible que se viera obligada a dejarlo. Es la naturaleza de nuestra existencia temporal.

Lo que verdaderamente importa es ser fieles a nosotros mismos, disfrutar de lo que elijamos disfrutar durante el tiempo que decidamos dedicarnos a ello. La realización solo existe en el momento presente, no como concepto relacionado con la duración de algo. La incapacidad de valorar momento a momento la dedicación al proceso de aprendizaje nos priva de la capacidad de valorar que nada es en vano y nada es permanente.

No podemos hacer que los niños se comprometan a seguir con algo para siempre. Hay que permitirles tener sentimientos y experiencias que vayan en contra de nuestras expectativas. Al crecer, sus intereses van cambiando de forma natural. Esto no es algo a lo que debamos oponernos, sino algo a favorecer. La cualidad esencial que pretendemos fomentar no tiene nada que ver con el tiempo que un niño se dedica a algo, sino al grado en que se ha implicado en cuerpo, mente y alma. Esta implicación es incuantificable, y ahí radica nuestro malestar. Nos han condicionado para premiar los resultados tangibles. Cuando lo hacemos, nos privamos de algo inestimable, que es el proceso momento a momento de explorar nuevas experiencias.

Afirmamos que queremos que los hijos no tengan miedo y participen plenamente de la vida. Pero nuestra obsesión con el resultado final favorece el miedo en los hijos, incapacitándoles con ansiedad que les impide hacerlo lo mejor que saben. Los hijos notan cuándo no nos importan sus esfuerzos, solo sus éxitos. Por eso desconectan. No porque sean perezosos, sino porque les angustia fracasar. Savannah no se mostraba «difícil» cuando quería a *Rosie*. Estaba aterrada ante su posible fracaso con otro caballo.

Cuando nos enfrentamos a nuestra propia humanidad y

aprendemos a aceptarla, experimentamos un mayor grado de empatía con los hijos. La empatía se vive desde el corazón y no desde la mente. Se fija en el otro, en sus sentimientos y experiencias, no en los propios.

CÓMO HACER FRENTE A LAS REALIDADES DE LA VIDA CON EMPATÍA

Tal vez se pregunte: «¿Y si mi hijo experimenta sentimientos para los que no tengo solución, por ejemplo, si no quiere ir al colegio? ¿Le dejo sentir sus sentimientos y actuar en consecuencia? ¿Empatizo con su deseo de quedarse en casa? ¿Cómo va a solucionar esto la situación?»

Es importante aclarar que no hablamos de educar a los hijos en una burbuja de sentimientos excluida de la vida en el mundo real. En lugar de ello, el reto consiste en ayudar a los hijos a comprender y negociar sus sentimientos. Sus sentimientos les dominan siempre, de todos modos. Ellos no lo saben, y nosotros no lo vemos. Cuando enseñamos a los hijos a gestionar los sentimientos, aprenden que es posible fluir con cada sentimiento en lugar de verse abrumados por ellos. Para enseñarle esto cuando el niño no quiere ir al colegio, empezamos dejando espacio para el sentimiento. Vamos a dejar absolutamente claro lo que esto significa. Dejar espacio para sus sentimientos —especialmente los de ansiedad— significa que no vamos a experimentar ansiedad por la existencia del sentimiento. En cuanto sentimos ansiedad por la ansiedad del niño, el niño lo nota y sin duda se desmorona. En lugar de convencerle de no angustiarse, debemos aceptar sus sentimientos tal como son.

Plantéese lo diferente que es esto de la manera en que reaccionamos muchos de nosotros. Tendemos a decir cosas como: «No seas bobo, tienes que ir al colegio» o «Deja de tener miedo» o «Te van a castigar si no vas al colegio». Cada una de estas reacciones no solo no dispersa el miedo, sino que enseña al niño a avergonzarse de sus sentimientos y tal vez incluso a temerlos. Sería peor, como lo he escuchado de muchos padres, decir: «Está bien, comprendo que no quieras ir al colegio. No tienes que ir.» Esto simplemente enseña al niño a rendirse a sus miedos y evitar la realidad.

Ahora voy a compartir con usted un enfoque más consciente. Invitar los sentimientos a hacerse tangibles. Pida al niño que dibuje sus sentimientos y le cuente una historia sobre ellos. Comparta con él anécdotas de su propia niñez que traten de sus sentimientos. Luego, para aliviar la ansiedad del niño, explíquele que estos sentimientos son normales y naturales. De este modo, el niño aprende a no dejarse dominar por el miedo ni a huir de él, sino a aceptarlo y tolerarlo tal como es.

Cuando el niño es capaz de aceptar su miedo, tiene la sensación de entablar cierta amistad con el mismo, cosa que posee un efecto tranquilizador. Así es como enseñamos a empatizar: no sintiéndolo por el niño ni intentando rescatarle, sino ayudándole a enfrentarse al miedo en un entorno seguro. Con frecuencia, el miedo simplemente se disipa cuando adoptamos este enfoque, no necesariamente enseguida pero sí a su debido tiempo. Acelerar este proceso frustra el objetivo de dejar que el niño lo integre. Aprender a tolerar el miedo y dejar que siga su curso ayuda al niño a navegar por su paisaje interior con éxito.

Si el proceso se lleva a cabo con los hijos desde una edad temprana, sabrán integrar el miedo de manera que la energía invertida en el mismo quedará disponible para hallar soluciones creativas a sus problemas. El niño que inicialmente se resista a ir al colegio, acabará encontrando una solución por sí mismo, una que no implique una rendición ciega sino un fortalecimiento. Como he dicho anteriormente, las técnicas como el juego de roles o la inversión de roles son ideales para hallar nuevas maneras de expresar la energía que se ha invertido en el miedo, porque ofrecen oportunidades para ser creativos, divertidos e intrépidos.

Como muchos de nosotros somos adictos a la necesidad de actuar, ayudo a los padres a crear una nueva lista de cosas que hacer cuando sus hijos sufren dolor. Les pido que «hagan» cosas específicas que les ayuden a sintonizar con el estado de su hijo. He aquí algunos ejemplos:

- *Siéntese junto a su hijo en completo silencio.*
- *Mírele a los ojos y mantenga su mirada en el niño.*
- *Hágase eco suavemente de los sentimientos del niño.*
- *Demuéstrele con el lenguaje corporal que está ahí para apoyarle.*
- *Intente comprender sus experiencias sin ser intrusivo.*
- *Guárdese sus opiniones, sermones y lecciones para sí.*
- *Asegúrele que sus sentimientos son importantes.*
- *Proporciónele el espacio para sentarse en silencio y sentir lo que sienta hasta que lo integre.*
- *Valide sus sentimientos por el hecho de ser suyos y comuníquele que no debe avergonzarse de ellos.*
- *Note usted su propia ansiedad y trabájela.*

Cuando se expresan los sentimientos y se guardan en un lugar seguro, los hijos son capaces de procesarlos y deshacerse de ellos sin tener que reencarnarlos de manera indirecta. Este es un poderoso regalo con que les podemos obsequiar.

EMPATÍA NO SIGNIFICA COLUSIÓN

A veces, sin darnos cuenta, sobreprotegemos a los hijos que tienen miedo a algún aspecto práctico de la vida. Por ejemplo, cuando Alice tenía ocho años, empezó a expresar miedo a los ascensores. Las salidas a la ciudad con ella se volvieron estresantes para sus padres. Las cosas llegaron al punto en que se negaba a subirse a cualquier ascensor. Entonces sus padres se acostumbraron a subir por las escaleras. «La comprendo perfectamente», decía la madre de Alice. «Yo también era una niña que se angustiaba y temía muchas cosas. Por eso no obligo a mi hija a afrontar sus miedos. Creo que debo empatizar con ella, pero no sé si la estoy ayudando o estoy facilitando que se convierta en una persona aún más nerviosa.»

A diferencia de los padres de Savannah, esta madre intentaba establecer un vínculo total con la experiencia de su hija. Como he comentado con anterioridad, esta es una acción positiva. No obstante, la madre no alcanzaba a comprender la diferencia entre empatía e identificación exagerada con la niña. Como la ansiedad de la hija reflejaba las experiencias de la madre en su infancia y le recordaban su propia fragilidad, se había vuelto sobreprotectora y pretendía amparar a su hija del dolor de afrontar su miedo.

El problema no es el ascensor, sino el miedo de la hija de ser demasiado frágil para enfrentarse al reto. Esta fragilidad ha sido interiorizada directamente de las antiguas experiencias de la madre. De este modo se hereda un estado de deficiencia de generación en generación.

¿Qué debería hacer la madre? El primer paso es reconocer que la empatía no es lo mismo que la colusión. La empatía reza: «Comprendo que los ascensores pueden dar miedo. Estaré a tu lado para ayudarte con esta dificultad. La afrontaremos juntas.» Por el contrario, la colusión dice: «A mí también me daban miedo los ascensores. Utilicemos las escaleras.» El miedo de la niña se ve respaldado como una manera válida de vivir, cuando debería ser sentido y encarado.

¿Ve el miedo en la solución de esta madre de tomar las escaleras? Está afirmando que su hija no dispone de la resistencia para superar un miedo bastante habitual. Cree que está normalizando el miedo de la niña relacionándolo con su propia infancia, cuando de hecho está proyectando su experiencia en la situación. Este enfoque excesivamente protector no normaliza el miedo de la niña sino que lo convierte en patología. En vez de liberarla, la paraliza.

Para ayudar a Alice a afrontar su miedo, existen múltiples rutas que su madre puede tomar. Podría crear un entorno lúdico en la seguridad de su hogar para que la niña dibujara su miedo, escribiera historias sobre él y las dos fingieran montarse en un ascensor. De esta manera inocua, la madre podría ayudar a su hija no solo a enfrentarse a su miedo directamente sino que además disiparía la carga emocional que lo envuelve.

Con un juego de roles, la madre diría a la niña: «Me pregunto si a tu osito preferido le apetecería montar en ascensor. ¿Y si subo un piso con él, a ver cómo le va? Tú puedes subir por las escaleras y recibirnos a la puerta del ascensor. Si no le gusta el viaje, entonces puedes ayudarme a enseñarle que montar en ascensor es seguro. Podemos explicarle qué botones apretar para que el ascensor funcione y podemos enseñarle lo divertido que puede ser montar.»

Tomando un cariz más aventurero, uno podría imaginar muchas maneras de aclimatar a Alice a los ascensores con juegos de rol. Si tiene un grupo de música favorito, la madre podría sugerir que montaran con los iPod y escuchando sus canciones preferidas.

Podrían comer el helado favorito de Alice en el ascensor. Podrían subir con su mejor amiga. La capacidad de la madre de mostrarse entusiasmada ante el reto —sin presionar ni controlar ni rindiéndose desesperada— puede marcar la diferencia.

Con este enfoque, los niños aprenden que los miedos no son algo a evitar sino que hay que encararlos con creatividad. La determinación de la madre de no permitir que su hija se rinda al miedo es crucial. Pero la determinación debe brotar de la creencia de que hay que enfrentarse a la ansiedad. Puede ser necesario que la madre persevere durante cierto tiempo.

Recuerde que el foco de atención no puede ser si la niña aprende a disfrutar de subir en ascensor o no, como en el caso de Savannah, montar un caballo en particular. A una persona pueden no gustarle los ascensores. Nadie dice que no podamos subir por las escaleras, y de hecho puede ser mejor para la salud. El problema es cómo gestionamos la ansiedad cuando surge. Una vez que la ansiedad deja de ser un problema, que subamos en ascensor o por las escaleras es puramente una cuestión de elección personal.

La ansiedad motiva gran parte de nuestro comportamiento. El verdadero desafío es aprender a gestionar el miedo como padres, ya que nos permite equipar a los hijos para gestionar su propio miedo.

El camino para superar el miedo no consiste en aniquilarlo, que solo serviría para aumentarlo. El camino es aceptar y entablar amistad con nuestro miedo. Como he dicho anteriormente, los que no temen nada son los que han aprendido a tolerar su ansiedad. No es que no tengan ansiedad, sino que esperan tenerla y, cuando la experimentan, permiten que se pose junto a ellos sin abrumarlos. Yo ofrezco a mis clientes la imagen visual de echar el miedo del asiento del conductor y colocarlo en el asiento del acompañante. Dejar que permanezca sentado a nuestro lado mientras nosotros llevamos a cabo nuestras tareas a pesar de su presencia, nos da la oportunidad de integrarlo.

Para dar sentido a su miedo, formúlese estas preguntas:

- *¿Qué es este miedo que estoy experimentando?*
- *¿Qué me aporta este momento?*
- *¿Qué pretende decirme este sentimiento?*

Una vez que tomamos consciencia de lo que significa nuestro miedo, podemos discernir cómo gestionarlo. La consciencia es clave. Mientras el miedo nos maneje inconscientemente, ejercerá poder sobre nosotros. Por eso es tan importante investigar de qué trata este miedo.

Si bien le animo a formularse preguntas sobre el miedo, no estoy sugiriendo que inicie un diálogo interior, que incluso cuando es positivo resulta inútil. La consciencia es totalmente distinta al diálogo interior. La mayoría de nosotros nos consentimos grandes dosis de diálogo interior y charlamos interminablemente por dentro —gran parte de la palabrería en forma de juicios, preocupaciones, comparaciones y amonestaciones.

Podrá pensar usted que, como enseñan algunos, se puede

canalizar el diálogo interior hacia un bien mayor, tal vez superar un miedo, pero esto consiste exactamente en lo contrario de la consciencia plena. Cuando estamos conscientes y presentes, nos limitamos a observar el diálogo interior, sin implicarnos en él. La consciencia es transformadora, mientras que el diálogo interior es debilitador, porque nunca podemos iniciar con palabras una forma de vida más efectiva.

Pongamos que está usted angustiado al despertarse por la mañana. El enfoque consciente sería detenerse y notar la ansiedad. Solo hay que observar lo que se siente. No hay que hacer nada al respecto. Por supuesto, la mente le dirá lo contrario, porque le encanta entretenerse con estas cosas. La consciencia plena —el mero hecho de notar lo que siente— le permite hacerse responsable y respetar su ansiedad. Con este enfoque, no se intenta procesar el sentimiento echándolo sobre la pareja o los hijos. No hay que iniciar ninguna acción ni conversación con los demás, sino que se trata de contenerlo en la mente.

Si mantener una discusión mental sobre la ansiedad consigo mismo no es de ninguna ayuda, tampoco lo es ignorarla, como acabo de comentar. Cuando hacemos una de estas dos cosas, la ansiedad simplemente se manifiesta en otro lugar. Ser consciente nos permite estar sintonizados y presentes, cosa que nos da fuerza para procesar lo que ocurre. Tal vez piense que la consciencia plena —aprender a observarnos de manera continuada para ser conscientes de lo que sucede en nuestro interior— es similar al uso diario de hilo dental para evitar que se acumule sarro en los dientes.

Al observarnos, debemos hacernos preguntas como:

- *¿Estoy viviendo verdaderamente como deseo, según quien soy y no según una idea falsa de quien debería ser?*
- *¿Estoy integrando todos los aspectos de mi identidad en mi vida?*
- *¿Estoy poniendo los límites necesarios en mi vida para respetarme y honrarme a mí mismo?*

Los niños educados por padres que son auténticos y transparentes aprenden a temer poco sus estados de ánimo internos. Firmes en su identidad, se sienten seguros de su bondad inherente y no les da miedo salir al mundo con el corazón abierto y conectado con la bondad de los demás.

Nuevo compromiso para dejar de juzgar

Mis juicios sobre los demás
surgen de mi carencia interior,
de una vieja huella
donde me juzgaban otros del mismo modo.

Aunque el juicio es más fácil que la introspección,
me doy cuenta de que me cierra el corazón.
Solo cuando siento compasión por los demás
puedo de verdad perdonarme a mí mismo.

21

De la disciplina a los límites fundamentados

Una vez que haya aprendido a sintonizar con usted y con los hijos, la siguiente tarea importante de la educación es casi tan sagrada como la conexión. Es el arte y disciplina de crear límites. Observe que digo la «disciplina de crear límites» y no «el arte de disciplinar». Mientras que esta última expresión se centra en cambiar a los hijos con la disciplina, la primera se centra en disciplinarnos a nosotros para cambiar. Mi libro *Sin control* hace hincapié en el hecho de que las estrategias para disciplinar son meramente un medio de control y manipulación. Nuestra falta de comprensión sobre cómo crear límites adecuados es lo que provoca lo que denominamos «problemas de disciplina», como si fuera culpa del niño.

Esta es la lección más importante de este capítulo: *Todos los problemas de disciplina con los niños ocurren por una falta de disciplina de los padres.* Es realmente en la disciplina de los padres donde debemos intervenir, no en a del niño.

Pienso que establecer límites es una de las tareas más difíciles de la educación. Cuando lo intentamos, tendemos a ser demasiado estrictos o demasiado laxos, sin saber cómo crear las condiciones adecuadas para que los niños se desarrollen con plenitud.

Los niños necesitan estructuras y predictibilidad en su vida. La estructura básica del día deben establecerla los padres, y debería obedecer tanto a las necesidades particulares del niño como a las de la familia en conjunto. En este marco, no obstante, debe quedar mucho espacio para la espontaneidad, el juego sin estructurar y la diversión. Cuando los hijos se ven ante situaciones imprevisibles, probablemente se dé algún tipo de comportamiento no deseado. En tales ocasiones, la responsabilidad de lidiar con las consiguientes tormentas emocionales inevitables en momentos de cambio y agitación recae en los padres.

Si establecemos límites claros, coherentes y sensatos para los hijos, no habrá necesidad de estrategias disciplinarias. Nuestra falta de comprensión de lo que es un límite y cómo crearlo es la causa de muchos conflictos y caos en el hogar. Nos guste o no, dominar el arte de establecer límites es esencial para que exista la armonía. El problema es que mientras que muchos de nosotros somos torpes a la hora de poner límites, a otros directamente nos incomoda hacerlo. No obstante, colocar correctamente esta pieza es vital. Del mismo modo que la conexión con los hijos les ayuda a sentirse seguros, los límites adecuados también les hacen sentirse protegidos.

NO SE PUEDE ESTABLECER UN LÍMITE QUE NO SE RESPETA

Al oír la palabra «límite», probablemente asuma que hablo de poner límites a los niños. Sin embargo, siempre empiezo por los padres. Me preocupa menos la comprensión de los límites por parte de los hijos y más nuestros límites internos. Cuando los hijos se pasan de la raya, no se trata tanto de que ellos estén donde no toca, sino nosotros.

Si se está preguntando qué quiero decir en realidad, significa que la relación con nuestros propios límites no es muy clara. La línea entre lo que consideramos apropiado y lo que consideramos inapropiado no está firmemente trazada en nuestra mente ni en nuestro corazón. Nuestra incapacidad de establecer un límite claro es la razón por la que los hijos violan nuestros límites. Como ocurre con todos los aspectos de la educación consciente, la desalineación empieza en nosotros.

Naturalmente, los padres no se muestran contentos cuando les digo que los hijos no respetan sus límites porque ellos mismos se muestran ambivalentes con los mismos. Piensan que son claros, pero no se dan cuenta de la cantidad de mensajes contradictorios que envían a los niños. Si los hijos pudieran contar lo confusos que les parecemos, captaríamos la dificultad de vivir con nosotros. Especialmente cuando se trata de límites, nuestra falta de claridad y cohesión contribuye a los conflictos en el hogar y alimenta nuestra tendencia refleja a culpar y reaccionar cuando los hijos desobedecen o nos desafían. Ambas partes pierden como resultado de esta falta de claridad por nuestra parte: los hijos se sienten incomprendidos e invalidados, y nosotros nos sentimos ignorados e indefensos. La diferencia es que el veneno de los padres nos otorga el indebido poder de desatar nuestra venganza de la manera que estimemos oportuna sin perjuicio de cómo empezó la confusión.

Mi clienta Patricia, madre de dos niños de cinco y siete años de edad, presentaba dificultades para acostar a los niños por la noche, y a menudo se pasaba unas horas en su dormitorio intentando persuadirles para que se durmieran. La hora de irse a dormir se había convertido en una pesadilla para toda la familia. Cuando le pedí que me describiera la rutina, dijo: «Cuando acuesto a Julia y a Steven, prometo leerles dos cuentos y cantar dos canciones de *El mago de Oz*, su película favorita. Apenas termino de hacerlo, ya están pidiendo que cante otra canción. Luego de tres, pasamos a cuatro y enseguida les estoy gritando, ellos están llorando y la experiencia se ha convertido en una pesadilla.»

Le pregunté: «Cuando pactas los dos cuentos y las dos canciones, ¿cierras el trato con un límite claro en tu cabeza?»

«¡Por supuesto!», respondió. «Pero cuando me suplican, me digo: "¿Por qué voy a negarme?" Son tan encantadores que no me importa cantar una más. Y ya no puedo decirles que no sin sufrir.»

Patricia no era clara con los límites. Como muchos padres, el límite que establecía no era realmente un límite. Era algo flexible, controlado por los estados de ánimo de los niños. Podemos optar por ser flexibles, pero debemos aceptar que no podemos apagar el botón de la flexibilidad en cuanto nos plazca, porque naturalmente los niños reaccionarán al cambio. En el caso de Patricia, la flexibilidad no era una elección consciente, razón por la que se molestaba cuando los niños no respetaban la línea.

Le expliqué: «Un límite es algo que debemos sentir física y energéticamente. O bien existe o bien no existe. Tú, no tus hijos, eres quien decide si trazas la línea sobre arena o sobre roca. Una vez tienes claro si es sobre arena o sobre roca, lo demás queda también aclarado.»

Patricia asintió con la cabeza. «Sí, empiezo con una línea sobre roca y luego se disuelve como si fuera arena. Me siento mala madre cuando les digo que no. Pero cuando acabo gritándoles, ¡entonces sí que soy un monstruo!»

«Tus hijos hacen exactamente lo que deben hacer», le aclaré. «Se divierten y te piden más diversión. Es lo que les corresponde. No se están portando "mal" por no abandonar la diversión. Tú eres la que se muestra ineficaz porque no respetas tus propios límites.»

Los niños captan nuestra incoherencia, especialmente cuando se basa en el miedo de que no les gustemos o de ser egoístas. La razón por la que nos enfadamos con ellos cuando se saltan los límites es que nos obligan a enfrentarnos a nuestra poca voluntad de defendernos y, más que eso, de defender lo que creemos «correcto» para su crecimiento. Una vez que nos aclaramos sobre lo que queremos que ocurra, no hay dificultad para comunicarlo. No estoy aludiendo a un sentido de lo que es correcto según los principios morales, sino solo a saber en nuestro interior qué decisiones son las correctas para nosotros y nuestros hijos en base a nuestro crecimiento hacia una consciencia plena. Si los niños van a beneficiarse de nueve horas de sueño, entonces debemos esforzarnos por crear las condiciones que se las proporcionen —sin necesidad de convertirlo en un campo de batalla, claro—. Todo depende de la cantidad de tiempo y energía que invirtamos en reflexionar sobre lo que los niños necesitan para crecer y sobre la mejor manera de proporcionárselo.

Si los hijos pudieran expresar sus pensamientos, dirían algo así:

Eh, padres, ¿podéis aclararos y decirme de qué va esto? Un día es sí, otro día es no. ¿Dónde está el verdadero límite? Que no os influyan mis estados de ánimo ni rabietas. Solo os pongo a prueba para comprobar si sabéis de lo que estáis hablando. Cuando vea que sí lo sabéis, seguramente me relajaré —aunque tal vez no lo haga sin presentar batalla, porque estoy intentando descubrir dónde está el límite—. En realidad no soporto pelearme, o sea que cuanto más claros seáis, menos me opondré, lo prometo. Pero no os pongáis en plan dictador. Sed amables y cariñosos al ponerme límites. Sed pacientes conmigo mientras aprendo. Y, sobre todo, perdonadme cuando me pase de la raya.

¿CUÁL ES EL PROPÓSITO DEL LÍMITE ESTABLECIDO?

Si somos sinceros, gran parte del tiempo ni siquiera somos conscientes de la verdadera razón de los límites que imponemos a los hijos. La mayoría de restricciones son reacciones reflejas del momento presente, lo cual significa que tienden a basarse en lo cansados o angustiados que estemos. No se han pensado para servir a un propósito.

Me gusta ayudar a los padres a hallar el propósito de un límite preguntándoles estas dos cuestiones:

- *¿El límite es útil para la propia identidad de los padres y del hijo (no solo para el ego de los padres)?*
- *¿El límite es negociable o innegociable?*

Cuando nos planteamos estas dos cuestiones, nuestras motivaciones ocultas al poner límites y el miedo que suele subyacer tras estas restricciones emergen a la superficie.

Cada límite que establecemos para los hijos debe originarse en el propósito de su óptimo desarrollo. Un límite no debería fijarse solo para nuestra comodidad o por practicidad, ni porque estemos angustiados. Algunos límites fomentan las habilidades personales, otros sirven al ego. Las restricciones que fomentan habilidades personales ayudan a los hijos a vivir. Fortalecen su resistencia y les capacitan para sentirse seguros. Como parte del orden general de las cosas, ayudan a los hijos a convertirse en individuos bien formados capaces de funcionar y contribuir en la sociedad.

¿Cuáles son los límites que fomentan las habilidades personales? Si bien cada familia debe definir los suyos, compartiré algunos que se basan en mis años de experiencia como terapeuta familiar y madre:

Límites que fomentan las habilidades personales

- *Respeto por uno mismo: cuidados de higiene y sueño.*
- *Respeto por el entorno: habitación y casa ordenadas.*
- *Respeto por la mente: el proceso de educación formal o informal.*
- *Respeto por la familia y la comunidad: conectar y contribuir a la sociedad.*

En estas áreas explico a los padres: «Conviene establecer límites con claridad, calma y sensatez. Hay que sintonizar con el propósito más elevado de cada restricción y centrarse en él. Cuando los hijos nos pongan a prueba y se rebelen, hay que recordar el propósito y mantenerse firme. No se trata de un capricho del momento, nuestro o de los hijos, sino de lo que sirva a su propio bien. Sin gritar, debéis tener presente el bien de los niños y comunicar esta intención.»

Los padres preguntan: «¿Y si mi hijo se niega a ir al colegio?»

Bueno, primero hay que tener claro de dónde surge la negativa. ¿Se trata de un desafío o de una necesidad psicológica genuina? Si es lo último, entonces no sirve un apaño. Pero si es lo primero, como usted sabe que se trata de un área de crecimiento que va a fomentar las habilidades personales del niño, deberá hacerle respetar el hecho de que recibir una educación es una tarea importante en la vida. Fiel a esta visión, podrá ser flexible en relación con el modo en que esto se manifiesta en la vida de su hijo en particular, ya que no cada colegio se adapta a cada niño —como tampoco cada carrera puede adaptarse a cada adulto—. Esto puede significar que deba dedicar tiempo a ayudarle a prepararse para esta gran tarea facilitándole la transición. Tal vez pueda crear juegos de roles durante el mes previo al primer día. O ayudar al niño con habilidades como la comunicación con los maestros y compañeros, para que la transición resulte menos estresante. Independientemente, una vez que haya decidido que negarse a ir al colegio por comodidad o practicidad no es una opción, su hijo lo comprenderá y obedecerá. Es posible que se muestre angustiado y asustado, pero sabrá que debe recurrir a la fuerza de cumplir este ritual de paso normativo («normativo» no significa que sea el mejor, solo que está establecido socialmente en este momento). En ocasiones, nuestro miedo al miedo del niño afecta a nuestra capacidad de mantener límites claros y coherentes beneficiosos para los hijos.

¿Y si al niño no le gusta bañarse y opone resistencia? Si tiene usted claro el potencial de esta medida para fomentar las habilidades personales del niño, deberá mantenerse firme. Es posible que el niño tarde un tiempo en acostumbrarse a bañarse, pero acabará comprendiendo que es un acto de cuidado personal sagrado porque usted encarnará la importancia del mismo en su propia vida. Al principio, puede que deba ser creativo para ayudar a su hijo a descubrir la alegría de las burbujas, o que deba permitir que se duche con usted para ver cómo usted disfruta con ello, para acabar interiorizando el poder de la limpieza y el amor a uno mismo. El mismo principio es aplicable al cepillado de los dientes. Tal vez al comienzo deba dedicar media hora de su tiempo a esta actividad, en lugar de solo diez minutos. Si cree que cepillarse los dientes responde a un bien para su hijo, debe estar preparado para hacer lo necesario para ayudar al niño a adoptar esta práctica.

Nótese que no he incluido aficiones ni actividades extraescolares en la lista. Si bien estas pueden ser útiles para fomentar las habilidades personales del niño, no son obligatorias, por tanto, deberían responder a los intereses del niño y no a los caprichos de los padres. Sea prudente a la hora de establecer límites de este tipo. Es importante que se pregunte: «¿La presión con esta actividad viene de mi ego o de las necesidades de mi hijo?» Si lo reflexiona así, le será más fácil decidir qué es verdaderamente importante y qué no lo es. A menudo advierto a los padres que si presionan con una actividad o afición que no sea para fomentar las habilidades personales del niño, deben estar preparados para ser flexibles sobre la manera en que el niño vaya a seguir con ella. Por ejemplo, si desean que toque un instrumento y le arrastran a las clases, al menos ofrézcanle opciones flexibles sobre las veces que ensayará a la semana, etcétera. Al final, solo cuando al ser humano se le ofrece la oportunidad de tomar decisiones sobre su vida, se hará responsable de ellas y crecerá.

Vamos a hablar del siguiente tema que debemos tener claro al poner un límite. ¿Hasta qué punto es negociable? Los padres son los que deciden. Si cepillarse los dientes y bañarse a diario son acciones negociables, entonces los padres no deberían pretender que no lo son. Los padres de un chico de catorce años estaban desconcertados porque no se cepillaba los dientes periódicamente. Cuando pregunté si habían invertido el tiempo y la energía para cerciorarse de que comprendía la absoluta necesidad de llevar a cabo esta acción por su bien, contestaron que no tenían ni idea de que debieran hacerlo. No es de sorprender, entonces, que los hijos no copien nuestra manera de vivir y de ser; es porque no nos hemos tomado la molestia de comunicárselo de manera consciente.

Los hijos imitan nuestro comportamiento. Nuestras acciones deben estar en sintonía con nuestras creencias. No podemos hablar sin dar ejemplo, o los hijos acaban viendo la falta de coherencia. Cuando la ven, resulta extremadamente difícil restituir aquella norma. No importa de qué tipo sea, al decidir que un límite va a ser innegociable, sean consecuentes. Les garantizo que se les va a obligar a comprometerse. Yo digo a los padres que estén seguros antes de decir que un límite es innegociable. Pocos están preparados para el tipo de compromiso total requerido.

Para ayudar a los padres a comprender lo comprometidos que deben estar, les pido que piensen en cómo se sienten cuando sus hijos se hacen daño. «Si se tratara de algo grave, ¿dudarían en llevarlo a urgencias? ¿Decidirían no llevarlo porque el niño llorara sin cesar y les dijera que lo hacían para hacerlo enfadar?» Del mismo modo, una vez que decidan que un límite es innegociable, deben mantenerse firmes. Con demasiada frecuencia afirmamos que nos comprometemos con un objetivo. Luego, cuando las cosas se complican —como cuando los hijos insistentemente se entretienen, protestan o se angustian— lo tomamos como señal para dejar de insistir.

¿DÓNDE ENCAJAN LAS CONSECUENCIAS Y EL CASTIGO?

Un padre me pidió que le ayudase a instaurar el sistema del rincón de pensar con su hijo de seis años. Le informé: «Si buscas a alguien que te ayude con este sistema, no soy la persona que necesitas.»

Contestó: «¿Me estás diciendo que no deberíamos enviar a los hijos al rincón de pensar bajo ninguna circunstancia?»

Le expliqué que estoy totalmente en contra de aislar a los niños enviándolos a un rincón, un taburete o la escalera cuando se los quiere castigar por un incidente aislado, como cuando se portan extremadamente mal en la mesa y los padres necesitan pedirles que se vayan para que el resto pueda comer.

Intrigado, el padre continuó: «Pero, ¿cómo aprenderá el niño?»

Le hice reflexionar: «El uso de la fuerza, ¿es lo correcto o es lo más fácil?» Aclarando mi posición, proseguí: «La educación tradicional desde siempre ha apoyado el uso desaforado del poder parental. Citando versos bíblicos, se consideran buenos padres los que mayor control ejercen sobre sus hijos. La educación consciente va en contra de estos métodos arcaicos de tratar a los niños. Del mismo modo que América es un país fundado en los principios democráticos que han sido terreno abonado para la innovación, también la familia —un país por derecho propio— debe apartarse de regímenes dictatoriales. El castigo, los rincones de pensar y las amenazas arbitrarias para avergonzar y acallar a los hijos no son signos de una educación efectiva, sino de un sistema descuidado y repetitivo.»

Cuando los padres ven lo inflexible que me muestro con mi enfoque, muchos reaccionan. Al fin y al cabo, pone de relieve cómo les educaron a ellos. Muchos protestan: «Bueno, a mí me pegaban con varas y palos, y aquí estoy.» Los que han conseguido triunfar en la vida, lo utilizan como rasero: «Yo he salido normal, o sea que no sería tan mala cosa, ¿no?»

Las razones por las que los padres desean justificar la manera en que les educaron son diversas. Para empezar, les permite atribuir a sus padres cierta medida de idealización, cosa que les ayuda a seguir creyendo en la bondad de los padres. Además, así pueden racionalizar el dolor que sintieron de pequeños y sentir que al final valió la pena. Al fin y al cabo, sufrir todo aquel dolor inimaginable por ningún motivo excepto la ignorancia de los padres es difícil de digerir. Muchos padres son incapaces de reunir el valor y admitir: «Me gritaban y me avergonzaban, y crecí con miedo, inseguridad y sentimiento de culpa» o «La razón de mis problemas con las drogas y el alcohol es que nunca me trataron como un ser soberano en mi casa ni me permitieron tener mis propios sentimientos».

A menudo, el precio de aceptar el dolor de la infancia es demasiado alto. Es mucho más fácil negar nuestros verdaderos sentimientos y dar una imagen de felicidad. Para muchos, enfrentarse al ostracismo de su familia es un pensamiento insoportable. Seguir los métodos generalizados, por disfuncionales y dañinos que resulten, parece preferible a tener que pasarlo en soledad. Educadas para evitar la verdad, esas personas viven sin autenticidad, desprovistas de su verdadera identidad y aterradas al sentir lo que realmente sienten.

EL PODER DE LOS LÍMITES CLAROS

Como estoy en contra del castigo infantil, ¿cuál creo que es una estrategia eficaz para enseñarles a comportarse bien? Creo en el poder de las consecuencias naturales y lógicas. No son imposiciones. No «ponemos» una consecuencia. Surgen directamente de la respuesta a la pregunta: «¿Qué necesidad expresa el comportamiento de mi hijo?» Una vez determinamos la necesidad subyacente, podemos conectar el «efecto» adecuado con la causa. Hay que vigilar —es tentador intentar *crear* el «efecto»—. Para que funcionen las consecuencias, no pueden estar vinculadas a nosotros sino que deben surgir espontáneamente, en relación directa con la necesidad expresada por el comportamiento.

Antes de ahondar en las consecuencias naturales o lógicas, es importante centrarnos en los antecedentes del comportamiento de los hijos. Los antecedentes nos implican a nosotros únicamente. Están directamente relacionados con nuestra capacidad de crear normas coherentes y mantener límites claros. Cuando decidimos crear un límite y nos comprometemos con él porque hemos considerado que sirve al interés del niño, debemos fijarlo con sensatez y basarlo firmemente en la realidad presente. Si ponemos como norma que el niño no puede jugar con dispositivos electrónicos más de treinta minutos antes de ponerse a hacer los deberes, y el niño viola esta norma, es importante hacer valer la norma con coherencia y al mismo tiempo mostrar empatía.

Existen múltiples maneras de llevar esto a cabo. Podemos llegar a un acuerdo con los hijos por el que se tome en cuenta su visión, así en caso de romper el acuerdo saben que los móviles y las tabletas quedarán confiscados hasta que terminen los deberes. Otra manera es simplemente pedirles que entreguen los móviles al cabo de treinta minutos, asegurándoles que los recuperarán cuando acaben los deberes. Si el niño tiene una rabieta, los padres se mantienen firmes en su petición de apagar y entregar los dispositivos electrónicos.

Mantenerse firmes con las normas y límites no significa utilizar la coacción ni la dureza, que pueden fácilmente lindar con el maltrato. En vez de ello, hay que ayudar al niño a implicarse con alegría y presteza. Por ejemplo, el padre puede apoyar al niño que aprende a cepillarse los dientes quedándose a su lado mientras lo hace, encarnando con alegría su propio compromiso de cuidarse, tal vez dejando que el niño le cepille los dientes a él o a una muñeca. Resulta esencial que el ego no intervenga, ya que podrían crearse luchas de poder contraproducentes cuando se pretende un enfoque consciente.

«¿Y si mi hijo se niega?», pregunta un padre. Respondo que el padre debe comprender que su hijo no está acostumbrado a unos padres que hacen respetar los límites. El niño seguramente tardará más en cumplir la norma voluntariamente. Los padres sencillamente deben mantenerse firmes y no marcharse hasta que se les hayan entregado los dispositivos. Al poner una norma, es importante resistir la tentación de elaborar historias mentales sobre lo que pasa y empezar a sermonear o avergonzar al niño. Simplemente hay que mantenerse en el momento presente y repetir con calma la petición hasta que el niño se da cuenta de que no nos vamos a ir sin que se cumpla. Cuando el niño ve que los padres van en serio, tarda menos en obedecer y va sintonizando con su responsabilidad en relación con los dispositivos electrónicos.

La clave consiste en enseñar a los hijos temprano que hay ciertas normas que se deben cumplir. Estas deben incorporarse a la rutina directamente sin mostrar dudas para que el niño las vea como principios vitales de ser una persona y mantenerse sano. Los padres deben mantener el compromiso. En ocasiones, basta con afirmar: «Ahora debes cepillarte los dientes. Luego leeremos los cuentos.» La clave es mantener el límite con claridad y sin la carga del ego. No es fácil para los padres mantener la calma en este proceso, pero es esencial para establecer coherencia.

Con el seguimiento del principio de «si..., entonces...», el niño toma conocimiento de las consecuencias que siguen el orden natural de las cosas en el hogar. Una vez que los padres tienen clara una norma y que deben mantenerse firmes para hacerla cumplir, los niños comprenden el poder de las consecuencias y cambian su comportamiento. Insisto en que las consecuencias no son algo que «damos» al niño. Son el resultado natural de las acciones del niño.

Con este enfoque, la dependencia de premios y castigos se queda por el camino. Su relación con los hijos se volverá tan sólida que se convertirá en el catalizador con mayor influencia en su crecimiento. Comprobará que cada vez debe hacer menos. Todo empieza con la manera en que los padres gestionan las normas en su interior. Lo que se viva en su hogar será el reflejo de ello.

LA MECÁNICA PARA HACER RESPETAR UN LÍMITE

No suele gustarnos decir que no a los demás porque tememos que no nos quieran o se cree un conflicto. No solo resulta difícil decir que no en el momento, sino que puede costar incluso más mantenerse firme. Más arriba hemos planteado el hecho de que cuando decidimos que una norma es innegociable, es importante que dicha decisión venga de la reflexión para estar seguros de que su propósito sea el mejor desarrollo del niño y no se trate de fantasías, necesidades o intento de control por parte de los padres.

Imagine que su hijo es alérgico al chocolate hasta el punto

que la alergia supone un riesgo para su vida. ¿Le dejaría tomar siquiera un trocito pequeño? Todos los padres inmediatamente responderían: «¡Por supuesto que no!»

Mi siguiente pregunta es: «¿Cómo diría que no a su hijo deseoso de tomar chocolate? ¿Se mostraría blando?» Como mantener una norma de este tipo sirve un propósito elevado, los padres no temen que se les tilde de mandones ni malos. El miedo a que se piense mal de ellos no es un problema en tal caso.

A los niños puede no gustarles que les neguemos algo. Pero cuando una situación es peligrosa para su vida, no hay margen para dudas. Les decimos algo como: «Sé que no comprendes mis motivos, y no hace falta. Un día lo entenderás.»

Únicamente debería emplearse un enfoque inflexible cuando algo es seguro. Si hay dudas, entonces la norma debería establecerse tras una negociación entre padres e hijos. El grado de rigidez aplicado ante el comportamiento depende de lo que yo denomino su cociente de negociabilidad. Para el uso del iPad, por ejemplo, los padres deben preguntarse si decir «no» protege la vida o la salud del niño. Como el iPad en sí no causa daños ni la muerte, está claro que la norma no debe girar en torno al dispositivo en sí sino en torno a la cantidad de tiempo que los niños pasan utilizándolo. Como no es una cuestión de cara o cruz, hay que negociar. Pero cuando la norma se haya negociado, es nuestra responsabilidad hacerla respetar con las tres ces: claridad, coherencia y clemencia. También debemos estar dispuestos a renegociar la norma cuando convenga. Además, el comportamiento deseado debe ser encarnado por los padres.

Noah, padre de Joshua, de once años, tenía dificultades para hacer cumplir a su hijo las normas de higiene. «He repetido la norma tantas veces», decía, «pero Joshua no escucha. Estoy harto de ser el malo de la película.»

Al notar su frustración, empaticé: «Si te ves en el papel del malo, inevitablemente sentirás resentimiento. No obstante, si la norma significa salvar o mejorar su vida de alguna manera, deberías verte como el bueno.»

Imaginando que personificaba el propósito de su norma,

Noah comentó: «He reflexionado en el propósito de la norma. Creo que es lo que hay que hacer. Yo la aplico en mi vida. Pero Joshua sigue sin hacer caso. ¿Qué hago?»

Expliqué que las negativas de los hijos son naturales. Nuestra tendencia es creer que los hijos no deberían oponer resistencia a nuestros deseos. Pero si no lo hicieran serían obedientes y dóciles. Acostumbro a preguntar a los padres: «¿Por qué no debería oponer resistencia tu hijo? ¿No se trata de un signo de psique sana, inteligencia y valentía? ¿Por qué quieres que tu hijo siga tus normas a ciegas? ¿No deberías darle motivos para que acepte lo que esperas de él? Nadie quiere educar hijos que no piensen por sí mismos.»

La cuestión es cómo respondemos nosotros a la resistencia. «Ahora viene la parte más difícil, el compromiso a largo plazo», dije a Noah. «Ahora es cuando se pone a prueba a los padres para ver hasta dónde están dispuestos a llegar para inculcar el comportamiento de la manera más consciente y cariñosa posible. Se trata de dominar el arte de mantener la palabra. No resulta fácil porque significa que no pasa nada más hasta que la acción requerida se complete. Cuando los hijos comprueban que no hay margen, cumplen. Por eso les resulta más sencillo seguir las normas del colegio que las de casa, porque las condiciones son estrictas y se aplican en todo momento, sin excepciones. Deberás mostrarte así de serio con Joshua para que preste atención. Cuanto mayores se hacen los hijos, menos en serio se nos toman porque nos han visto bajar la guardia durante mucho tiempo. O sea que, sí, es posible que debas aceptar que le vaya mal un examen o que deje de ir a un entreno de baloncesto hasta que se dé cuenta de que no vas a echarte atrás.»

Noah tuvo que practicar para comprender qué significaba mantenerse firme. Presentó su plan a Joshua: primero, el baño; después, a la cama. Al primer intento, el niño se mostró maleducado e irrespetuoso, negándose a seguir las instrucciones de bañarse solo.

Este enfoque le pareció algo exagerado a Noah, ya que rozaba el control. Lo animé a mantenerse firme. En lugar de «no permitir» algo, debía decir llanamente: «Cuando te bañes, tú y yo podremos acostarnos. Hasta entonces, ninguno lo hará.» Cuando Joshua vio que su padre no iba a ceder, se rindió. Esto permitió a Noah mantener una conversación sincera con su hijo acerca de su salud. Acordaron ayudarse a cumplir la norma. Al cabo de una semana de adaptación, la hora del baño ya no era un problema.

Hay que dejar claro que hacer respetar una norma no significa castigar a los hijos. Simplemente significa que creamos condiciones irrompibles. Es por eso que debemos pensar bien los límites y comprometernos solo cuando creamos en ellos completamente. Como se hace más difícil cambiar los comportamientos con el paso del tiempo, nos corresponde a nosotros establecer estos hábitos innegociables los primeros años.

Una vez más, vemos que resolver nuestro conflicto interior reduce los conflictos con los hijos. Cuando aprendemos a personificar lo que enseñamos, resulta más fácil sintonizar con los hijos y crear un entorno en que todos tengan claro cómo proceder.

¿CÓMO FUNCIONAN *REALMENTE* LAS CONSECUENCIAS NATURALES Y LÓGICAS?

Una vez que tenemos claros los antecedentes del comportamiento de los hijos y empezamos a establecer límites y normas bien definidos, podemos avanzar con la siguiente parte de la ecuación: las consecuencias. Muchos padres encuentran difícil descubrir las consecuencias naturales y lógicas de un comportamiento en concreto. No obstante, como he comentado antes, las consecuencias siempre están de forma natural o lógica relacionadas con la *necesidad* que se expresa con el comportamiento. Con frecuencia nos distrae el comportamiento y olvidamos preguntarnos: «¿Por qué actúa así mi hijo? ¿Qué siente? ¿Necesita aprender una habilidad ahora mismo? O ¿necesita algo de mí ahora mismo?»

Veamos algunos ejemplos de comportamientos típicos e intentemos descubrir la necesidad, junto con una consecuencia natural o lógica.

Comportamiento: el niño no apaga el televisor cuando toca.
Necesidad: controlar impulsos, respetar límites y respetar el tiempo.
Consecuencia:
1. Pregúntese: ¿Qué puedo hacer para ayudar a mi hijo con esta necesidad?
2. Intente enseñar al niño a respetar el tiempo. Puede regalarle un cronómetro. Pueden crear una tabla juntos para señalar las horas que el niño ve la televisión a lo largo del día. O puede pedirle un acuerdo sobre el tiempo dedicado a la televisión cada día. Como último recurso, puede acoplar un temporizador al televisor para que se apague automáticamente.
3. Explique al niño que si no se cumple el paso 2, no le quedará otra opción que quitarle la televisión hasta que aprenda a valorar el tiempo y lleve a cabo sus responsabilidades.

He aquí otro ejemplo:

Comportamiento: el niño olvida sus cosas en el colegio.
Necesidad: organizarse, ejercitar la memoria a largo plazo, concentrarse.
Consecuencia:
1. Pregúntese: ¿Qué puedo hacer para ayudar a mi hijo con esta necesidad?
2. Intente enseñar al niño la relación de causa y efecto dejando de rescatarlo y dejando que afronte las consecuencias de sus acciones, así notará el efecto natural de olvidar algo. O regrese al colegio a buscar el material olvidado, pero haga que el niño se lo gane de alguna manera para que obtenga una lección. Si no, podría pedirle que escri-

ba una carta al maestro explicando su error y pidiendo una manera de subsanarlo.

3. Explique al niño que si no se cumple el paso 2, deberá enseñarle usted esta habilidad. Empiece estudiando su horario y hallando maneras de ayudarlo a organizar el tiempo y el pupitre, además de centrar su atención. Tal vez pueda enseñarle técnicas de consciencia plena o llevarlo a un profesor particular que le ayude a organizarse el trabajo.

Otro ejemplo más:

Comportamiento: el niño repetidamente se levanta tarde.
Necesidad: motivarse más para ir al colegio, descansar más, recibir ayuda con la ansiedad o la tristeza, recibir apoyo con temas sociales.
Consecuencia:
1. Pregúntese: ¿Qué puedo hacer para ayudar a mi hijo con esta necesidad?
2. Si lo que necesita el niño es dormir más, usted como padre debe fijar y mantener el límite de la hora de acostarse. Si el niño se resiste a obedecer, usted debe hallar la manera de eliminar distracciones de su habitación. Si sigue acostándose tarde, a pesar de haber eliminado distracciones, deberá afrontar las consecuencias naturales de sentirse demasiado cansado en el colegio.
3. Si no funciona ninguno de estos enfoques, es probable que el niño sufra algo más profundo, como una depresión, en cuyo caso debería verlo un profesional. Siempre hay un motivo cuando el niño no quiere levantarse de la cama y empezar el día, y sentirse abrumado por las presiones diarias puede privarlo de la alegría de vivir.

Mientras que el castigo solo sirve para crear una brecha más profunda entre padres e hijos, en cada uno de los ejemplos anteriores, descubrir la necesidad subyacente permite a los padres saber qué acción es adecuada. Investigar la raíz del problema no siempre es fácil, y requiere además de paciencia y dedicación, compromiso con el hecho de que los hijos merecen que se les trata como seres independientes con los cuales tenemos el privilegio de conectar, y a los que no se debe avergonzar ni reprender.

El comportamiento grosero es un problema especialmente prevalente. «¿Qué debería hacer cuando mi hijo es maleducado?», preguntan los padres. «¿Cuál es la consecuencia natural?» En ocasiones resulta complicado saber cómo responder al niño, especialmente cuando la insolencia es contra los padres. Este comportamiento por parte del niño nunca es lo que parece, y la clave consiste en llegar a la necesidad subyacente que provoca el comportamiento. Es posible que el niño se sienta agobiado, privado de derechos, confundido o con derecho a reclamar algo. Todas estas razones surgen de la energía paterna mal orientada. Cuando los niños se sienten libres para mostrarse insolentes e irrespetuosos, el problema procede de la incapacidad de los padres de conectar con ellos, junto con la incapacidad de establecer límites coherentes. Por este motivo ayudar a acabar con este tipo de comportamientos no es tan fácil como aplicar el proceso 1-2-3. Requiere un enfoque polifacético que, por supuesto, empieza con los padres.

«Pero ¿qué debería hacer en el momento en que mi hijo me falta al respeto?», insisten los padres. Yo les respondo: «Instintivamente, cuando el niño es insolente, nos lo tomamos como algo personal. Este es el primer error. Naturalmente, reaccionamos también con insolencia. Esto desencadena un ciclo disfuncional en segundos. En lugar de ello, es más sensato respirar hondo y distanciarse un momento. Cuando se recupera la calma y uno se ve capaz de despersonalizar la situación, puede preguntar: "¿Qué intenta decir mi hijo bajo sus groseras palabras y su conducta?" Usted encontrará la empatía para conectar con él. Tal vez no ocurra enseguida, pero sí cuando los brotes iniciales de reactividad se tranquilicen.»

Explico a los padres que, como con todos los aspectos de la

educación consciente, la solución radica en cambiar nosotros. Una vez que nos damos cuenta de que hemos sido la causa de la falta de respeto de los hijos hacia nosotros —por haber sido inconscientes con nuestro enfoque, negligentes o pusilánimes— enseguida nos percatamos del poder que obra en nuestras manos para cambiar la dinámica familiar. Vemos que al cambiar nosotros, los hijos cambian.

Tras tomar un descanso para evitar iniciar una lucha de poder, la dinámica empieza a transformarse. Acallada nuestra reactividad, podemos sumergirnos en una introspección sincera y preguntarnos: «¿Cómo he permitido que mi hijo crea que está bien tratarme así?» y «¿Por qué no inspiro respeto en mi hijo?»

Al centrar la atención en nosotros, podemos introducir nuevos patrones en el hogar. Tal vez nos demos cuenta de que hemos permitido demasiadas cosas a los hijos, creando una sensación de que tienen derecho a todo al ceder a sus exigencias o fijando normas incoherentes. Quizás haya demasiado control en casa, demasiada vigilancia policial, lo cual hace sentir al niño enfadado y reprimido. Sea cual sea la causa que descubramos para el comportamiento del niño, podemos modificarla. Está en nuestro poder modificar nuestra energía para obtener el resultado que deseamos.

Maura es un ejemplo perfecto de cómo este cambio modificó su relación con su hijo Jackson, de diecisiete años. La hora de llegar a casa era fuente de conflicto constantemente. Cada vez que Maura ponía una hora límite, Jackson se la saltaba. Al pretender ser la amiga de su hijo, Maura incumplía su promesa de ser coherente e intentaba ofrecerle oportunidades para enmendar su comportamiento. Este sería un buen enfoque si no fuera por los gritos y peleas que provocaba, y por el hecho de que el chico era demasiado joven para estar fuera hasta altas horas de la madrugada. Dije a Maura: «Será mucho más eficaz que fijes una norma en lugar de pelearte todo el día.» Le enseñé que su hijo no respetaba la hora de regreso por una única razón: porque ella lo permitía.

Al principio, Maura se indignó. «Pero no quiero castigarle

haciéndole quedar en casa», razonaba. «Pretendo evitar los castigos.»

Comprendí la confusión de Maura. Al intentar ser una madre consciente, pensaba que debía alejarse de todo lo que se pareciera a un castigo. Le expliqué: «Cuando retiramos un privilegio a los hijos por reactividad ciega, les estamos castigando. Sin embargo, cuando les retiramos un privilegio porque no son capaces de respetar los parámetros que lo rigen y ponen su salud en riesgo, les estamos enseñando que la libertad posee límites naturales. Tu hijo no es lo bastante maduro ni mayor para estar fuera pasada su hora límite. Solo por eso, debe volver a casa a la hora. No enseñarle estos límites engendrará en él una sensación de estar por encima de todo y tener derecho a todo. Cuando comprenda que no se le permite salir de noche a causa de sus propias acciones, aprenderá a respetar tu necesidad de procurar su seguridad.»

Cuando Maura vio la situación desde esta perspectiva, cambió de método. No dejó a Jackson salir de casa por la noche hasta que él aceptó sus nuevas condiciones. Cuando Jackson vio que su madre iba en serio y que de veras no le permitiría salir de casa si se saltaba la hora de regreso, obedeció.

Maura quedó asombrada de lo fácil que había sido hacer que su hijo cumpliera con el horario. Le expliqué: «Cuando Jackson se dio cuenta de que no pretendías castigarlo sino que deseabas protegerlo, y que ibas a tomarte tu papel en serio, prestó atención y te respetó por ello.»

Cuando los padres comprendemos que poseemos el poder de cambiar nuestra energía para que los hijos respondan de otra manera, somos capaces de cambiar las situaciones. En lugar de quedar atascados en ciclos de resentimiento, descontento y conflicto, nos liberamos actuando con fuerza. Una vez asentados en nuestra fuerza y comprometidos con nuestros valores, los hijos nos imitan con naturalidad.

¿CUÁL ES SU COCIENTE DE PLASMACIÓN?

Cuando los hijos no obedecen, esperamos poder enseñarles los principios de la vida con explicaciones verbales y con sermones. No es una forma válida de hacerlo, porque viola la manera óptima en que incorporamos nuevos comportamientos. La mejor manera de aprender es absorbiendo, que es un proceso de osmosis. Con el fin de que los hijos absorban nuestra manera de actuar, debemos encarnar los valores en nuestro día a día de tal modo que nuestro propósito irradie de nuestro ser sin pasar desapercibido.

Algunos de nosotros adoptamos el enfoque del ciudadano modelo, y nos esforzamos por decir y hacer lo correcto delante de los niños. Enseguida se nos pone difícil, por no decir imposible, mantener este enfoque mucho tiempo. Como no estamos totalmente comprometidos con nuestro «buen comportamiento», nos cansamos de él. Por ejemplo, es posible que hablemos del amor a la vida, mientras que nuestro modo de vida real envía un mensaje distinto. En lugar de ver que disfrutamos de la vida y del trabajo como experiencia enriquecedora, los hijos nos ven quejarnos del trabajo, postergar las tareas y arrepentirnos de nuestros compromisos. No es lo que decimos lo que queda registrado. Notan que bajamos los hombros, hacemos muecas y hablamos con estrés. En otras palabras, las señales no verbales que resultan de nuestra experiencia de la vida es lo que captan los niños, y estas señales les dicen si la vida es algo que se disfruta o a lo que uno se resiste.

En vez de dirigir el hogar con normas, lo más inteligente es asegurarse de que toda la familia sigue un *estilo de vida*. Así, hay menos conflictos porque los hijos saben qué esperar de los padres y saben cómo funciona el hogar. La decisión de participar por parte de los hijos no proviene de la obediencia en sí, sino de la energía que se respira en casa: el flujo natural que los padres han creado.

¿Qué es la plasmación en la práctica? Veamos uno de los aspectos del cuidado personal que comentamos en relación con los límites y exploremos cómo encarnar una norma que deseamos establecer.

Norma para fomentar las habilidades personales: el cuidado personal; baño, higiene dental, sueño

Preguntas para valorar nuestro cociente de plasmación

- *¿Incorpora todos estos hábitos de cuidado personal en su vida cotidiana?*
- *¿Demuestra lo importantes que son estos hábitos en su vida?*
- *¿Cómo transmite su importancia?*
- *¿Encarna usted el propósito último de estas actividades?*
- *¿Irradia usted este propósito, comunicándolo a través de su manera de ser?*
- *¿Está comprometido a enseñar a los hijos estos hábitos día a día?*
- *¿Se ciñe a este principio a toda costa?*

Para que los hijos absorban la energía y capten nuestras enseñanzas, hace falta un elevado grado de compromiso por nuestra parte. Una vez que somos capaces de comprometernos, resulta mucho más sencillo para los hijos comprender cómo funciona el hogar y hallar su lugar en él. Esto no significa que no vayan a desafiarnos de vez en cuando. Sin embargo, no tendrán dudas sobre cómo se hacen las cosas.

Cuando los padres se hartan de intentar conseguir que el niño respete una rutina como el baño o el sueño, siempre les sugiero que apliquen el principio de encarnación o plasmación. En lugar de frustrarse con la falta de obediencia del niño, les pido que recurran a sus inagotables recursos interiores y vivan la realidad que desean ver manifestarse en la familia.

Scott tenía problemas para que su hijo de cinco años, Jeremy, se bañara. «No puedo meterlo en la bañera. Al principio, espero pacientemente para que lo haga solo, con la esperanza de que acabe metiéndose en la bañera. Intento ser paciente, pero lo alarga muchísimo.»

Enseguida, noto la poca coherencia de Scott. «Dices que eres paciente, pero ¿no es cierto que echas humo por dentro? No hay nada placentero en este momento, ¿verdad?»

Scott se mostró indignado: «Pero me muestro *muy* paciente. ¡No pierdo la calma en ningún momento!»

Le expliqué lo importante que era encarnar de veras la pasión por nuestros valores, incluso los más mundanos como el baño. «Quieres que a tu hijo le guste bañarse, ¿no? Quieres que se meta enseguida en la bañera y disfrute del proceso de la limpieza personal, ¿cierto? Bueno, pues ¿cómo encarnas esta energía? Según me dices, simplemente permaneces sentado, apretando los dientes, frustrado y enfadado. ¿Cómo refleja esto el disfrute que deseas que tu hijo experimente? Si quieres que le guste el baño, báñate con él y enséñale con tu ejemplo lo mucho que te gusta bañarte y lo bien que te sientes después. Por supuesto, no deberás hacerlo cada vez, solo unos cuantos días hasta que capte la idea. Es lo mismo que cuando le enseñas a nadar a un niño. ¿No te metes en el agua con él y le enseñas lo divertido que es?»

Scott empezó a ver lo diferente que este enfoque era de lo que llevaba haciendo hasta ahora. Con un objetivo claro, había estado comunicando sus valores de manera racional. Ahora se daba cuenta de que hablar de algo es muy distinto a encarnarlo con cuerpo, mente y alma.

Como muchos padres, Scott necesitaba comprender que cuando irradiamos una idea, el niño la absorbe. En este caso, irradiando ansiedad y enfado, estaba irritando al niño en lugar de calmarlo. En consecuencia, Jeremy captaba la idea de que el baño era un momento estresante. Esto era lo que provocaba su reticencia a bañarse.»

El principio de la plasmación es especialmente importante con niños pequeños, porque ellos sobre todo necesitan que los guiemos para aprender a implicarse en el mundo. Cuando le decimos a un niño que haga algo, no significa que lo realizará como un robot. Si queremos que haga ejercicio físico, debemos practicarlo nosotros. Si queremos que la casa esté limpia y ordenada, debemos mantenerla así. De este modo, nuestras acciones se convierten en patrones que les servirán para el futuro.

La personificación tiene el poder de cambiar la dinámica con los hijos. El cambio no se produce de la noche al día, porque se tarda tiempo en incorporar los patrones en la psique. Pero el cambio llegará, y con él, los hijos desarrollarán una brújula que les dirigirá toda la vida.

ENTRAR EN LA ZONA DE HIPOCRESÍA CERO

Me arrepiento del día en que mi hija aprendió el significado de la palabra «hipócrita», porque ahora me llama la atención por mi incongruencia cada vez que se le presenta la ocasión. Dice cosas como: «Mamá, me pides que salga ya de Instagram, pero tú estás en Facebook todo el rato. ¿No estás siendo hipócrita?» O comenta: «Te dejaste el billetero en casa el otro día y tuvimos que volver a buscarlo, ¿y ahora me riñes porque me he dejado la carpeta en el colegio?» Aunque me desagrada que esté tan atenta a mis debilidades, agradezco que me recuerde que debo perdonarla.

Al encarnar nuestras enseñanzas, nos damos cuenta de lo hipócritas que hemos sido hasta el momento. Pregunte a su hijo cuándo cree que ha sido usted hipócrita y verá lo rápido que elabora una lista. Naturalmente, no nos gustará hacer esto, porque nos sentiremos juzgados. Creo que deberíamos estimular a los hijos recordándoles que sean sinceros pero también amables y considerados. Me parece muy bien que mi hija señale mis hipocresías y me haga consciente de ellas. Quiero conocerlas. Quiero cambiar. Deseo vivir más en sintonía con ella. ¿Por qué iba a avergonzarme por ser humana y tener limitaciones? Cuando reconozco mis imperfecciones, no solo acepto la oportunidad de crecer sino que además enseño a mi hija a no encogerse ante el crecimiento, por muy doloroso que a veces resulte.

Si permitimos que los hijos se relacionen con nosotros de manera abierta y recíproca, es muy probable que digan cosas como:

- *«Nos pides que limpiemos la habitación, pero mira lo desordenada que está la tuya.»*
- *«Nos dices que deberíamos estar activos y hacer ejercicio, pero tú no haces nada.»*
- *«Nos dices que es malo pasarse el día ante una pantalla, pero tú siempre estás con el móvil y el portátil.»*
- *«Nos dices que no hablemos mal de otras personas a sus espaldas, pero siempre estás cotilleando con tus amigos.»*
- *«Nos dices que no bebamos, pero tú bebes cada día.»*
- *«Nos dices que no utilicemos el móvil mientras conducimos, pero vemos que tú lo haces.»*
- *«Nos dices que no gritemos, pero tú siempre nos levantas la voz.»*
- *«Nos dices que no hablemos mal, pero tú utilizas palabrotas, especialmente cuando crees que no te oímos.»*
- *«Nos dices que no perdamos las cosas; pero cuando tú las pierdes, no te importa.»*

En una conversación sobre orden y organización, mi clienta Clarice descubrió que los hijos copian lo que hacemos nosotros. Durante una sesión especialmente emotiva, Clarice declaró: «Voy a llevar a Phil a un psiquiatra infantil para que evalúe su TDAH. No para quieto. No encuentra lo que necesita y siempre lo pierde todo. Estoy harta de rescatarlo. Deberías ver su habitación: es un desastre.»

Como siempre hago cuando oigo quejas sobre lo distraídos que están los hijos, investigué el nivel de organización de los padres preguntando: «¿Puedes decirme lo que tardaría yo, una invitada, en encontrar un lápiz y una goma en tu casa?»

Desprevenida ante mi pregunta, Clarice tartamudeó: «Bueno, trabajo todo el día, cuesta mantenerlo todo en orden con dos chicos. Todo se desordena. Intento limpiar y ordenar la casa, pero no doy abasto. Tardaríamos un rato para encontrar los lápices, y especialmente la goma, porque hay cosas por todas partes.»

No tuve que explicar a Clarice adónde quería ir a parar con esta conversación. Lo comprendió inmediatamente. Como muchos padres, de algún modo tenía la fantasía de que su hijo adquiriría las habilidades necesarias solo porque ella lo deseaba —y se lo imponía—. El verdadero mensaje que el chico recibía era el contrario de lo que su madre comunicaba verbalmente. Lo que captaba era que no pasaba nada por ser desordenado y desorganizado.

¿Cuántos padres conoce usted que dan la lata a los hijos para que practiquen el piano, el violonchelo o el violín? Cuanto más cuesta el instrumento y las clases, y cuando más a menudo viene el profesor, más insisten los padres.

Al iniciar a mi hija con el piano, me di cuenta de que era porque yo lo había tocado de pequeña y quería que le gustara como a mí. ¿El problema? Yo ya no lo tocaba. Sabía que si quería hacer lo que predicaba y encarnar mi creencia de que tocar un instrumento es bueno para el alma, debía volver a tocar.

Acudí a clases de piano exactamente dos meses. En este corto período de tiempo, tuve varias revelaciones; la más importante fue experimentar de primera mano lo difícil que es practicar a diario. Si lograba dedicar veinte minutos a la semana, ya era un logro. Para tocar un instrumento hay que estar en la disposición de ánimo adecuada. Hay que desearlo. Entonces es cuando prometí que nunca forzaría a mi hija a practicar ninguna actividad. En lugar de hacerla tocar, ahora le digo que utilice el piano como le apetezca, que lo toque cuando tenga ganas, no por presiones externas.

Como resultado de mi enfoque, no solo Maia ha continuado tocando el piano cinco años, sino que también toca el chelo. Cierto, casi nunca ensaya, pero le basta con lo que hace, porque ha conservado el deseo de aprender cada semana. Por encima de todo, ha visto que su compromiso con estos instrumentos debe basarse en el gusto por ellos, no en la necesidad de perfección ni logro de objetivos futuros.

Tengo la sensación de que la mayoría de niños dejan de tocar un instrumento o abandonan una afición no porque deje de gustarles sino porque un adulto interviene y lo estropea, ya sea insistiendo en la importancia de practicar o en la necesidad de alcanzar algún logro. El niño recibe el mensaje de que su relación con la actividad ya no puede ser orgánica y personal, sino que debe basarse en criterios externos para triunfar. Es una manera infalible de conseguir que el niño pierda el interés. Si se le deja diseñar su relación con las aficiones, lo más probable es que continúe hasta hacerse mayor sin presionarle.

Piense en el surf o el *bodysurf*. Aunque estoy convencida de que hay excepciones, no conozco a ningún niño al que haya que «obligar» a tomar lecciones semanales. Los amantes del océano se pasan horas en el agua fría esperando surfear la ola perfecta divirtiéndose tremendamente.

Encarnar lo que predicamos empieza al nivel de los sentimientos. Si no sentimos lo que queremos que los hijos sientan por las cosas, captarán nuestra ambivalencia. Si personificamos miedo o resistencia en el grado que sea, inmediatamente lo notarán. Por otro lado, cuando los padres plasman en sus acciones lo que pretenden enseñar, se exponen a sus propias dificultades internas, lo cual crea comprensión y empatía en el niño —como descubrí cuando solo conseguí practicar veinte minutos de piano a la semana.

La plasmación es el camino hacia la empatía. Cuando comprendemos cómo aprendemos nosotros, nos hermanamos con los hijos y les cogemos de la mano como viajeros en el viaje de la vida. En lugar de empujarlos desde atrás, les acompañamos a su lado.

REDEFINIR LA DISCIPLINA

Hemos visto que nuestra confianza automática en las amenazas y el castigo es una reliquia del sistema educativo tradicional. Mientras perpetuemos, siquiera sutilmente, este dogmatismo jerárquico en la familia, estaremos aceptando tácitamente la esclavización de los hijos en un sistema autocrático. Si deseamos educar una generación de niños con el poder de oponerse a la ignorancia, la opresión y la violencia, debemos permitirles que se opongan a nosotros cuando sea apropiado. Debemos afrontar el miedo que resulta de nuestra falta de una identidad sólida.

Cuando comprendamos lo que significa tratar a los hijos como nos gustaría que nos tratasen a nosotros —como seres soberanos que merecen una educación digna— desharemos todos los patrones antiguos de la disciplina y hallaremos nuevos caminos para enseñarlos. Patrones más educativos, más inteligentes, más creativos y más eficaces que los antiguos métodos de premios y castigos.

Nuevo compromiso para abandonar la disciplina

Libre de amenazas, gritos, miedos y
condiciones,
me libero de mi necesidad de controlarte.
En lugar de pretender manejarte como si fuera un titiritero
o tu jefe,
opto por relacionarme contigo de otra manera,

rechazo
el uso de mi poder para darte ocasión de descubrir
tu poder,
me niego a liderarte para despertarte a tu liderazgo,
me niego a dirigirte para inspirarte.

Cuando recuerdo que eres un ser soberano,
me libero de mi necesidad de dictar y mandar.
Así, no solo despierto a mi humanidad,
te concedo espacio para que la tuya florezca como merece.

22

Del campo de batalla a la mesa de negociación

Nuestro miedo, condicionamiento emocional y dificultad para romper con el trance educativo nos hacen temer tratar a los hijos como iguales. Por supuesto, no quiero decir que sean nuestros iguales en cuanto a experiencia, si bien son capaces de ser mucho más maduros que nosotros. Me refiero a iguales en su deseo de que se les trate como individuos soberanos con su propia voz, clara y, cuando hace falta, poderosa. Esta negación de sus derechos soberanos provoca una batalla con los hijos. Solo cuando somos capaces de renunciar a nuestro deseo de ser superiores podemos establecer acuerdos recíprocos con ellos, plenamente conscientes de que los individuos funcionan mejor cuando se sienten escuchados, comprendidos y validados. Es cuando entendemos lo que se nos ofrece cuando podemos pasar de ser participantes reacios a socios ilusionados con un destino. Al aumentar nuestra consciencia, empezamos a ver el deseo de los hijos a ser tratados como soberanos como señal de su salud y desarrollo, en lugar de verlo como indicador de desafío o mal comportamiento.

Al aprender a respetar nuestra soberanía interna, inevitablemente deseamos hacer lo mismo por los hijos. Nuestra creciente consciencia nos conduce a dejarles espacio de forma natural, así permitimos que su voz sea escuchada. En vez de apresurarnos a decir que no con ánimo de resistencia, intentamos implicarlos en un entorno de aceptación. Mientras que hasta ahora hemos caído en luchas de poder, ahora preferimos relacionarnos con ellos de manera más constructiva.

Algunas directrices pueden ayudarnos a lo largo de este proceso.

ESCUCHAR EL DESEO NO EXPRESADO

Pocas cosas nos molestan tanto como que aparezcan los hijos exigiendo como si tuvieran derecho a las cosas. Como he comentado a lo largo del presente libro, la razón para ello es la atención a nuestro pasado, cuando nos educaban y nos sentíamos controlados y microgestionados. No digo que los niños no exijan a veces cosas a las que tienen derecho. Sin duda es así. Pero creo que debemos enfocar sus exigencias de otra manera. Lo que sugiero nos permite destacar los efectos positivos de su deseo de algo, y al mismo tiempo desviarlos de la destructividad del derecho a un privilegio y la codicia.

Independientemente de su edad, los hijos tienen deseos que son importantes para ellos, igual que los adultos. Es cierto que sus deseos suelen estar más en el ámbito de la fantasía, pero siguen siendo deseos. Tanto si desean volar a la luna como ser un león, están en contacto con un sentido fundamental de ausencia de límites inherente a la humanidad pero con el que vamos perdiendo el contacto.

A muchos padres les asusta dejar que el niño exprese sus deseos. Temen que esto llevará a consentirlo. También les da miedo que el niño albergue expectativas poco realistas y acabe por arruinar su vida.

La idea de que los hijos tienen derecho a crear su propia vida puede resultar amenazante. No tendemos a pensar que los niños tengan tanto derecho a expresarse y expresar sus deseos como nosotros. Pienso que muchos de nosotros tememos que si proporcionamos demasiado poder a los hijos, se les va a subir a la cabeza. Comprendo estas reservas. No obstante, su valor radica no tanto en lo que nos dicen sobre los hijos sino en cómo delatan que todavía no estamos fijados en el terreno sólido de nuestra propia esencia. Si lo estuviéramos, no nos sentiríamos amenazados. Al contrario, nos sentiríamos reforzados. Este sentido de mayor fortaleza es lo que nos permite apoyar a los hijos cuando se expresan y nos comunican sus deseos, y ayudarlos a buscar el camino hacia el cumplimiento de sus sueños.

Tal vez requiera años de esfuerzos, pero a menudo podemos hallar la manera de conseguir alguno o la mayoría de nuestros deseos. La capacidad de soñar es fundamental para seguir en contacto con nuestra capacidad de llevar los deseos a su cumplimiento. De la misma manera, los hijos también sueñan y poseen la capacidad de realizar sus deseos más significativos. Sin embargo, si no activamos la creencia del niño en su poder para forjar su vida, inevitablemente les negamos la sensación de ser dueño de su destino.

Para ayudar a los hijos a activar sus deseos, se les puede implicar en conversaciones en torno a las siguientes cuestiones:

- *¿Qué día prevés que vas a tener mañana?*
- *¿Cómo puedo ayudarte para que tu plan para mañana funcione?*
- *¿Con qué partes de tu plan puedo ayudarte?*
- *¿Crees que has podido cumplir alguno de tus deseos hoy?*
- *¿Qué te impide sentir que estás a cargo de tu vida?*
- *¿Qué aspectos de tu vida cambiarías y por qué?*
- *¿Cómo puedo ayudarte a ser más dueño de tu vida?*

Iniciar un diálogo sobre los deseos no significa que debamos consentir a los hijos. Simplemente significa que validamos el hecho de que tienen derecho a desear cosas. Vea con los ejemplos siguientes cómo se refleja esto en la vida real:

NIÑO: Quiero un par de zapatos nuevos.
PADRE: Estos molan mucho. Vamos a elaborar un plan para ayudarte a conseguirlos. Yo no te los puedo

comprar, pero puedo apoyarte si quieres comprártelos tú.

NIÑO: Me encanta el pelo azul. Quiero teñirme de azul.

PADRE: ¡El pelo azul es guay! Ojalá me atreviera a teñírmelo. Pero creo que me arrepentiría en pocos días. ¿Y si haces una lista de todos los colores de pelo que te gustan para el año que viene y, si eliges uno, podemos hablar de ir a la peluquería?

NIÑO: Ojalá tuviera una casa más nueva y un móvil más moderno. Todos mis amigos lo tienen.

PADRE: Estoy totalmente de acuerdo. ¿Qué te gusta de estas cosas? Dímelo para verlo desde tu punto de vista. Me encantaría darte ambas cosas ahora mismo, pero no puedo. No obstante, sabes que puedes ahorrar para las dos cosas, ¿no? ¿Necesitas ayuda para idear un plan?

NIÑO: ¿Por qué no quieres comprarme un perro? Me encantaría tener un perro.

PADRE: Te encantan los perros, ¿eh? Vaya, es de admirar tu amor por ellos. Ojalá me gustaran como a ti. No puedo comprar un perro porque no lo querría como necesita. Pero, créeme, en cuanto te independices, voy a regalarte uno, porque todos los amantes de los animales deberían tener un perro. Solo que debes esperar unos años. ¿A quién podríamos visitar que tenga un perro que te guste y tal vez ir cada semana o cada mes?

De estas y otras formas, podemos fluir con los deseos de los hijos sin sentirnos presionados para ceder a sus demandas. Al hacerlo, les enseñamos que pueden manifestar sus deseos siempre que estén dispuestos a invertir tiempo, energía y esfuerzo. Es crucial no sermonearles sobre por qué una idea en concreto no es buena, por no hablar de etiquetarla de «egoísta». En lugar de ello, la clave es apoyar la naturaleza deseosa de los hijos.

Si profundizamos un poco, probablemente descubriremos que muchos de los deseos de los niños son en realidad un deseo del sentimiento de propiedad, felicidad, alegría y conexión. El enfoque de apoyar a los hijos con sus deseos en lugar de intentar convencerlos de renunciar a ellos les permite sentirse seguros para expresarse y ser respetados por sus fantasías. No tenemos que concederles nada, solo proporcionarles el espacio para que esta exploración emprenda el vuelo.

Respetar los deseos de los hijos es clave para resolver conflictos y hallar soluciones. Si nos dejamos activar en el momento en que los hijos mencionan que desean algo, y lo malinterpretamos y les tomamos por codiciosos o pensamos que actúan como si tuvieran derecho a todo, probablemente vamos a entrar en una discusión con ellos y provocaremos la desconexión que suele conllevar.

SUSTRAERSE DE LA INDULGENCIA CIEGA

Al aprender a sintonizar con los deseos innatos de los hijos, empezamos a distinguir entre los que vienen de un estado del ego y los que son una expresión de algo más profundo, es decir, de su verdadera identidad. Iniciar un estado de escucha profunda no significa que automáticamente les consintamos, tanto si se trata del deseo de unos zapatos nuevos que procede del ego como si se trata del deseo de un perro que procede de la necesidad profunda de vincularse con un ser vivo.

Como con todo lo relacionado con la vida más consciente, primero permitimos que el deseo entre en nuestra consciencia, luego lo dejamos bajo la mirada de la observación consciente. Escuchamos, discernimos, validamos y permitimos a los hijos decidir cómo cumplir sus deseos, especialmente si lo que desean viene del ego. Por ejemplo, en lugar de apresurarnos a comprar los zapatos, les dejamos estudiar si verdaderamente los necesitan y por qué, luego les ayudamos a buscar la manera de ganarse los zapatos, especialmente si pueden conseguir recursos y son responsables.

Cuando el deseo representa una necesidad de su verdadera identidad, podemos optar por ser más activos al ayudarles a su cumplimiento. No obstante, aun así, si la manifestación del deseo va más allá de nuestro poder adquisitivo, no debemos forzar nuestra situación para concedérselo enseguida. A veces basta con mantener el deseo en el punto de mira de la consciencia.

Por ejemplo, cuando mi hija quiso alquilar su propio caballo para el verano y expresó este deseo desde su genuino amor por los caballos, no sentí la necesidad de intervenir y cumplirlo inmediatamente. Le dije: «Es demasiado pronto para invertir en un compromiso tan grande. Vamos a tener en cuenta este deseo y ver cómo la vida nos acerca o nos aleja de su cumplimiento. Si, en unos meses o dentro de un año, el deseo sigue vivo en ti, podemos plantearnos la manera de cumplirlo.»

Mi hija estuvo de acuerdo. Ahora ha pasado casi un año y seguimos con el deseo a la vista. Ha habido momentos en que me ha dicho: «No sé si puedo comprometerme a cuidar de un caballo», mientras que en otras ocasiones ha comentado: «¡Por favor, vamos a buscar hoy el caballo!» Como veo que todavía no está muy segura de su deseo, lo estoy guardando en mi consciencia por ella. Valido su deseo diciendo: «Comprendo exactamente lo que sientes. Es natural dar un paso adelante y otro atrás. Estás experimentando dudas ante un gran compromiso. Esperemos hasta que estés segura de tu deseo. Entonces, podremos hablar de la logística para conseguirlo. Puedo darte el visto bueno, pero solo cuando vea que tienes clara tu parte del compromiso.»

Cuando enseñamos a los hijos que no deben saltar a la primera hacia el cumplimiento de un deseo, aprenden que pueden confiar en su ser interior sin necesidad de estos accesorios. También aprenden que un deseo no necesariamente viene acompañado del compromiso requerido. Por eso muchos padres caen en la trampa de apuntar a sus hijos a clases de ballet o tenis, o comprarles mascotas o instrumentos caros, y luego se dan cuenta de que se han precipitado y han confundido un capricho con algo más profundo. El peligro de precipitarse y cumplir todos los deseos de los hijos es que les privamos del delicioso proceso de observar sus deseos con calma y dejar que se activen. La negativa a cumplirlos enseguida les permite mantener el deseo y desarrollar el compromiso necesario. El niño sabe qué se siente al trabajar por algo y elaborar planes para realizar los objetivos. Esto es mucho más valioso que darles simplemente lo que quieren a cada momento.

Por supuesto, esto requiere que los padres tengan consciencia de que sus hijos son completos tal como son. Cuando actuamos con la seguridad de la abundancia de la vida y la confianza en que los hijos son capaces de hacer realidad sus deseos a su debido tiempo, les transmitimos el mensaje de que sus deseos son aportaciones maravillosas a su vida pero que no son su esencia. Cuando actuamos convencidos de que los objetos de nuestro deseo nunca satisfacen a nivel interno, los niños poco a poco aprenden a recurrir a su propia plenitud innata. Los objetos no nos pueden hacer sentir mejor. Solo lo consigue la autoestima y la sintonía profunda con nuestro ser interior.

DE GANAR UNO A GANAR TODOS

Empezamos a ver que el poder de reinterpretación puede alterar la dinámica con los hijos, especialmente cuando hay conflictos. Como comentaba más arriba, el conflicto resulta difícil para la mayoría de nosotros. Pocos sabemos gestionarlo de manera sana. Reaccionamos a la agresividad de los hijos con el mismo miedo que mostramos cuando nos exigen algo. Al sentirnos presionados, recurrimos al control. A su vez, los niños o se ponen más agresivos o se cierran en banda.

No nos damos cuenta de que mientras nos centremos en ganar, vamos a perder conexión con ellos. Solo cuando renunciamos a la superioridad y aceptamos el compromiso de ayudar a ganar a ambas partes, damos poder a los hijos y favorecemos que abran sus corazones y mentes a nuestra influencia.

Curiosamente, lo que percibimos como agresividad en los hijos puede ser en realidad una reacción defensiva para protegerse de nosotros. Por este motivo, cuando reinterpretamos su agresividad, facilitamos una conexión plenamente consciente. Estas son algunas ideas que debemos interiorizar si deseamos cambiar la energía del conflicto para formar un equipo:

- *La agresión es en realidad una forma de defensa.*
- *Los hijos se enfrentan a nuestra energía de ataque contraatacando.*
- *El conflicto es inevitable cuando dos individuos fuertes están presentes.*
- *El conflicto es natural cuando se convive con seres queridos.*
- *El conflicto puede ser saludable en función de cómo se procese:*
  - Puede abrir la puerta al diálogo.
  - Puede permitir que ambas partes expresen sus sentimientos.
  - Puede ayudar a alinear las relaciones.

En lugar de tomarnos el conflicto, las exigencias y la agresividad como algo personal, y sentirnos amenazados, es importante ver estas expresiones de la voluntad de los hijos como un indicador de confianza, autenticidad y valentía. Cuando consideramos el conflicto en estos términos, resulta más fácil redirigir su energía para reforzar la conexión con los hijos.

Podemos ver cómo funciona este proceso al comparar un conflicto común tratado con el enfoque tradicional y el que hemos redefinido:

Conflicto:
El adolescente quiere salir hasta tarde. El padre no está de acuerdo.

Enfoque tradicional:
El padre pone hora y el adolescente se enfada y protesta. El padre se mantiene firme o cede. Se generan sentimientos de resentimiento, amargura, frustración, enfado y desconexión.

Enfoque redefinido:
El padre aprovecha la ocasión para mantener una conversación sincera con el adolescente. «Tal vez no nos pongamos de acuerdo, pero debemos escucharnos mutuamente con respeto. Luego negociaremos las condiciones que nos contenten a ambos. Hay que decidir qué es realmente importante para todos y qué no lo es tanto. Al final, ambos ganaremos porque habremos creado una situación satisfactoria para todos.» Entonces se negocia. Cada uno expone su visión. Cada uno comprende el punto de vista del otro aunque no esté de acuerdo. Finalmente, tras discutir, el adolescente se compromete a llegar a una hora temprana y acabar las tareas de casa antes de salir. El padre se compromete a retrasar una hora la hora de llegada.

Veamos otro ejemplo:

Conflicto:
El niño quiere ver otro programa televisivo. El padre no está de acuerdo.

Enfoque tradicional:
El padre anuncia que es hora de apagar el televisor. Cuando el niño no lo hace, el padre lo apaga con el mando a distancia. El niño patalea. El padre patalea. Uno de los dos gana la batalla.

Enfoque redefinido:
El padre observa que esta es una buena a oportunidad para enseñar al niño el arte de la negociación y dice: «Tú quieres

una cosa. Yo quiero otra. Vamos a crear una tercera opción para que los dos estemos contentos. ¿Tienes alguna idea? Los dos debemos comprometernos a crear una situación en que ambos ganemos algo y nos satisfaga. Esto requiere tiempo y esfuerzo, pero estoy dispuesto a trabajar contigo. Creo que debería dejarte diez minutos más y que debería parecerte bien. O tal vez debería dejarte mirar otro programa, pero entonces deberás estar de acuerdo en no ver la tele por la noche. O podría dejarte ver todo el programa y tú comprometerte a leer media hora. ¿Qué crees tú?» El niño, que valora que se le incluya en la toma de la decisión, reflexiona y elige una de las opciones o aporta otra solución. Sea como fuere, ambas partes quedan satisfechas con el resultado.

En lugar de pelear para ejercer el control, debemos ayudar a los hijos a colaborar cuando hay desacuerdo. Fíjese que he dicho «colaborar» y no «ceder». Cuando cedemos, tendemos a vendernos en mayor o menor grado; aunque casi todo el mundo piensa que debemos ceder, hacerlo es alejarse de las soluciones en que todos ganan que pueden idearse cuando nos apartamos de los enfoques combativos o controladores y simplemente colaboramos.

Cuando cedemos nos sacrificamos, nos rendimos a algo que puede ser importante para nosotros. Por el contrario, cuando negociamos en colaboración buscamos una solución en que todas las partes ganan. La diferencia es que en lugar de pretender conquistar todo el territorio posible, al colaborar buscamos la manera de que todos obtengan la mejor opción. Nadie se rinde, ya que se trata de satisfacer todos los deseos posibles de cada individuo.

Ceder significa partir de un sentimiento de carencia, mientras que la negociación colaborativa nos pide que aceptemos la idea de que la vida nos ofrece infinitas posibilidades. Cuando colaboramos, no albergamos sentimiento de escasez. En lugar de ello, operamos desde la convicción de que el universo es lo bastante rico para hacernos felices a todos y solo hace falta que pensemos en la manera de que esto se manifieste. Cuando partimos de un sentimiento de posibilidades infinitas, enseguida nos percatamos de que existen todo tipo de opciones, innumerables elecciones.

Negociar de manera colaborativa no significa «mantener la paz», que suele ser el motivo por el que ceden normalmente las personas. Negociar colaborativamente no elimina el conflicto, y cuanto antes aprendamos a tolerar los diferentes puntos de vista de cada uno, más dispuestos estaremos a participar y aportar ideas buenas para todos. Como explico en mi libro *Sin control*: «Si no somos capaces de tolerar el conflicto, mantenerlo y dirigirlo a una resolución satisfactoria, perderemos algo importante para nosotros y, en definitiva, perderemos un aspecto de nosotros mismos.»

La idea de que el conflicto implica antagonismo es errónea. Al nivel más básico, solo significa que dos individuos están en desacuerdo. ¿Por qué tiene que ser esto algo malo? ¿No es lo más natural del mundo discrepar? ¿Por qué las personas creen que el conflicto significa desconexión? De hecho, podría significar justo lo contrario si reflexionamos sobre nuestra manera de gestionarlo. Cuando nos sentimos cómodos con él, podemos manejarlo teniendo en cuenta la voz de cada uno y garantizando que se escucha. A su vez, esto aumenta la autonomía y el poder de las partes.

En la consulta, observo que luchar y ceder tienden a ser caminos elegidos por personas que no saben defenderse ante aquellos que les importan. Ceder implica soportar una solución con la que no estamos satisfechos, por lo que es el camino de la debilidad. Discutir y pelear son manifestaciones de un sentimiento de ineptitud, el resultado de la falta de consciencia ante la abundancia de recursos disponibles en nuestro interior.

La negociación colaborativa implica una decisión conjunta, tomada desde una posición de fortaleza, que nos permite mantener la calma en vez de batallar. Si vamos a solucionar un conflicto, debemos defendernos, tanto adultos como niños, y no vendernos. En lugar de aportar necesidad a la discusión, el camino consiste en recurrir a la abundancia de nuestro ser al colaborar para hallar una solución. Estar en contacto con esta abundancia nos permite negociar a un nivel de igualdad, mientras que el método del ego consiste en hacer valer el rango.

Cuando actuamos desde nuestra esencia, ya no queremos sacrificar nuestra integridad. En consecuencia, afrontamos las dificultades constructivamente. Nótese que digo que afrontamos las «dificultades», mientras que la tendencia consiste en enfrentarse a la otra persona. Cuando nos centramos en el problema, no en la persona, empezamos con buen pie. No necesitamos aferrarnos a una posición inamovible para defender nuestra identidad. Libres de toda necesidad, ni nos vendemos ni exigimos nada que no sea razonable a los hijos. Buscamos genuinamente una vía que funcione para todos, aportando ideas libremente y sin sentirnos amenazados hasta que surge una solución creativa. Resulta sorprendente que al tomar este enfoque, las soluciones brotan allí donde no parecía haberlas.

Pero ¿y si no hay una solución a medio camino? Como he comentado en relación con los límites, cuando una norma es innegociable, no hay lugar para la discusión. En tal caso, la capacidad de los padres de defender los límites es el elemento crucial. No obstante, para el resto de situaciones, los padres deben aprender el arte de utilizar el conflicto para negociar y llegar a situaciones en que todos ganen.

Cuando los padres adoptan este enfoque, enseñan a los hijos las siguientes lecciones, entre las cuales la más importante es que ambas partes tienen el mismo derecho a la felicidad:

- *La vida no siempre es justa.*
- *Hay que tolerar la incomodidad de renunciar a una cosa para obtener otra.*
- *Las relaciones son sociedades, no dictaduras.*
- *Las relaciones requieren dar y tomar constantemente.*
- *Las relaciones son un espacio seguro para expresar nuestros desacuerdos.*

- *Los desacuerdos no tienen por qué conducir a la desconexión, sino que pueden resultar precisamente lo contrario.*
- *La voz de cada persona —también la del niño— es importante y debe ser escuchada, independientemente de su contenido.*

El arte de la negociación es una de las lecciones más importantes que podemos enseñar a los hijos. Cuando aprenden a no sentirse amenazados por los conflictos, son capaces de estar cómodos en el desacuerdo y no derrumbarse por miedo al mismo. Aprenden a no asignar significado personal a las diferencias, sino a aceptar que cada persona posee un enfoque diferente en la vida.

ACABAR CON LAS PELEAS ENTRE HERMANOS

Todos los padres saben que es común que los hijos se peleen entre ellos. Pero pocas cosas nos provocan más que verlos desatar su rabia y dominación entre ellos. Inevitablemente, y a menudo inconscientemente, etiquetamos a uno de los hermanos como «bueno» y al otro como «malo». Por supuesto, este tipo de clasificación no acaba con el comportamiento negativo sino que lo perpetúa.

El primer paso para acabar con las peleas deben tomarlo los padres. Requiere que se desvinculen de la tendencia a culpar a uno de los niños, y así evitar la sensación de competitividad. Nuestra respuesta a sus peleas es un factor clave para que crezcan más unidos o no. Lo más importante a tener en cuenta es que en su relación siguen el modelo de las relaciones que nos ven mantener con nuestra pareja y amigos.

Cuando los niños ven que los padres no se ponen de parte de nadie, se disipa la carga alrededor del conflicto. Para que sea así, es imprescindible que los padres se sustraigan al impulso de controlar la situación. Si uno de los hermanos sigue mostrándose nervioso e impulsivo, los padres deben tratar con él a solas. Los padres conscientes, que no toman partido y que respetan la bondad de cada niño, educan hijos que saben relacionarse y cuidarse entre ellos.

Los padres suelen protestar ante mi sugerencia de mantenerse al margen de la refriega diciendo algo como: «Pero ¿y si uno de mis hijos siempre pega al otro? ¿Qué hago entonces?» Pintan una situación en blanco y negro, en la que un niño es el perpetrador y el otro, la víctima. Les explico que este tipo de situaciones no surgen en un nanosegundo. Son patrones que evolucionan en el hogar mediante el consentimiento de todas las partes implicadas, especialmente los padres. Les tranquilizo: «Si es usted capaz de dar un paso atrás y observar su rol con imparcialidad, verá que ha sido parte del problema entre sus hijos. Sin darse cuenta, ha elegido favoritos y ha permitido que un niño asuma el papel de víctima. Este niño es probablemente el que cuente con su mayor simpatía porque se parece más a usted y no le provoca tanto.»

Comprendo que a los padres no les resulte fácil aceptar esto. Nadie quiere sentir que ha enfrentado a un niño con el otro. Sin embargo, cuando explico a los padres que es algo que pasa en innumerables hogares, se muestran más dispuestos a enfrentarse a este hecho. Entonces les digo: «Cuando uno decide cambiar las cosas, es imprescindible que se comprometa ante sí mismo y ante los hijos a dejar de intervenir para salvarlos. Los tratará como responsables a ambos independientemente de las circunstancias. Si ambos están implicados, ambos son responsables de la situación.»

Una vez que los niños comprenden que no van a recibir la recompensa de su atención, es más probable que el comportamiento negativo desaparezca por sí solo. Si un niño es realmente más acosador que el otro, hará falta otra intervención para corregir su comportamiento agresivo, lo cual significa enseñarle nuevas habilidades e incluso puede requerir terapia familiar. Sea como fuere, renunciar a la interacción negativa es la clave para resolver las peleas fraternales.

Cuando los padres se preocupan por la seguridad de sus hijos pequeños ante los mayores, siempre les digo: «El mayor no debe cuidar del pequeño. Si enfatiza el papel del mayor como el bueno y responsable, se rebelará. Si cree que el mayor no es lo bastante maduro como para estar con el pequeño, usted debe poner una separación segura entre ellos. En vez de esperar que el mayor controle sus impulsos inmaduros, cosa que simplemente puede ser incapaz de cumplir, su cometido es crear un espacio de seguridad entre ellos.»

Es natural que los padres exijan más a los hijos mayores que a los pequeños. Esto crea irritación y resentimiento entre los hermanos, cosa que conduce a la rivalidad. Del mismo modo, también es común que los padres obliguen a los hijos a quererse y colaborar entre ellos. Esto también provoca resistencia, especialmente cuando no están preparados para hacerlo de forma natural. Nuestras esperanzas ansiosas de que los hijos se lleven bien y su relación sea estrecha es lo que suele separarlos. En lugar de forzar la cercanía, debemos dejar que surja de su proximidad.

Al fin y al cabo, recuerde que las peleas entre hermanos son endémicas. Más que nada, nos brindan la oportunidad de dar lecciones de colaboración y resolución de conflictos a los niños. Deben aprender a llevarse bien como parte de una pareja o de un grupo, y esto requiere instrucción y juegos de rol por nuestra parte. Por supuesto, también requiere diligencia a diario. Cuando plantamos las semillas de la compasión entre los hijos desde una edad temprana, favorecemos que brillen en el halo de nuestra atención y validación, favoreciendo así su deseo de aumentar la intimidad y afinidad.

ATENUAR EL DRAMA DEL DIVORCIO

En ocasiones, las relaciones de pareja llegan a una encrucijada y la única opción viable es separarse. Aunque siempre aconsejo que las parejas se esfuercen al máximo para superar sus problemas, no siempre resulta ser el camino mejor o más factible. A veces es más sano para la familia entera que la pareja se separe. Es importante darse cuenta de que algunos «contratos» con los seres queridos poseen fecha de caducidad, y cuando su propósito en nuestra vida deja de existir, surge la negatividad amarga. En este punto, son sabios los que saben reconocer la necesidad de separarse y seguir adelante sin resentimiento ni remordimientos.

Cuando este es el caso, el primer paso para terminar la relación con consciencia plena es que cada parte acepte su rol y su responsabilidad en los acontecimientos que han sucedido. Si bien es tentador culpar al otro, este impulso alimenta el menosprecio y divide más a la familia. Si cada parte acepta que las cosas no han funcionado, se reconcilian con el hecho de que, aunque algunas parejas se separen, esto no significa que la relación entera fuera un fracaso.

Al asignar el término «fracaso» a un matrimonio, dejamos de valorar los momentos en que *fue* un éxito. En lugar de ver la separación como algo negativo, podemos verla como una transición dolorosa pero normal por la que muchas parejas pasan. Del mismo modo que la naturaleza no es permanente, tampoco lo son las amistades y las relaciones. En lugar de aferrarse a lo que no funciona, es inteligente aceptar que las cosas acaban, y aprender a dejarlas marchar con gracia, perdón y gratitud por lo que aportaron.

Los padres conscientes que se separan o se divorcian son capaces de dejar a un lado sus diferencias por el bien de los hijos. Para que su adaptación sea saludable, es importante hablar con los hijos de sus sentimientos y dejar que expresen sus reacciones a la separación. Lo ideal es que la familia entera pueda realizar unas sesiones de terapia para demostrar a los hijos que, aunque pueden abundar las diferencias entre las personas, esto no significa que desaparezca también su deseo de seguir en conexión formando un todo.

Uno de los efectos secundarios más comunes del divorcio es el sentimiento de culpa por parte de los padres y el resentimiento que surge de la confusión por parte de los hijos. A menudo inconscientemente, ambas partes actúan con estos condicionantes, provocando sin pretenderlo más disfunción y agitación de las necesarias. El ciclo suele empezar cuando el niño, confundido a raíz de la nueva situación, actúa con frustración o incluso desesperación. Puede decir cosas como: «No me gusta esto y quiero vivir con la abuela.» O puede portarse de manera más agresiva saltándose clases, llegando tarde a casa o incluso suspendiendo asignaturas. Todas estas emociones son efectos colaterales del trauma del divorcio. A menos que se procesen completamente con el niño, irán en aumento.

Cuando el niño se porta así, tiende a provocar a los padres, que ya se sienten culpables. Con el sentimiento de haber causado este trauma en la vida de su hijo, los padres tienden entonces a sobrecompensar. Esto suele significar que consienten al niño o niegan su mal comportamiento. Por supuesto, esta falta de límites acentúa todavía más la falta de control del niño. Enseguida, el hogar se halla en caos emocional y a todos se les rompe el corazón.

Es imprescindible que los padres se tomen en serio esta transición y ofrezcan a la familia el apoyo necesario. Es una ingenuidad por su parte que crean que van a poder gestionarlo solos. Independientemente de si el divorcio acaba siendo sanador para la familia, se trata de un enorme trauma para el niño, que le marcará y formará su visión del mundo. Si los padres lo reconocen desde el principio, pueden colaborar con un profesional que guíe a la familia durante este momento de turbulencias.

Cuando los padres son conscientes de las necesidades de los hijos antes que las suyas, crean espacio y encuentran tiempo para construir los mecanismos de ayuda que necesitan para seguir los diversos pasos de esta transición. En lugar de iniciar una guerra fría, los padres conscientes ayudan a los hijos a través de estos pasos, manteniendo el civismo al tratar con la pareja. Al ser modelos de no reactividad, los padres demuestran a los hijos que aunque no todos los matrimonios duren, la familia supera la transición y se mantiene unida.

Señal de alerta: cambio de autopista

Si bien cada momento de la educación consciente se basa en recalcular la ruta y sintonizar regularmente nuestro enfoque para cubrir las necesidades de los hijos, hay momentos en que es necesario algo más que recalcular la ruta.

En ocasiones, a pesar de nuestras buenas intenciones, los hijos adoptan actitudes destructivas que hacen necesario un mayor reajuste de nuestro enfoque. Las cosas pueden torcerse de la noche a la mañana y dejarnos atónitos preguntándonos por qué. A veces un cambio de colegio o un nuevo grupo de amistades puede descarrilar a los hijos. Entonces, nuestro instinto de supervivencia entra en acción y hacemos lo que se nos da mejor, que es reaccionar con un elevado nivel de carga emocional: exactamente lo contrario de lo que deberíamos hacer en tales situaciones. Resistir la tentación de hacer lo que siempre hemos hecho requiere coraje.

En tales ocasiones, nos sentimos tan perdidos como nuestros hijos, abrumados por los nuevos retos a los que nos enfrentamos. Tal vez hemos pillado a nuestro hijo fumando marihuana por primera vez, haya mantenido relaciones sexuales antes de ser lo bastante maduro o haya empezado a experimentar ataques de pánico a causa de una nueva situación en el colegio o con los amigos. Todas estas situaciones poseen el potencial de llevarnos a un estado de miedo y confusión.

Es durante estos momentos en que insto a los padres a dar un paso hacia atrás y comprender que estas cosas no necesariamente surgen de la nada, sino que ocurren porque nos hemos ido descentrando por el camino. Por eso debemos detenernos y cambiar la energía del hogar. A veces esto requiere sacar al niño de un colegio determinado o que la familia entera acuda a terapia. Sea cual sea el desencadenante, la familia debe comprender que las cosas deben cambiar mucho. Deben enfrentarse a este reto con valor en lugar de sentirse derrotados, culpables, avergonzados o arrepentidos.

Insto a los padres a mantener una conexión estrecha con los

hijos para que las situaciones imprevisibles sean una anomalía y no la norma. Sepan quiénes son sus amigos. Presten atención a sus estados de ánimo, hábitos alimentarios e higiene. Advierto a los padres sobre la pasividad y complacencia, y les pido que estén atentos a sus hijos. Si un niño no cena dos noches, no hace los deberes o se aísla en su habitación demasiado, estas son señales de alarma para los padres. Preste atención a los patrones y observe cuándo se modifican. Los padres que sintonizan con los hijos presentan menos probabilidades de ser sorprendidos y es más probable que intervengan antes de que las cosas se compliquen. Por supuesto, esto requiere que los padres se centren, hagan un seguimiento y no teman formular preguntas ni poner normas firmes cuando la situación lo requiere.

La terapia familiar suele ser la única manera de iniciar este proceso. En vez de verlo como señal de debilidad, animo a los padres a comprender que estas desviaciones suelen ser cruciales para el bienestar de todos. Si los padres son valientes y escuchan la llamada a despertar, serán capaces de tomar las riendas antes de que el daño sea irreparable.

Cambiar de autopista forma parte de la vida. Hallar nuevas rutas forma parte del proceso creativo de vivir. El resentimiento porque la antigua autopista se saturara o dejara de llevarnos a donde queríamos ir es una señal de inmadurez emocional. Los verdaderos ganadores ven con antelación el final de la autopista y salen voluntariamente, sabiendo que aunque el puente hacia la siguiente parezca peligroso, acabará llevándoles a una vía más importante en que los caminos del corazón están claros y son abundantes.

LA VALENTÍA DE SER UN GUERRERO DE LA PAZ

Hemos visto una y otra vez que la verdadera alegría y belleza de la vida pueden experimentarse solo cuando somos capaces de vivir el momento presente y cuando basamos toda nuestra existencia en la consciencia de nuestro poder para crear la realidad que deseamos habitar. Especialmente con los hijos, el poder de establecer relaciones felices y libres está en nuestras manos y lo ponemos en práctica cuando nos alejamos de los viejos mitos aprendidos y aceptamos los principios democráticos de soberanía y dignidad para todos.

Convertirse en padres conscientes requiere coraje. Al reconocer el poder de los padres para afectar al futuro, los padres conscientes aceptan esta responsabilidad con valentía y humildad. Una familia despierta puede iniciar la revolución de su mundo simplemente a través de sus experiencias cotidianas. Solo hay que fomentar la alegría en el corazón de los hijos. Esto se produce con las cosas más ordinarias: un chiste a la hora de la cena, un abrazo cariñoso y momentos especiales en el momento de acostarse.

Los niños cuyos padres se muestran presentes y dispuestos confían en la abundancia de recursos del universo. Al observar que aceptamos los retos, el dolor y el propósito de las situaciones con fortaleza, aprenden a creer en su propia resistencia. Cuanto más sintonicemos con nuestra autoexpresión, más lo harán los hijos. Cuando más vivamos en nuestro corazón, más lo harán ellos.

La consciencia, y la sabiduría que nos aporta, es el camino hacia la paz en la Tierra. Empieza en la familia, en los corazones despiertos de padres e hijos.

Nuevo compromiso para superar el conflicto

Allí donde veía falta de respeto y desafío,
ahora veré valentía y autenticidad.
Allí donde quería control y superioridad,
ahora querré colaboración e igualdad.

Mis miedos me sedujeron para que impusiera mi dominio,
deseara ganar a toda costa,
hiriera para demostrar mi razón,
te provocara dolor para escapar del mío.

Ahora veo que no es la manera,
que mis miedos me guiaban mal,
que mi enfado era paranoico,
que mi control era una locura.

Estoy preparado para cambiar,
para considerar sagrado tu bienestar,
para considerar sagrada tu autonomía,
para considerar valiosa tu autenticidad,

sé que cuando te libere para que seas tú mismo,
me liberaré yo.

Epílogo

Mudar la piel y ver con claridad

Al desprenderme de mis tiritas y renovar la piel,
trabajar la consciencia parece más y más
    difícil.
Al descubrir cada trampa de distracción y negación,
    capa a capa,
mis heridas se abren, duelen y son más frágiles.

Con pocos lugares adonde escapar y esconderse,
mis miedos me miran y quedo sin aliento
al imaginar que van a aplastarme.
En el espejo veo el reflejo de un desconocido.

Ni como era, pero tampoco como seré,
planeo en un estado incorpóreo.
Los viejos patrones se van oxidando por el desuso,
y desnudo espero el próximo disfraz.

Como un péndulo, de un extremo a otro,
la consciencia juega al cucú.
Un día claro, estoy en la cima de la montaña,
y caigo hasta lo más bajo al día siguiente.

Quiero rendirme, aduciendo incompetencia,
pero, entonces, algo empieza a cambiar.
Silenciosamente al principio, pero luego con un rugido,
llega la quietud que llevaba esperando.

De repente me encuentro en un nuevo camino,
las viejas piezas oxidadas se han disuelto en la tierra.
En lugar de mirar adelante, miro adentro,
y observo, por primera vez, quizá, mi identidad.

Apéndice

Treinta recordatorios diarios para crear consciencia

Recite el canto de bienvenida
   Doy la bienvenida a todo lo relacionado con la Locura
      de Educar,
   consciente de que invité este viaje a transformarme.
   Doy la bienvenida
   a su estado salvaje y residual,
   a su caos y su confusión,
   a su suciedad y sus distracciones,
   a su hosquedad y sus conflictos,
   a sus desconocimientos y su imprevisibilidad,
   a su indefensión y sus estragos,
   a su ansiedad y su enfado,
   a su tedio y su tensión.
   Doy la bienvenida a todo lo relacionado con la Locura
      de Educar,
   consciente de que cuando la acepte, ahora,
   quedaré maravillado de su magnificencia y preciosa be-
      lleza.

Honre la esencia
   Céntrese en *quién* es su hijo hoy, no en lo que hace.
   Prescinda del énfasis en su rendimiento, exámenes, lo-
      gros o tareas.

Oriente a sus hijos y a usted mismo para sintonizar con la propia esencia y decir cosas como:

«¿Has estado en contacto *contigo* hoy?»

«¿Has escuchado tu corazón hoy?»

«¿Has sentido tus sentimientos hoy?»

«¿Has escuchado tu guía interior hoy?»

«¿Qué te dice hoy tu voz interior?»

Abra el corazón

Deje que entre en su corazón la imagen de su hijo dormido. Note que su corazón se abre. Entre en este espacio de calor. Desde aquí, comparta su identidad con su hijo.

¿Recuerda cuando su hijo estaba enfermo o cuando lo llevó a urgencias? ¿O recuerda cuando otro niño que conozca estaba enfermo o sufría? Todo lo que creía importante de repente no lo era. Estos pensamientos le ayudan a darse cuenta de lo afortunado que es aquí, ahora. Con esta sensación, diríjase a su hijo y dígale lo que significa para usted.

Saboree los estados de ánimo, enojos y pataletas de su hijo. Será un niño poco tiempo. Acepte sus lágrimas, miedos, gritos y caídas. La infancia no dura para siempre.

Cree conexión

Toque la cara de su hijo y dígale lo que significa para usted.

Inclínese hacia su hijo unos instantes y déjese invadir por esta conexión. Si es mayor para abrazos, abrácele igualmente.

Mire a su hijo a la cara y preste atención a todo lo que ve y escucha. Sumérjase en sus palabras y acepte su energía.

Hágase presente

Deshágase de la tentación de preguntarle nada a su hijo hoy. Simplemente obsérvelo y sígalo.

Deje que su hijo le abrace sin palabras ni juicios, conectando sus corazones, sin más.

Cree el espacio para que hoy sus hijos «sean». Observe cómo se expresan. Note su lenguaje corporal. Intente conectar con sus sentimientos más allá de las palabras. Haga lo mismo con usted.

Evite juzgar

Comprométase a no juzgar nada hoy, por mucho que le cueste.

Sea curioso. No afirme nada por impaciencia.

Deténgase y reflexione. Antes de reaccionar con un juicio, pregunte: «¿Es esto verdaderamente importante a la larga?»

Exprese los sentimientos

Inicie las conversaciones con observaciones, no con preguntas; con consuelo, no con control.

Invite a sus hijos a hablarle haciéndoles saber que no es necesario que hablen.

Valide los sentimientos que experimenten en un momento dado.

Acepte las imperfecciones

Fomente la humildad recordándoles que las limitaciones son humanas.

Anímelos a aceptar sus imperfecciones en lugar de cambiarlas.

Enséñeles a aceptar quiénes son cada día para que puedan pensar en términos de progreso, no de perfección.

Permita el dolor

Cálmelos para que las lágrimas limpien sus almas.

Trasmítales que su dolor es una señal no de debilidad sino de un corazón conectado.

Normalice sus experiencias, recordándoles que sus miedos son lo que crea la compasión y empatía hacia los demás.

Pida perdón

Pida a su hijo que anote cinco situaciones en que haya usted herido sus sentimientos esta semana. Reconozca cada una como su responsabilidad, acéptelas y discúlpese.

Invite a su hijo a decirle cómo cree que puede ser usted mejor padre.

Construya vías para la sanación y la reconciliación dejando atrás lo que haya causado conflictos hasta el momento.

Cree un recuerdo

Encuentre el momento de crear un recuerdo que su hijo conserve toda la vida. ¿Qué cosa sencilla puede hacer hoy para dejar una huella profunda en su consciencia?

Descubra una actividad especial que puedan hacer juntos. Pida al niño que aporte sus ideas y propóngase convertirlas en realidad.

Comprométase a dedicar cinco minutos al día a compartir, reunirse, sonreír y conectar con sus hijos. Idee un ritual para llevarlo a cabo cada noche.

Active su guía interior

Evite opinar, aconsejar y sermonear.

Cree espacio para que el niño sintonice con su conocimiento interior.

Escuche su orientación y ayúdelo a explorar su propio camino.

Utilice energía como antídoto

Acepte el poder del antídoto. Si sus hijos gritan, hable usted bajito; si están angustiados, manténgase sereno; si están enfadados, mantenga la calma.

Recurra a la energía de las vibraciones de sus sentimientos y no oponga resistencia a ella ni la ataque.

Confíe en que con un cambio de su energía, transformará la de su hijo.

Permita pedir y recibir con plena consciencia

Desate el poder de su hijo para pedir lo que realmente desea.

Promueva instantes de valoración que calen y fomente la gratitud por las bendiciones.

Ceda ante el deseo de conexión del alma, y opóngase al deseo de desconexión del ego.

Mire el lado positivo

Enfóquelo todo con positividad hoy:

Si su hijo está distraído, dígale: «Vaya, hoy estás lleno de energía, ¿eh?»

Si su hijo está de mal humor, dígale: «Debes haber tenido un mal día, disfruta de tu espacio.»

Si su hijo se muestra maleducado, dígale: «Chico, algo debe de pasarte. Tomémonos un respiro.»

Destaque el aspecto positivo de lo que esté haciendo o diciendo su hijo, independientemente de lo que piense de ello.

Descubra la abundancia de su vida hoy. Encuentre algo por lo que sentirse agradecido en su cuerpo, su cocina, sus tareas, su jardín, su hogar, su familia.

Deje de atosigar

¡Deje de dar la lata! En lugar de repetir las cosas, utilice su presencia, mírelo a los ojos y pida su colaboración.

Muestre acuerdo y crea en todo lo que haga hoy. Si no cree en ello, no lo haga.

Priorice la conexión y abandone la necesidad de corregir.

Deje que ellos le guíen

Otorgue el poder a su hijo para elaborar su propio horario hoy y hágale de ayudante.

Fomente la voz y guía interior de su hijo permitiéndole que tome decisiones familiares adecuadas a su nivel de madurez.

Deje en manos de su hijo la organización de su tiempo libre. Deje que decida qué hacer hoy.

Sea un espejo, mírese en el espejo

Refleje lo que su hijo diga, no lo que crea que oye o quiera oír.

Atienda a las señales que ellos reflejen. Si se cierran, pregúntese: «¿Qué me dice este reflejo sobre mí ahora mismo?»

Aumente su grado de presencia, éxito y consciencia. Concéntrese en cómo refleja la esencia de sus hijos.

Enseñe consciencia

Realice el seguimiento de sus sentimientos a lo largo del día. Enséñeles que ser conscientes de sus sentimientos es tan importante como sus estudios.

Procese sus sentimientos con consciencia haciendo de espejo de su mundo interior.

Sintonice con sus propios sentimientos cuando se comunique para que los niños aprendan a hacer lo mismo.

Acabe con las quejas

Canalice sus quejas en forma de acciones. En vez de quejarse, pregunte qué puede hacer para cambiar la dinámica.

Pase de culpar a sus hijos a hacerse responsable de su rol al permitir que la dinámica continúe.

Crea en usted mismo y en su poder para crear cambios. Transforme las quejas pasivas en acciones asertivas.

Corrija las creencias limitadoras

Sea consciente de su elección entre actuar desde el sentimiento de carencia o el de abundancia.

Sepa qué sentimientos le despiertan coraje y poder, y los que le despiertan desánimo y miedo.

Dé poder a sus hijos para elegir aquello en lo que crean, y enséñeles a cuestionar los sistemas de creencias en lugar de seguirlos a pies juntillas.

Sea espontáneo y juegue

Deje lo que esté haciendo y únase a su hijo en lo que haga: ya sea jugar con el iPad o el ordenador o hacer los deberes. Simplemente, siéntese a su lado y entre en su mundo un rato.

Invite a su hijo a elegir un juego o a dirigir una actividad de su elección que no incluya una pantalla: preparar un pastel, elaborar galletas, pegar fotografías, salir a pasear, lanzar una pelota. Solo durante quince o treinta minutos. Manténgase presente en todo momento.

Preste atención al momento que se rían juntos, ya sea de un chiste, un recuerdo o una adivinanza. Fomente la risa y los buenos momentos, a sabiendas de que son para toda la vida.

Dedique tiempo a solas, tiempo juntos, tiempo para jugar y tiempo para trabajar

Ayude al niño a estructurar su tiempo para que aprenda a valorar el tiempo a solas, el tiempo en familia, el tiempo de diversión y el tiempo de trabajar, considerándolos todos sagrados.

Guíe al niño para que acepte el rigor del trabajo tanto como acepta el juego, el tiempo compartido como el tiempo a solas, o viceversa.

Enséñele el valor de este equilibrio sagrado dando ejemplo.

Practique a diario el cuidado personal

Priorice el cuidado personal en su vida, céntrese en lo bien que le hace sentir cuidarse.

Alimente su cuerpo con buenos alimentos y practique ejercicio físico a diario.

Deshágase de la autocrítica y exprese la maravilla de poseer un cuerpo que cuidar y dientes que cepillar a diario. Exprese gratitud por su cuerpo hoy.

Responsabilícese de sus decisiones

Aliente a sus hijos para que sepan que siempre tienen la opción de resolver sus problemas si lo desean.

Otórgueles poder dándoles tantas opciones como sea posible en su vida.

Deje que aprendan de los errores de sus decisiones y que reconozcan que el fracaso es un maestro más eficaz que el éxito.

Establezca normas firmes

Sepa el porqué de una norma, y cuando lo sepa, establézcala con confianza.

Crea en sus normas y establézcalas con cuidado.

Diseñe las normas como una manera de vivir y permita pacientemente que vayan calando en la vida familiar.

Halle el zen del conflicto

Deje que las peleas surjan y se expresen, a sabiendas de que la autenticidad suele parecerse al conflicto.

Cambie las luchas de poder por poder compartido.

Canalice la energía del conflicto para hallar soluciones que otorguen poder.

Haga las paces con las cosas «tal como son»
Acepte a su hijo y a usted mismo tal como son en este momento.
Deje de esperar que su hijo y usted se ajusten a la fantasía de cómo deberían ser.
Haga las paces con los puntos fuertes y débiles de su hijo, igual que debe hacerlo con los suyos.

Acepte el presente
No piense en los errores que cometió ayer ni en las cosas que debería haber hecho mejor en el pasado. En vez de ello, decídase a cambiar el momento presente, aquí, ahora.
Personifique una nueva consciencia hoy y comprométase a realizar los cambios necesarios paso a paso.
Olvídese de lo que podría o debería haber sido, y céntrese en lo que es.

Céntrese en ser
Despréndase de sus preocupaciones, miedos y necesidad de controlarlo todo.
Fluya con el ritmo de su hijo, interfiriendo lo menos posible.
Implíquese en lo esencial y despréndase de lo que no sea esencial.

Agradecimientos

A Jennifer Walsh, mi excepcional agente de WME: por no perder nunca de vista el poder de este mensaje. Eres más que una agente, eres una hermana en mi corazón.

A Brian Tart, presidente y editor de Viking: por tu claridad, por creer y por tu visión. Tu gestión brillante permitirá que este libro transforme padres y sane familias en todo el mundo. Te estoy eternamente agradecida.

A mis padres: por permitirme descubrir, atreverme y soñar. Mi valentía, creatividad y vocación proceden de vuestra educación. Mi gratitud hacia vosotros no tiene límites.

A mis mayores despertares: mi esposo, Oz, y mi hija, Maia. A través de vuestra indómita presencia en mi vida he sido capaz de desplegarme, deshacerme y transformarme.

Índice

OTROS TÍTULOS

PADRES CONSCIENTES

DRA. SHEFALI TSABARY

Ha llegado el momento de que la crianza de los hijos se ocupe de lo que habría debido ocuparse siempre: de los padres.

La doctora Shefali Tsabary explica que nuestros hijos solo pueden convertirse en adultos conscientes si nosotros, como padres, procuramos elevarnos a un estado superior de consciencia.

Cambiando por completo la idea tradicional de crianza de los hijos, la doctora Tsabary aleja el epicentro de la clásica relación padres-hijos basada en que los primeros «lo saben todo» y lo lleva a una relación mutua en la que los padres también aprenden de los hijos.

Este innovador estilo parental reconoce la capacidad de los hijos para provocar una profunda búsqueda interior, lo que origina una transformación en los padres: en vez de ser simples receptores del legado psicológico y espiritual de sus progenitores, los hijos obran como «facilitadores» de su desarrollo.

Ahora el centro de atención reside en la afinidad recíproca y la asociación espiritual del viaje padres-hijos.

En el enfoque de la doctora Tsabary sobre el estilo parental, los hijos funcionan como espejos del «yo olvidado» de los padres. Tan pronto como recuperan su esencia, los padres entran en comunión con sus hijos. Los unos y otros descubren su capacidad para relacionarse en un estado de presencia.

SIN CONTROL

Dra. Shefali Tsabary

Sin control revela el modo en que la disciplina que imponemos para controlar la conducta de nuestros hijos es, en realidad, la causa principal de su mala conducta.

La doctora Tsabary afirma que para que la crianza sea eficaz debemos desarrollar una profunda conexión con nuestros hijos y abordar los sentimientos que impulsan sus conductas, en lugar de castigarlos.

Lejos de abogar por una actitud del tipo «dejar pasar» o «todo vale», la doctora Tsabary recomienda que los padres adopten una actitud resuelta, no basada en el control del niño sino, sobre todo, en ayudarlo a desarrollar un profundo sentido de responsabilidad personal.

«Este libro propone un nuevo paradigma, una manera de contemplar la dinámica entre padres e hijos mediante la lente del presente, no a partir de experiencias pasadas o preocupaciones futuras. Ello permite que se desarrolle una relación auténtica, basada más en el conocimiento y el respeto mutuo que en el miedo y la culpa. Los padres que utilicen este libro experimentarán, sin duda, más compasión y empatía hacia sí mismos y sus hijos.»

Cathy Cassani Adams, autora de *The Self-Aware Parent* y directora de Zen Parenting Radio.